做空 VS 反做空

信息披露维度的观察

陈汉文　林勇峰　鲁威朝 ◎ 著

北京大学出版社

图书在版编目(CIP)数据

做空 VS 反做空:信息披露纬度的观察/陈汉文,林勇峰,鲁威朝著.—北京:北京大学出版社,2018.6

ISBN 978-7-301-29427-7

Ⅰ.①做… Ⅱ.①陈…②林…③鲁… Ⅲ.①上市公司—会计信息—研究—中国 Ⅳ.①F279.246

中国版本图书馆 CIP 数据核字(2018)第 061508 号

书　　　名	做空 VS 反做空:信息披露维度的观察 ZUOKONG VS FAN ZUOKONG
著作责任者	陈汉文　林勇峰　鲁威朝　著
责任编辑	黄炜婷
标准书号	ISBN 978-7-301-29427-7
出版发行	北京大学出版社
地　　　址	北京市海淀区成府路 205 号　100871
网　　　址	http://www.pup.cn
新浪微博	@北京大学出版社　@北京大学出版社经管图书
电子信箱	em@pup.cn　QQ:552063295
电　　　话	邮购部 62752015　发行部 62750672　编辑部 62752926
印　刷　者	北京宏伟双华印刷有限公司
经　销　者	新华书店
	787 毫米×1092 毫米　16 开本　21 印张　322 千字 2018 年 6 月第 1 版　2018 年 6 月第 1 次印刷
印　　　数	0001—6000 册
定　　　价	66.00 元

未经许可,不得以任何方式复制或抄袭本书之部分或全部内容。
版权所有,侵权必究
举报电话:010-62752024　电子信箱:fd@pup.pku.edu.cn
图书如有印装质量问题,请与出版部联系,电话:010-62756370

国家自然科学基金重点项目
"信息生态环境与企业内部控制有效性研究"（71332008）

国家自然科学基金重大项目
"互联网时代的公司财务行为研究"（71790604）

国家自然科学青年基金项目
"内部控制、风险承担及其经济后果：
基于差异化目标导向视角的研究"（71702030）

财政部"会计名家培养工程"项目

「研究成果」

目 录

推荐序一　金融风险的应对与防范　有感于市场做空　001

推荐序二　多一些理性认识　多一些中国自信　005

作者序　源自信息披露的做空与反做空　009

导　读　无风不起浪　如何更清醒地认识做空　013

第1篇　信息披露与做空　理论基础与制度框架　001
　　　　引　言　003
　　01　信息披露与做空的理论基础　005
　　02　信息披露制度的基本框架　009
　　　　结　语　014

第2篇　信息披露与做空　机制剖析与案例解构　017
　　　　引　言　019
　　01　何谓做空　021
　　02　做空的基本模式与交易方式　022
　　03　做空机制的历史沿革与区域对比　027
　　04　做空的市场效应　035
　　05　做空机制的治理效应　041
　　06　做空案例解构：来自港股市场的经验　053
　　　　结　语　079

第3篇　信息披露与做空　手法透视与案例解构　085

引　言　087

01　做空流程与做空产业链　089

02　做空手法透视　098

03　做空手法评述　116

04　香橼做空东南融通：来自美股市场的经验　122

05　烽火做空科通芯城：来自港股市场的经验　137

结　语　154

第4篇　信息披露与做空　反做空策略与案例解构　161

引　言　163

01　反做空策略与步骤　165

02　反做空有效性的要求　174

03　失措与遗憾：网秦应对浑水　177

04　得当与私有化：展讯通信应对浑水　209

05　诉讼与完胜：恒大应对香橼　224

结　语　236

第5篇　信息披露与做空　中国融资融券情境　243

引　言　245

01　融资融券的现状　247

02 融资融券的影响 *253*
03 融资融券的发展方向 *259*
结　语 *265*

第 6 篇　做空 VS 反做空　于利益相关者的启示 *269*
引　言 *271*
01 中国家居与烽火：孰是孰非 *273*
02 做空 VS 反做空于监管者的启示 *293*
03 做空 VS 反做空于上市公司的启示 *299*
04 做空 VS 反做空于投资者的启示 *301*
05 做空 VS 反做空于市场中介的启示 *304*
结　语 *305*

附　录　2006—2017 年 8 月中概股公司做空事件一览 *307*

推荐序一

金融风险的应对与防范　有感于市场做空

习近平总书记在十九大报告中提出,应为加快完善社会主义市场经济体制,健全金融监管体系,守住不发生系统性金融风险的底线。在瞬息万变的市场中,防止发生系统性金融风险是金融工作的永恒主题。

近年来,在应对高杠杆、房地产泡沫、股灾等一系列金融风险中,我们面临严峻的挑战。尤其是2015年发生的市场危机,对于监管部门、金融机构、上市公司及投资者而言,都是深刻而严厉的教训。我们应该认真反思,是什么导致了这样严重的市场危机?在这一过程中,存在哪些监管缺陷和制度漏洞?对于金融机构和上市公司来说,在危机发生时,又应当如何审慎应对、提高自身的风险防范能力?在改革和发展中,金融市场难免面临困难和挑战,但重要的是,我们应当从过去发生的这些事件中,认真研究、总结教训,如习近平总书记在全国金融工作会议上所提的,"更加主动地防范、化解系统性金融风险,科学防范,早识别、早预警、早发现、早处置"。

随着人民币国际化的大力推进和资本市场开放程度的不断加深,我国的金融体制、金融市场日趋复杂。一方面是境外资本在中国市场和对实体企业的投资规模不断扩大,另一方面是国内资本在全球市场的参与程度日益加深,这就要求我们在更大范围、更高层次上思考具体的风险防范措施。对于海外资本的进入,我们有必要建立一套系统性的制度,引导和规范境外投资者参与支持国内实体企业的发展和创新,发挥稳定市场和引领价值投资的作用。我们也要认识到,境外资本市场同样是中国企业在发展过程中有效的融资渠道。因此,我们应当鼓励一批创新实力强、治理规范的企业,根据自身实际情况,充分利用成熟资本市场的融资平台,到海外证券市场上市交易,在引进资本的同时,不断规范自身的公司治理和信息披露,对国内上市公司起到标杆作用。

过去一段时间,我们建立了一套系统性的制度规范和监管体系,有步骤、分层次地向境外资本开放,包括QFII(合格境外机构投资者)在内的境外投资者在中国证券市场中的投资行为,整体运行平稳、有效,并未发生大规模的金融风险。从这个方面来说,我们的改革是卓有成效的。但值得注意的是,长期以来囿于监管权限,我们对海外上市的中国企业缺乏足够的关注,致使在多起针对中概股的做空事件发生后,才后知后觉地意识到:有这样一批中国企业暴露在毫无庇护的风险敞口下。

是什么致使中国企业纷纷成为海外做空机构的狙击目标?诚然,最为直接的原因是这些遭遇做空的企业自身存在公司治理不健全、财务信息质量低下等缺陷,给了做空机构可乘之机。

但在我们现有的监管体系中,是否欠缺对这些企业在前往海外上市前必要的引导和审核?

在上市过程中,包括全球知名投行、四大会计师事务所在内的一系列市场中介,是否充分履行了必要的义务?它们对企业在海外市场所需承担的法律责任、可能面对的风险、应当采取的应对,是否做出了必要的说明?

在出现危机时,我们的监管部门、地方政府、行业协会、市场中介,是否为这些企业的反做空行动提供了有益的帮助和支持?

我们之所以对这类事件所呈现的风险和危机缺乏有效的事先防范与应对,正是因为对做空交易机制缺乏系统性的认识和了解。在中国A股市场上,由于长期缺失做空机制、习惯了做多的投资思维,使得中国企业在一定程度上成了"温室里的花朵"。这些企业到海外上市后,大多延续在国内融资时的一些弊病,擅于讲关于公司成长的"大故事",却忽视会计数据和信息披露的质量,对于可能出现的做空风险未能给予充分的关注。更重要的是,在我们的认知和思维框架下,很少把市场中潜在的做空势力纳入风险管理体系,对于做空的内涵、可能产生的影响,以及具体的做空流程和反做空措施,未能形成系统性的认识,这也造成我们的企业在做空来临时,无法有效地采取反做空手段。

我们更应该意识到,随着融资融券制度在中国资本市场上的正式确立和不断发展,对于更多的中国企业和投资者来说,深刻地了解和认识做空,是我们在深化金融改革过程中防范金融风险的必然要求。当前,中国A股上市公司的公司治理和信息披露状况依然不容乐观,存在诸多内幕交易、虚假披露、利益输送等问题。一旦全面放开卖空约束,过去发生在海外市场上的做空事件就会发生在我们身边,甚至可能造成更大幅度的市场波动,引发系统性的金融风险。因此,客观地认识做空,不仅是对过去经验的总结和回顾,更是对未来可能出现市场风险的防患于未然。

感谢本书的作者,为我们系统性地介绍了有关信息披露做空的相关理论和内在机制,梳理了过去一系列的做空事件,让我们更加清晰地理解,做空机构是如何一步步做空上市公司,以及上市公司应当如何有效应对做空事件。在针对中概股公司的一系列做空事件发生后,不乏媒体对其进行了深入的报道和分析,但难能可贵的是,本书作者提供的是一个框架性的指引,为我们呈现了一条从机制到手段,再从手段到反做空措施的线索脉络。

在本书中,我们不仅能够看到作者对做空案例的真实还原和深刻剖析,还能看到作者在理论分析和制度研究方面的扎实功底,但这并不会阻碍大众读者对本书的阅读和理解。

我们同样惊叹于,作者能够使用如此深入浅出的语言,为我们展现他们对于做空与反做空背后独到而深刻的见解。

希望本书的出版,能够为关心中国证券市场建设的读者提供一个新的视角,通过做空的应对和防范,更好地认识中国现阶段的金融体制改革和系统性风险防范。

更希望包括监管者、上市公司的管理人员、金融机构的从业人员以及广大投资者在内的市场参与者,都能在阅读本书之后,全面认识信息披露做空的基本要素和框架,从而在市场各个环节的参与过程中,更好地防范和应对可能出现的系统性风险。

张书国

二〇一八年三月

推荐序二
多一些理性认识　多一些中国自信

2012年前后,在美国市场上出现了一系列针对中概股的做空事件。时隔5年之后的近期,类似的事情又在中国香港市场上发生,对象依然是中国企业。市场上出现以一个国家或地区的公司为做空对象并不奇怪,但通常是基于对该国家或地区宏观经济增长趋势的消极判断而进行反向操作。

这些针对中概股公司的做空,一致地指向信息披露和财务造假问题,这在全球资本市场上都是非常罕见的!

得益于中国市场的高速增长和良好前景,中概股公司一度曾经是海外资本市场的宠儿。正因为如此,很多业绩一般的公司也通过投行的包装、美化财务业绩,甚至财务造假,纷纷赴美上市。喜欢听"故事"的美国投资者,受限于距离和语言,很难对这些公司进行实地调研,了解真实的中国市场。一些跨国投资银行也正是利用这种信息不对称,鼓动很多未满足上市资质、存在诸多财务问题的公司前往美国上市,从中获取高额的佣金回报。而早期很多前往海外上市的公司,对国外资本市场的了解其实是很不充分的,特别是与法律和财务相关的一些监管制度。最终,一些问题公司因财务舞弊而陷入做空陷阱,这是在所难免的。

在很长一段时间里,中国公司被贴上了"不诚信"的标签。这种恐慌效应甚至一度蔓延到其他业绩良好的公司,而一些原本计划前往海外上市的国内公司，也不得不因此而暂停或放弃上市进程。在这之后，我还看到很多媒体报道表达了对中国公司的担忧和失望，认为中国公司普遍存在诚信危机，距离现代化的公司还有很大差距。

在我看来，大可不必因此而对企业海外上市丧失信心。中国资本市场的发展只有二十多年，相比美国等发达国家的成熟资本市场时间还很短，依然是刚起步的小学生。我们的企业刚刚踏入这些发展了数百年的资本市场，有一些水土不服是正常的，关键是通过历练能不能快速成长起来，熟悉交易规则。我们也应该积极地看到，随着造假的中概股公司陆续被揭穿或退市，如今市场上弄虚作假的企业已经越来越少，中国公司的声誉正在逐渐恢复。同时，以腾讯、阿里巴巴为代表的一批高科技互联网企业，凭借更优秀的创新和业绩表现，同样赢得了海外投资者的认可。

对于做空，我们应当摆正姿态，不必敌视和抨击，更不必盲目崇拜和畏惧。市场是对上市公司最好的监督机制：在国内，我们更习惯于依赖监管部门的监督或者会计师事务所的审计；而在成熟资本市场，做空机构则是对上市公司的监督，这正是市场机制最为淋漓尽致的体现。它们对上市公司并没有敌意，也不是正义的使者，之所以调查这些公司的财务问题，根本上是因为有利可图。市场既然是一个互相平衡、互相制衡的生态，即便是做空机构，本质上也是市场平等的一员。上市公司可以编造虚假财务信息获利，做空机构也可以发布虚假做空信息获利，那么，由谁来制衡和监督做空机构？

我们不必对做空机构有过多敌意，但也不必盲目崇拜。对于恶意做空、捏造信息的机构，除了上市公司自身的反做空，还应该有更多真正了解中国市场、熟悉境外市场交易规则的机构和专家发声，对于不合理的质疑给予逻辑上的反驳，我们应该有信心让市场听到更多的声音。

我们的金融机构，也应当承担起更大的责任。为什么中国企业到海外上市只能依托外资投行？一方面是我们国内投行在海外的声誉还有待提高，另一方面是我们对于海外上市规则、法律制度、会计准则不够熟悉和了解。随着国内各大证券商在海外市场的不断发展、海外人才的逐渐回流、会计准则的国际趋同，这些短板均会被慢慢补齐。未来，我们的投行应该更积极地参与海外上市的业务竞争中，为中国企业保驾护航。

同样，谈到国内市场，有观点认为，融资融券的推出和放开意味着做空时代的来临，甚至会出现类似浑水、香橼这样的做空机构，从而加剧市场的波动和风险。正如上面所言，我们对做空不必存有太多的恐惧，如果做空机构真的出现，那么对于上市公司的造假行为就会产生更好的监督；对于投资者来说，也有利于培养更为健康、积极的投资理念。我们要相信，随着A股市场交易制度的不断健全、投资者保护的不断进步，市场会越发趋于理性，金融从业者、上市公司和广大投资者都应当自信地面对未来的市场变革。

自信的前提是，我们必须真正理解做空的原理和手段，学会合理反做空。

我很高兴看到，本书回答了长期以来人们对做空的一些疑问和困惑，对于过去出现的这些做空事件，给出了客观而准确的评价；对于做空背后的理论、机制和手段，做出了详细的介绍和解释。我认为，本书不仅是为海外上市公司提供了反做空的具体指南，还是一部帮助金融从业人员、投资者和监管部门了解做空背景的工具书。

正如习近平同志所提出的，我们应当坚定道路自信、理论自信、制度自信、文化自信。在资本市场改革发展的过程中，难免遇到一些挫折和挑战，但广大金融从业者应当坚定对中国企业和中国资本市场的自信，积极参与、勇敢应对。而自信的来源，则是对市场理性的认知。真切期望本书能够以小见大，从做空这个切入点入题，为读者提供更多的帮助。

二〇一八年三月

作者序

源自信息披露的做空与反做空

早在20世纪初,美国股市历史上著名的首位做空者利弗莫尔就通过做空手段在证券市场上大获全胜。1907年,利弗莫尔发现几家公司在发行新股过程中首次允许股东分期付款,推断市场已经出现流动性短缺的问题,因此大量下空单,从而在后续的股市暴跌中不仅毫发无损,还获得了巨大收益。随着金融市场的不断发展、各类对冲基金的出现,卖空日益成为证券投资的重要工具。与此同时,做空手段也不断丰富,出现了各类专门从事空头交易的做空机构。

近年来,最为知名的做空事件莫过于2011年浑水狙击东南融通的案例,以及后续连带的一系列针对中概股公司的做空事件。在这一系列做空事件中,做空手法都如出一辙,就是发布对上市公司财务数据存在虚假披露的质疑,造成股价下跌,从中获利。在陆陆续续的几年中,被做空的中概股公司纷纷退市或私有化,甚至如东南融通等最终以破产解散收场。曾几何时,早已习惯做多追涨的国内公司和投资者一度"谈做空而色变",上市公司、投资银行、做空机构、会计师事务所、律师事务所、中美两国监管机构、中国香港特区证监会等,也都纷纷卷入其中。由此引发的中概股公司退市潮、中美两国跨境监管问题,一时间也成为舆论关注的焦点。然而,这一针对中国公司的做空事件并没有因此而结束。自2016年开始,做空机构又将目标转向中国香港市场,众多在港上市的内地企业又一次成为做空机构的目标。在诸多质疑声中,一批中概股公司的股价应声下跌,一时之间,市场再度风声鹤唳,由此引发各界舆论的关注和讨论。

在众多讨论声中,除了对中概股公司信息质量的质疑、关于跨境联合监管权限的思考,也不乏所谓的做空动机阴谋论。似乎在大众眼中,这种针对中概股公司的做空行为是无中生有的造谣,甚至是唱衰中国经济发展的变相打击。然而,在大多数遭到做空的中概股公司中,普遍存在财务信息虚假披露的情况,而这也反映了很长一段时间以来,一些中国企业利用境外投资者对其远在国内的经营业务不熟悉、跨境监管存在灰色地带等进行财务舞弊的现状。这些做空机构的行为,同样对中国企业敲醒了警钟。

不可否认的是,在这些事件中,还存在一些"空穴来风"的恶意做空行为。在部分做空机构的研究报告中,对于上市公司的质疑并没有合理的证据,很多时候它们只是捕风捉影,意图引起投资者的恐慌,造成股价下跌以从中获利。而上市公司和投资者也可能因此而蒙受损失,不得不采取相应措施予以反驳。

随着 A 股市场融资融券的开启,中国似乎正式进入做空时代。然而,这一改革在未来究竟是提高了资产定价效率、发挥了外部治理机制,还是加剧了市场价格的波动、诱发了恶意的做空行为,当前理论界依然莫衷一是。但值得肯定的是,做空限制的放开是成熟资本市场的重要标志之一,如何发挥其价格发现和外部治理机制,是市场各方需要共同思考的问题。同样,对于中国企业而言,无论是 A 股上市还是海外上市,现在或者未来都会面临遭遇市场做空的挑战。

基于当前资本市场的做空背景,本书旨在为读者提供一个总括性的介绍,从而对于信息披露视角下的做空机制具有一个全面的了解。

其一,本书回顾近年来发生的针对中概股公司的做空事件,构建信息披露和做空两者关系的概念性框架,理解基于信息披露实现做空的理论机制、基本逻辑和具体手段。

其二,更为重要的是,本书借助分析以往事件中上市公司的具体反做空流程,为今后应对这类做空事件提供一定的借鉴和参考。

其三,本书就中国 A 股市场融资融券的制度背景和执行现状进行分析,讨论未来在中国资本市场上信息披露与做空的联系,为监管者、上市公司、投资者、中介机构提供前瞻性的思考和建议。

我们希望,读者在阅读本书之后,能够形成对这类做空事件的理性认识,辩证地看待做空事件对资本市场、上市公司、投资者的正面效应和负面影响。

本书主笔为陈汉文(对外经济贸易大学教授、博士生导师)、林勇峰(上海证券交易所公司监管部总监)、鲁威朝(厦门大学博士生、香港中文大学工商管理学院研究助理),参与撰写工作的还有刘思义、郭燕珺、王萌、郑威、黄轩昊和肖彪。我们感谢北京大学出版社的黄炜婷编辑对本书提出的宝贵意见以及专业、认真的审校。

市场瞬息万变,本书内容或许还存在很多的不足与瑕疵,恳请读者予以谅解和指正!

二〇一八年阳春三月　于惠园

导　读

无风不起浪　如何更清醒地认识做空

做空本身只是一种市场交易机制，并没有价值倾向或者感情色彩。但在一系列针对中概股公司的事件发生后，人们对于"做空"两字，似乎有了异样的眼光。在很多人的眼中，做空机构似乎能够翻手为云、覆手为雨，像神秘的刺客一样，不知从何处刺来一把利剑，顷刻之间击败被做空上市公司。

事实上，做空的神秘面纱背后，本质上是投资者针对未来公司价值判断的反向交易。在没有卖空约束的市场中，投资者能够充分地表达自己所获取的好消息或者坏消息。当投资者意识到公司未来价值可能下跌时，他们就可以通过做空提前卖出股票，在股价真正下跌后平仓以实现收益。做空机构正是借助这种交易机制实现获利。但是，如果市场上的投资者都能迅速而及时地了解公司的所有信息并做出反应，那么，做空机构就会缺乏获利的基础。

正是市场的不完美，为做空机构提供了土壤。公司的管理者为了个人利益，有动机操纵财务数据、虚构会计业绩。由于他们和投资者之间存在信息的不对称，在虚假的业绩下，公司股票价值被高估。而做空机构利用这一点，把投资者没有发现的信息揭露出来，从而导致投资者恐慌、抛售股票，导致股价下跌。我们应该看到，**基于信息披露的做空**，正是在有效市场假说、卖空约束理论、信息不对称理论和代理理论这一系列理论的基础上形成的。了解这些理论基础，有助于我们更好地理解为什么能够出现做空。然而，对于中国A股市场的投资者来说,很难在内地资本市场上看到这些现象。这是缘自不同国家和地区资本市场的交易机制和信息披露管制存在差异。

哪些制度性差异会影响做空?

中美两国的信息披露框架存在什么差异?

信息披露的内容包括哪些?

这些内容是否会成为做空机构的攻击对象?

这些正是我们在本书介绍的问题。

第 1 篇和第 2 篇

从定义上看,做空机制是指投资者出于对某些个股或者整体股票市场的短期或中长期的未来走势看跌而采取的保护自身利益或借机获利的行为,以及为保证股票市场卖空交易的顺利进行而制定的包括法律机制、交易机制、监管机制与信息披露机制等在内的一系列制度的总和。做空交易模式在不同国家和地区、不同时期是存在差异的。对于不同国家和地区的市场来说,做空交易有着不同的表现形式,在授信主体、融券渠道、运作流程、监管政策和交易成本方面都存在显著差异;在不同国家和地区,做空交易模式也历经了多次变革。更为具体的,我们首先介绍不同的交易模式,同时选择美国、中国香港和中国内地三个市场予以介绍。之所以选择美国股市和中国香港股市,是因为中概股遭到做空事件大多发生在这里。那么,做空机制的产生和发展对资本市场与公司治理会产生什么样的影响呢?从做空的市场效应来看,我们回顾现有理论学者的分析和讨论,集中关注对市场流动性、市场波动性及价格发现的影响作用;从做空的治理效应来看,我们则把目光投注在企业层面,从外部治理的内涵出发,认识做空如何构成外部治理要素,进而对公司的信息披露、财务决策、风险承担等企业决策行为产生影响。我们希望读者在阅读这些内容之后,对于做空能够形成辩证的认识,了解到做空机制同样存在正面效应,尤其是基于信息披露的做空,客观上发挥了对上市公司的监督作用。这些构成第 1 篇和第 2 篇的主体内容。

在了解信息披露做空的理论基础和基本概念后,我们具体介绍针对信息披露的做空手段。在整个做空流程中,做空机构通常涉及以下环节:首先,根据公司的信息披露、股权结构、行业特征等,选择做空的目标公司;其次,针对公司可能存在的问题,围绕信息披露是否造假进行调查;再次,卖出空仓,并发布做空报告;最后,在引起市场价格下跌后进行平仓以实现获利。尽管逻辑链条非常清晰,但我们有必要了解:

在这些过程中,做空机构如何挑选适合进行做空的目标公司?

如何调查这些公司?

通常质疑的信息披露问题包括哪些?

在做空报告发布后,上市公司可能予以澄清和反击,做空机构又如何进一步反复博弈?

在更长的时间维度上,我们也应该看到,做空事件的发生不是偶然,早在公司上市之初,包括投资银行在内的诸多机构均可能牵涉其中,后续的会计师、律师等也会对最终的做空结果产生影响。换句话说,基于信息披露的做空并不是一个单纯的交易环节,与法律制度、市场结构密不可分。我们希望读者看到的,不仅是公司出现问题及其与做空机构的交锋,而是把整个市场看作一个有机的整体,理解各方势力如何扮演各自不同的角色,共同促成这一结果。

第3篇

对于上市公司的信息披露问题,财务报表数据造假是最为主要、最容易引发投资者反应的信息。在这其中,影响收入和利润信息的财务数据又是核心中的核心,因为这直接决定投资者对公司股票的估值。不过,除此之外,在一些特殊情境下,财务报表中有关公司资产、现金流的信息同样会成为做空机构关注并攻击的焦点。同时,我们也应该注意到,所谓的信息披露问题并不一定意味着上市公司就存在造假,其中可能涉及信息披露的不完整或刻意隐瞒,而这些信息对于投资者来说可能是至关重要的。读者可以根据我们提供的案例认识,这些遭到做空的公司主要涉及哪些信息披露问题?做空机构又是通过怎样的调查、分析,推断公司可能存在的造假或隐瞒?如此,我们才能换位思考,从做空机构的角度出发,了解它们的判断逻辑。值得一提的是,尽管做空是市场上客观存在的一种交易机制,但在做空的过程中,不乏一些恶意做空的情况。做空机构并不是市场正义的捍卫者,驱动它们调查公司的终究是利益。这不免使得一些机构在发布调查报告时添油加醋,甚至无中生有,捏造信息。如何分辨正当做空和恶意做空的情形,而不是无条件地轻信做空机构,这也是我们希望读者思考的问题。第3篇由此揭开做空机构的面纱。

第4篇

被做空公司在做空机构面前,并不是无能为力的。在过去的做空案例中,也有一些公司成功反做空的情形。在中概股公司赴美上市的初始阶段,大部分公司欠缺在国际市场上的自我保护意识;而且,由于国内没有相应的做空机制,中概股公司也缺乏反做空的经验和能力。因此,在面对做空机构的攻击时,大多数中概股公司无法有效地予以沟通和回应,最终只能应声而倒。在积累了一定的市场经验后,一些优秀的中概股公司开始能够在短时间内做出反应,通过有效的回应予以迅速反击。揭露信息披露问题是做空机构发起攻击的核心,因此中概股公司针对做空指控的回应,实际上就是证明自身信息披露不存在问题的过程。具体来说,最为直接的反做空手段是在做空机构发布做空报告后,及时地披露关于对方质疑的财务信息,澄清公司不存在虚假披露情形,如召开电话会议、发布澄清报告等;同时,在股价下跌时,大股东可以采取增持股份或者回购股份的形式,向市场传递信心。除此之外,在后续的应对中,公司应当考虑聘请独立的中介机构对公司展开调查、邀请媒体进行报道,从而打消市场公众的怀疑。在这一系列的过程中,公司还可以考虑联合相关机构,包括市场中介、政府、行业协会、商业伙伴等一切可团结的力量。此外,很多人觉得上市公司一旦遭到做空成功,似乎就陷入僵局、万劫不复。事实上,海外上市只是企业发展的融资渠道之一,当市场价格不再合理时,公司同样可以根据自身情况选择私有化,继续维持日常运营。随着国内市场的不断发展,一些海外退市的公司还可以转向A股上市。由于做空机构通常是连续几轮发布做空报告,因此中概股公司与其往往是多次"交锋",即循环使用上述步骤。而在反做空的过程中,公司只有遵循真实全面、及时充分、系统运作和权威证实等原则,才能保证反做空的有效性。在这部分内容中,我们为读者提供一个应对做空危机的框架,通过以往的成功反做空案例,总结出一套适用的反做空方案。当然,我们同样要强调的是,反做空最根本的方法依然是"打铁还需自身硬",建立、健全与信息披露相关的内部控制,真实、完整地披露公司的财务信息,使做空者无从下手,这才是根本之道。被做空公司在第4篇中敲响反做空的战鼓。

第 5 篇

过去数年发生的这些针对中概股公司的做空事件,主要集中在美国市场和中国香港市场。相信更多读者关心的问题是,在中国内地的 A 股市场上,是否也会出现类似的做空事件?尤其是在融资融券推出以后,越来越多的人认为,中国内地也将步入做空时代。显然,尽管当前的融资融券制度为做空者打开了一扇窗口,但距离我们所讨论的信息披露做空还相去甚远。但这并不意味着我们的讨论对中国内地市场和投资者没有意义;相反,随着融资融券的不断发展、市场制度保护的不断健全,回顾以往发生在境外市场的做空事件,展望未来可能出现在 A 股市场的做空,提前布局制度配套,加强教育与引导上市公司、投资者和市场中介机构,必要性越发凸显。因此,我们有必要总结和归纳融资融券近年来的发展,除了回顾融资融券的发展历程,更有必要梳理做空的市场效应和治理效应。尤其是一些针对上市公司治理作用的讨论,为未来出现信息披露做空提供了潜在的空间;我们还进一步讨论融资融券制度在未来是否可能成为信息披露做空及其后续发展值得关注的方面。第5篇展开了中国资本市场做空机制的演进背景。

第 6 篇

当然,本书的目的并不仅是提供过去的回顾,更希望在这些针对案例的回顾中,能够给读者提供一个思维框架,应用于系统地分析整个做空事件的前因后果并从中得出启示。我们总结过去的经验,但并不止于总结,而是通过归纳其中的规律,以期在今后的发展中,为监管机构、上市公司、投资者或市场中介提供一些有益的建议。

我们的建议不是定位在做空发生时的应对,而是着眼于更长期的制度性建设。

我们的建议还包括鼓励和培育一个良性的做空环境,引导市场投资者和中介机构充分地参与正当做空,从而促进市场的价格发现机制、发挥对上市公司的治理效应。第6篇从事件演绎到规律归纳,为读者提供可资借鉴的思考过程。

读者可以从图0-1中了解本书的主题框架结构。

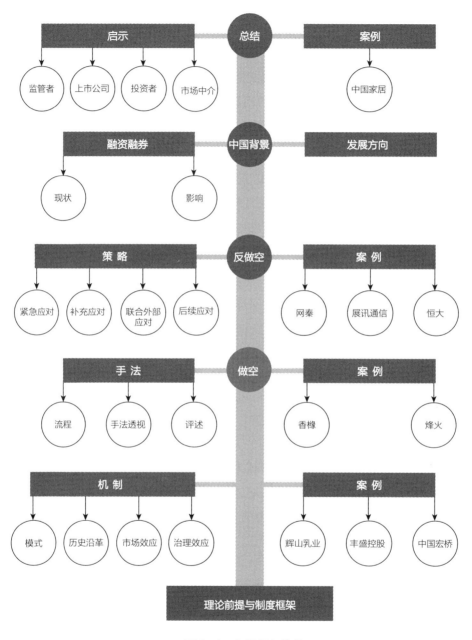

图0-1 主题框架结构

第 1 篇

信息披露与做空

理论基础与制度框架

概要

　　第 1 篇为综述部分，主要介绍与信息披露和做空机制相关的理论基础、信息披露的基本概念和制度框架。我们从有效市场假说和卖空限制的关系出发，讨论做空机制的前提条件；进一步地，我们由委托代理理论和信息披露理论，了解信息披露下做空机制的理论基础。我们还介绍有关信息披露的原则和范围，同时分析、比较中美两国的信息披露制度框架，为信息披露与做空关系的讨论提供依据。

引 言

所谓基于信息披露的做空手段，既不同于简单地作为价格接受者、基于对未来价格下跌的预期进行交易，也区别于操纵二级市场、拉低股价的做法，而是做空机构主动披露上市公司的负面信息，引起投资者的负向市场反应。其中，负面信息主要是针对上市公司财务虚假披露的质疑。同时，做空机构事前大量卖空，在发布报告、股价下跌后，以低价买入股票并从中获利。这就是基于信息披露的做空手段。

在整个看似简单的做空流程中，事实上涉及多个方面的前提条件，而这些条件在我们看来似乎是理所当然的。但是，理解这些条件背后的理论内涵，能帮助我们更好地洞悉做空机制和做空手段，同时也能深入思考不同市场中做空所表现出的不同作用及其衍生出的问题。做空机构能够通过做空来实现获利，必须具备以下条件：首先，市场上的投资者会对做空机构所发布的信息做出反应。在大多数情形下，做空机构发布的信息是关于上市公司虚假披露的行为，而投资者对虚假信息的反应通常是负面的。其次，市场允许卖空——先借入股票再事后平仓，只有这样，做空机构才能利用前后的价格差、通过反向操作获利。再次，投资者无法判断和获取关于公司真实价值的信息，只能根据上市公司披露的信息和市场上其他的公开信息确定股票价值。最后，上市公司的管理层有动机披露虚假信息，以便进行正向财务操纵。如果管理层自身缺乏这样的动机，做空行为也就是无根之木、无水之源，不存在做空的根本基础。本篇要回答的问题是：

上述条件背后的理论基础是什么？

这些理论如何为市场上存在的基于信息披露做空的现象提供解释？

此外，不同市场存在制度性差异，信息披露管制的不同也会影响做空的成本和可行性，因此我们有必要回顾不同市场的整体信息披露框架。在这一过程中，我们选取最具代表性的美国和中国两个市场进行比较，讨论两个国家资本市场的信息披露制度如何影响做空机制的产生，以及做空机制的作用。

01 信息披露与做空的理论基础

有效市场假说与卖空[①]限制

Fama（1965）认为，在有效市场中，股价反映所有关于公司价值的历史信息和现有信息——包括正面的和负面的，并对新信息及时做出调整。在有效资本市场（efficient market）下，当不存在交易成本时，从市场上所获得的信息都是一致且充分的。此时，市场对公司的估值最为准确，证券价格等于其价值。当市场上出现与证券价值相关的新消息时，投资者就会迅速做出调整，使得最新的价格能够反映公司的价值。对于市场各方而言，谁也没有办法通过公开信息获取超额回报。换而言之，在有效市场中，证券价格相对于投资者所获得的信息是正确的，市场上也不存在错误定价。

但是，有效市场假说的一个重要前提是，市场不存在卖空限制。Miller（1977）提出了股价高估假说，即市场上的投资者存在预期不一致的现象。当市场缺失卖空机制时，受卖空限制股票的价格会被高估，而且被高估的程度与投资者预期不一致的程度显著正相关。对股票持悲观态度但不能进行卖空交易的投资者被迫离开市场，导致负面信息不能充分地反映在股价中。一些学者通过理论模型对卖空限制与信息效率的关系进行了探讨。Diamond and Verrocchio（1987）提出的理性预期模型认为，卖空限制会降低市场上信息的传递与表达效率，相对于未公开的利好消息，股价对于未公开的利空消息的调整速度明显更慢。Duffie et al.（2002）认为，搜寻成本和相关交易费用的提高会对卖空行为形成内生性约束，从而对价格效率产生冲击。Hong and Stein（2003）的进一步研究认为，在卖空限制下，资产价格对于未公开信息（尤其是未公开负面消息）的调整速度较慢，引入卖空机制后会加快这

---

① 做空和卖空的含义基本类同，全书不做区分，仅仅根据具体语境和习惯用法采用不同的表述。

一调整速度。Bai et al.(2006)将投资者的交易分为风险对冲和信息套利，并发现卖空限制对两类交易都会形成限制，从而有损市场的配置效率和信息效率。上述理论表明，卖空限制会降低市场负面信息被反映到证券价格的效率中。类似地，部分实证结果也支持了上述观点。Aitkenet et al.(1998)、Danielsen and Sorescu(2001)等通过实证研究发现，卖空机制的引入有利于提高资产价格对负面信息的吸收速度。Boehmer et al.(2008)和 Diether et al.(2009)基于卖空交易量数据的研究也表明，卖空交易者拥有与价值相关的信息，他们的交易行为有助于修正错误定价，从而提高定价效率。类似地，Scheinkman and Xiong(2003)、Johnson(2004)、Nagel(2005)和 Cohen et al.(2007)等的经验证据也表明，在卖空限制下，股价不能及时反映有关公司价值的负面消息，存在高估效应。

综上所述，股票价格是投资者对市场信息的反应，而卖空限制则抑制了投资者对负面信息的反应，即卖空能够使投资者对公司负面信息做出更好的表达。我们也可以这样理解，当投资者获得了与公司有关的负面消息、市场允许做空且做空成本能够被收益覆盖时，如果这些坏消息属于提前获知的私有信息，那么投资者就可以通过事前做空、在未来坏消息被公开时从中获利。市场上的卖空限制越小，做空成本越低，负面信息在股价中的反应就会越充分，价格被高估的情形也会越少；更重要的是，投资者通过私有信息做空所能获得的收益也就越大。

委托代理理论与信息不对称

由于所有权和控制权的分离，Jensen and Meckling(1976)认为，当公司存在外部股权成本时，具有机会主义倾向的管理层只需承担代理成本的小部分就可以获得利益以提高自身效用，他们的行为就会偏离公司所有者利益最大化的目标，代理成本便会随着管理层和外部股东出现分歧而产生。对于理性的外部股东而言，他们预期到管理层可能出现的机会主义行为，从而减少为股权支付的金额。因此，对外部股东或公司管理层来说，他们都有意愿降低代理成本。

然而，外部股东和管理层之间存在信息不对称：外部股东无法准确地评估管理层的勤勉程度，使得管理层存在实施机会主义行为的可能性；而管理层无法向外部股东百分百地传递自己的行为，又可能出现逆向选择的问题。因此，为了缓解代理冲突可能引发的机会主义行为和逆向选择，相应地产生了一系列的公司治理机制，如董事会、激励机制、外部治理、财务报告审计等。

在现实的资本市场中，尽管存在上述治理机制，但代理冲突和信息不对称情况依然普遍存在。对于上市公司而言，投资者作为股东，处在信息劣势地位，无法获取所有关于公司真实价值的信息。其中，财务报告是最为主要的、用以评价公司价值和管理层薪酬激励的信息渠道。

那么，财务报告的可靠性和真实性，也就成为投资者能否正确评价公司价值的标准。

对于上市公司的管理层而言，为了满足企业的融资需求、追求个人财富的最大化，他们有动机对财务信息进行操纵。例如，上市公司在进行再融资时，无论是发行股票、债券还是向银行借款，对公司的盈利水平、资本结构、资产状况都有一定的要求；上市公司的股东或高管通常持有公司的一部分股份或期权，而这些权益类的激励与公司的股价密切相关，公司股票的价格越高，他们所持有股份的价值也越高；同时，公司对管理层的激励通常以业绩作为评价基础，以此决定他们所能得到的绩效收入。

在不同动机的驱使下，企业管理层通过自身所拥有的信息优势，向市场传递那些能够满足自身利益最大化的信息。但在很多情形下，这些信息并不反映公司的真实价值，甚至存在高度的偏差。对于投资者而言，上市公司提供的信息是价值评估和投资决策的最重要信息来源。一旦信息失真，投资者对公司股票的估值就会出现偏差，进而造成损失。

通常来说，为了实现自身利益，管理层倾向于将股价调整或维持在更高的价位，因此他们会选择披露更高的会计业绩、更多的好消息，而隐瞒坏消息。更有甚者，上市公司披露了虚假的财务信息或其他信息，造成股价过度高估，严重偏离公司的真实价值。

在股价高估的这段时间，上市公司和知情交易者可能利用信息优势获利。对于上市公司而言，在股价被市场高估时可以选择发行股票再融资，以高于公司实际价值的当前价格增发股票，从而获得更多的融资额。类似地，由于知情交易者能够知道当前股票价格是基于不准确的信息产生的，远高于真实价值，因此自然而然地选择出售股票，获利离场。而对于大多数的非知情投资者而言，其只能在不知情的情况下"高位接盘"。

无论是财务信息的操纵甚至造假，还是负面经营信息的掩盖，都无法永久地持续下去。当这些信息积累到一定程度，或者在外部监管介入时，都可能如洪水决堤般涌现出来。此时，当市场投资者意识到此前赖以估值的信息是虚假之时，股票价格就会随之大幅下跌，回归到公司应有的真实价格。

可以看出，正是由于公司知情者与投资者之间存在信息不对称，给了公司管理层操纵财务数据的可能性。当管理层披露的财务信息使得公司股票价格被高估时，也就提供了做空的基础。

信息披露的理论依据

一般认为，信息披露是运用广播、电视、网络等公开媒介，向外界传递公司的财务状况、经营结果等信息的过程。上市公司信息披露，是指公开发行证券的公司及其信息披露义务人在证券的发行、交易、流通等过程中，依照相关法律规定或证券交易所的要求，通过招股说明书、定期公告、临时报告等形式向投资者反映自身财务状况和经营成果等相关信息（张力上，2005）。上交所对信息披露制度的定义是：上市公司在证券的发行、上市和交易等一系列环节中，依照法律、证券主管机关或证券交易所的规定，以一定的方式向社会公众公开与证券有关的财务和相关信息而形成的一整套行为惯例和活动准则（上海证券交易所研究中心，2008）。

学术界普遍认为信息披露具有下述理论依据：(1)市场有效假说。信息与证券价格存在一定变动关系，投资者需要信息披露制度以传递价格信息，加强信息披露有利于提高市场效率。(2)信息不对称理论。由于投资个体间的信息不对称，容易产生逆向选择问题而降低市场效率并损害投资者利益，因此要求上市公司进行信息披露，使投资者能够及时地了解上市公司的相关情况。（3）信息商品理论。证券具有价值，企业财务信息由此成为能够反映证券价值的商品。上市公司成为信息的供给者，而市场投资者等主体则成为信息的需求者。为了满足需求者的要求，上市公司必须进行信息披露。（4）委托代理理论。在经营权与所有权分离的背景下，股东与管理者之间、大股东与小股东之间可能产生代理问题，提高信息披露有助于降低代理成本；而且，公司代理成本越高，管理层越主动进行信息披露。（5）利益相关者理论。企业不仅要实现股东利益最大化，还要满足供应商、公司员工、债权人、顾客等各类利益相关者的信息需求。

一直以来，信息披露都是会计学与财务学研究的主题，现有文献主要从影响上市公司信息披露的因素和信息披露所带来的经济后果两个方面进行讨论。在影响因素方面，主要包括公司治理结构，如股权结构（Haskins, 2000）、管理层持股（Naga et al., 2003）、董事会规模（Jensen, 1993）、独立董事比例（Foker, 1992）等，还包括公司基本财务特征，如公司规模（Chen et al., 2008）、公司业绩（Skinner, 1997）、财务杠杆（Eng and Mak, 2003）等，也有来自宏观制度背景（Meek, 1995）、行业特征（Bushman et al., 2004）的影响。在经济后果方面，主要讨论信息披露对股票流动性（Kim and Verrecchia, 1994）、融资成本（Yu, 2003）、公司价值（Rahman, 2002）等方面的影响。

02 信息披露制度的基本框架

信息披露的基本原则

理论界普遍认为，上市公司在进行信息披露时应满足真实性、准确性、完整性和及时性四个要求。中国证监会颁布的《上市公司信息披露管理办法》也对信息披露义务人提出了真实、准确、完整、及时披露信息的要求。

真实性是信息披露最重要的原则和内在要求，是指发行人确保信息披露内容必须是公司客观发生的事实。客观性、规范性与一致性是满足真实性原则的内在要求，不同性质的信息对真实性的要求也各不相同。对于揭示上市公司经营状况的描述性信息，要求必须依赖于既定事实进行披露；对于通过公开信息和其他信息相联系进行推论的评价性信息，需要确定其做出推论所依据的描述性信息是否真实、推论方法是否合理；对于描述公司未来发展前景的预测性信息，由于并不存在既有事实，很难判断其真实与否。

准确性是指上市公司的信息披露能够恰当地表达其意思，不能存在模糊不清或歧义。不准确的信息可能使投资者产生不同理解而影响其投资判断。准确性要求上市公司选择语言文字的常用意义对专业术语进行通俗解释等。

完整性是指上市公司必须满足相关法规的要求，将所有可能影响投资者决策的信息进行公开披露，即使是对公司形象不利、可能引起股价下跌的信息也不得遗漏。刻意遗漏信息的影响不亚于披露不实信息，都可能影响投资者对价值的判断。

及时性要求在法定期间内进行定期报告的披露，以及在发生重大事项时及时报告的披露。由于上市公司的经营状态在随时变化，因此只有及时进行信息披露，才能反映对其股价的影响因素。

此外，还有学者认为信息披露应具有实质重于形式（孙飞，2006）、易得性（刘婷，2004）、公平性（汤仁征，2013；李光，2013）、规范性（程颂华，2014）和一致性（张曾莲，2014）。实质重于形式是指上市公司应以交易或事项的经济实质而非法律形式为基础进行信息披露。易得性是指上市公司应选择投资者易于接触的媒介进行信息披露，如网络、报刊、电视等。公平性是指信息应该在同一时间内向所有投资者披露，不能有选择性地向某些个体披露。规范性是指上市公司应按照统一标准进行信息披露，保证内容和格式的规范以及横向的可比性。一致性主要针对在境外上市的公司而言，要求上市公司对境内、境外的信息披露保持一致。

信息披露的基本范围

上市公司信息披露的范围主要包括初始信息披露与持续性信息披露。初始信息披露主要指证券发行阶段的信息披露，要求发行人在首次公开发行时公开包括自身财务状况、拟发行证券及交易情况等在内的信息。从形式上而言，初始信息披露主要通过招股说明书、募集说明书与上市公告书进行。其中，招股说明书有法律规定的格式要求，是投资者了解发行人的关键途径，发行人必须保证其信息披露真实准确。募集说明书是对发行的依据、承销方式、发行人基本情况、募集资金用途等与发行紧密相关的事项的公开说明。上市公告书是对有关股票上市情况的公开报告，主要面向二级市场。持续性信息披露是指证券交易阶段的信息披露，主要包括定期报告与临时报告。定期报告包括每年的年度报告和中期报告；临时报告则指在发生重大事项时应向投资者披露的信息，包括董事会决议、股东大会决议、收购或出售资产、关联交易等披露种类。

信息披露的制度框架

信息披露制度是证券市场建立与运作的基础。证券价值的实现依赖于公司的良性运营与发展，但由于上市公司的股权较为分散、股东与公司管理层之间空间距离的存在，导致股东与公司管理层之间的信息不对称和代理冲突。出于对管理层行为的监管，股东对企业信息披露存在内在需求（Haniffa and Cooke，2002）。信息披露对于市场做空具有特别重要的意义。一方面，卖空是投资者对股票价值被高估的一种投资方式。如果市场的信息披露是透明的、有效的，投资者更容易针对严重脱离价值的公司进行做空。在现实中，投资者的做空手段往往是建立在认定空方做出虚假陈述的基础之上的，而上市公司的信息披露情况，正是投资者判断虚假陈述的重要依据。另一方面，对于上市公司而言，如实地披露信息是抵御市场做空的有效策略。如果上市公司能够确保财务报表等信息披露真实无误并反映在当前股价之中，则沽空机构就无从下手。在面对做空时，上市公司如果在第一时间正面回复空方质疑，就可以有效地增强投资者对上市公司信息披露真实性的信心，从而避免进一步的损失。

从西方发达国家证券市场的发展历史来看，证券市场的发展总是伴随着信息披露制度的不断完善与规范。例如，美国证券市场在发展过程中，先后经历了从自发交易到以自律监管为主的交易所监管,再到以政府行政和司法监管为主的全面监管的重大变革,才最终形成了现阶段的信息披露框架与制度。从某种意义上说,美国证券市场的成功,在很大程度上可以归因于其成功的信息披露制度。

证券市场信息披露制度包括对上市公司信息披露制度,以及证券市场监管主体对信息披露的监管制度。在美国证券市场中,上市公司的信息披露规则包括在一级市场上的首次公开披露与在二级市场上的持续公开披露;而信息披露的监管制度则由市场中介机构、自律性组织、行政监管、司法监管四个层次构成,这些不同的信息披露监管主体互为合作与补充,形成完整的综合监管体系。

美国上市公司的信息披露遵循完全信息披露原则。信息披露的内容、时机、披露方式由上市公司根据市场自发选择,负有监管职责的市场中介、行业组织与国家机构全程监管,以确保信息披露的质量(包括真实性与及时性)。这种"公开"的信息披露方式贯穿于首次公开披露与持续公开披露,《证券法》《证券交易法》《萨班斯-奥克斯利法案》等法律法规对证券发行、强制披露与自愿披露、违法责任与诉讼的信息披露基本架构予以详细的阐述。

美国现行的证券市场信息披露监管制度强调四个层次的监管主体,在相关法律法规指导下对证券市场实行集中统一管理。第一个层次是市场中介机构对信息披露的监管,包括为证券发行人及上市公司提供专业服务与独立意见的会计师事务所、律师事务所和证券评级机构等。它们在政府与同业组织的监管下,基于市场竞争的压力,以其信誉为担保,确保上市公司所披露信息的准确性、真实性和完整性。第二个层次是证券市场自律组织对信息披露的监管。证券市场自律组织属于行业同业组织,履行对会员公司与上市公司的监管职责,同时受到美国证券交易委员会(SEC)的监管。自律组织的规则必须提交美国证券交易委员会审查,并按照相关规则评审公司的上市资格和市场行为,同时对不符合信息披露要求的上市公司予以制裁。第三个层次的监管主体是美国证券交易委员会。一方面,美国证券交易委员会监督公司向投资者披露重大性信息,以便投资者在完全信息的情境下做出投资决策;

另一方面，美国证券交易委员会监督证券相关法律法规的执行，调查或起诉涉嫌违反证券法规的行为。第四个层次的监管来自司法系统。司法机构通过一系列的证券法律规范上市公司的信息披露行为，对违反信息披露法律规范的行为（如虚假陈述、重大遗漏、严重误导）进行司法诉讼，追究其刑事责任与民事责任。司法监管可以为利益受损的投资者提供救济与补偿，同时对违反证券市场信息披露制度的当事人形成有效的震慑。

中国的证券市场信息披露制度在制定、实施、修订过程中大量参考了包括美国在内的成熟证券市场信息披露制度，初步建立了以政府监管为主导的、集中统一的证券市场信息披露制度。

在上市公司信息披露制度方面，中国建立了上市公司信息披露制度。有关上市公司信息披露立法的研究主要集中于《证券法》等具体法律的制定与实施上，主要内容如下：在首次公开募股（IPO）过程中需要披露的文件包括招股说明书、上市公告书等，在二级市场中的主要信息披露载体是上市公司定期报告与临时报告；信息披露既包括强制性信息披露，还包括自愿性信息披露；披露的内容涵盖了财务信息与非财务信息，其中财务信息披露反映上市公司财务状况、经营绩效、财务状况变动情况的信息，而非财务信息披露则反映上市公司基本情况、股东信息、公司治理等方面的内容。

在证券市场信息披露的监管制度方面，中国上市公司信息披露的法律框架已经基本完成，目前已形成四个层面的立法制度。其中，法律层面的监管制度集中体现在《证券法》中，另外在《公司法》《民法通则》《刑法》《行政处罚法》中有所涉及；行政法规层面的监管制度包括《证券公司监督管理条例》《股票发行与交易管理暂行条例》等；部门法规层面的内容包括中国证监会颁布的一系列规章制度，如《上市公司信息披露管理办法》《证券发行与承销管理办法》；行业协会自律规则层面的内容则包括交易所、证券业协会制定的规则。在此基础上，中国证券市场形成了包括市场中介机构、行业自律组织、中国证监会在内的信息披露监管体系。

与美国等发达国家的成熟证券市场相比，中国证券市场信息披露制度还存在不少漏洞，实施效果低于预期。

首先，在上市公司信息披露层面，相关的法律法规仅对披露内容与规范做出了相应规定，对披露原则缺乏清晰的规定。这就使得上市公司违规披露信息的成本远远小于所获的利益，在利益驱动下，上市公司往往会选择违规披露信息。一个突出的表现是，中国上市公司的信息披露违规情况依然比较严重，其中虚假陈述占据了相当大的比例。

其次，在信息披露的监管制度方面，中国上市公司信息披露的立法制度尚不健全。与美国注重建立公开信息披露制度的原则不同，中国的信息披露制度建设更注重立法层面，强调对信息披露的具体要求与许可，在制度建设上缺乏独立而完备的法律体系。例如，上市公司在首次公开募股和持续披露过程中，实际遵循的法律依据是部门规章与行业自律规则，而较高层面的法律法规并未发挥应有的作用；尤其是在法律诉讼与民事责任方面，相关的法律基本处于空白状态。此外，中国证券市场监管采取的是自上而下的政府主导型监管模式，在执行过程中经常出现重政府监管、轻市场自律的现象，市场中介机构和行业自律组织并未发挥第一线的"看门人"作用，因而实际监管管理效率较低、效果较差。

国内外证券市场的发展实践表明，信息披露制度要解决的关键问题是：在考虑信息披露成本的情形下，上市公司如何进行信息披露才能使投资者获得做出投资判断的充分信息，从而有利于证券市场的持续发展？由于证券市场是不断地发展变化的，因此信息披露制度是一个动态的演变过程，是一个与经济环境、信息结构、激励约束条件相关的函数。

结　语

本篇主要针对基于信息披露的做空机制相关理论进行简要的梳理和概括，同时简要概述信息披露的相关原则、范围和制度框架。

在市场有效假说中，投资者会对市场上的所有正面信息和负面信息做出反应，进而反映在股票价格上。而卖空限制可能导致负面信息的反映不够充分、不够及时，使得股票价格被高估。而在公司管理层和股东之间，由于存在代理冲突和信息不对称，使得管理层存在动机，利用自己的私有信息操纵财务信息；而在现有的治理机制下，管理层通常会进行向上的操纵，使得公司股票价格虚高。管理层与市场的沟通主要通过公司的信息披露机制，现有研究讨论了影响信息披露的相关因素及其经济后果，研究结果表明上市公司的信息披露与投资者对股价的市场反应密切相关。

信息披露的基本原则包括真实性、准确性、完整性和及时性等，披露范围包括初始信息披露与持续性信息披露。通过比较中美两国的现行信息披露制度和监管体系，我们发现中国的信息披露和投资者保护仍有待进一步改善。

参考文献

[1] 李志生, 陈晨, 林秉旋. 卖空机制提高了中国股票市场的定价效率吗？基于自然实验的证据[J]. 经济研究, 2015, 4: 165—177.

[2] 孙旭. 美国证券市场信息披露制度研究[D]. 长春: 吉林大学, 2008.

[3] 唐松, 吴秋君, 温德尔. 卖空机制、股价信息含量与暴跌风险——基于融资融券交易的经验证据[J]. 财经研究, 2016, 8: 74—84.

[4] 田尧. 股东平等原则: 本体及其实现[D]. 长春: 吉林大学, 2013.

[5] 危兆宾. 中国上市公司中小投资者权益保护制度研究[D]. 沈阳: 辽宁大学, 2009.

[6] Boehmer, E., Jones, C. M. and Zhang, X. Which shorts are informed? [J] *Journal of Finance*, 2008, 63(2): 491—527.

[7] Danielsen, B. R. and Sorescu, S. M. Why do option introductions depress stock prices? A study of diminishing short sale constraints[J]. *Journal of Financial & Quantitative Analysis*, 2001, 36(4): 451—484.

[8] Diamond, D. W. and Verrecchia, R. E. Constraints on short-selling and asset price adjustment to private information[J]. *Journal of Financial Economics*, 1987, 18(2): 277—311.

[9] Diether, K. B., Lee, K. H. and Werner, I. M. Short-sale strategies and return predictability[J]. *Review of Financial Studies*, 2009, 22(2): 575—607.

[10] Duffie, D., Gârleanu, N. and Pedersen, L. H. Securities lending, shorting, and pricing[J]. *Journal of Financial Economics*, 2002, 66(2): 307—339.

[11] Fama, E. F. The behavior of stock-market prices[J]. *Journal of Business*, 1965, 38(1): 34—105.

[12] Haniffa, R. M. and Cooke, T. E. Culture, corporate governance and disclosure in Malaysian corporations[J]. *Abacus*, 2002, 38(3): 317—349.

[13] Hong, H. and Stein, J. C. Differences of opinion, short-sales constraints, and market crashes[J]. *Review of Financial Studies*, 2003, 16(2): 487—525.

[14] Jensen, M. C. and Meckling, W. H. Theory of the firm: Managerial behavior, agency costs and capital structure[J]. *Journal of Financial Economics*, 1976, 3(4): 305—360.

[15] Johnson, T. C. Forecast dispersion and the cross section of expected returns[J]. *Journal of Finance*, 2004, 59(5): 1957—1978.

[16] Miller, E. M. Risk, uncertainty, and divergence of opinion[J]. *Journal of Finance*, 1977, 32(4): 1151—1168.

[17] Nagel, S. Short sales, institutional investors and the cross-section of stock returns[J]. *Journal of Financial Economics*, 2005, 78(2): 277—309.

[18] Scheinkman, J. A. and Xiong, W. Overconfidence and speculative bubbles[J]. *Journal of Political Economy*, 2003, 111(6): 1183—1219.

第 2 篇

信息披露与做空

机制剖析与案例解构

概要

第2篇主要介绍做空机制的基本概念和主要理论。我们从做空的基本概念、基本模式和交易方式出发，以美国市场和中国香港市场做空制度的发展为例，体现做空机制随着金融市场和风险要素的变化而调整交易方式与监管要求；进一步地，我们探讨做空交易的市场效应与治理效应，分析做空机制如何影响市场的波动性与流动性，如何发挥价格发现功能，如何通过多种治理要素对公司产生外部治理效应；最后，我们详细描述三个做空交易的案例，从中发现做空交易的基本特征与规律。

引言

做空机制已成为现代证券市场上重要的交易机制。从横向来看，做空模式和做空交易方式在世界范围内并不是完全相同的；从纵向来看，做空模式和做空交易也并不是在诞生之初就以当前的形式呈现，而是经历了漫长的发展、市场与监管的博弈。因此，在了解具体的做空流程之前，我们有必要回顾这些不同的做空模式和做空交易方式。不同的国家和地区，根据自身经济发展水平、制度特征形成了不同的交易模式。在不同的模式下，授信主体、融券渠道、运作流程、监管政策和交易成本有什么区别？不同模式对于本书所讨论的基于信息披露的做空又有什么影响？在几个主要市场（包括美国股票市场、中国香港股票市场和中国内地 A 股市场）上，做空制度和做空交易模式又是如何根据金融市场与风险要素的变化而不断地演变、调整的？

目前，做空制度在以美国为代表的诸多成熟资本市场中已经基本确立。那么，做空制度在形成后究竟产生了什么影响？在评价资本市场的一项制度或者一种交易机制时，我们通常考虑以下几个方面：

这项制度或交易机制是否提高了市场的整体流动性？

这项制度是否降低了证券价格的波动性？

这项制度是否整体上有助于价格机制更有效地形成？

尽管学术界对此已经展开了很多讨论，但结论依然莫衷一是。我们并不只是简单地评价做空制度的优劣，而是详尽地梳理相关结论，对于如何推进、应对形成一个基本的思路。

当然，做空制度不仅对市场交易产生影响，还由市场端向运营端倒逼，从而影响企业的治理和经营。价格发现机制的激发、做空机制的引入，都使得上市公司的管理层在决策时不得不考虑做空方可能的反应。由此，可能形成一种自发的外部治理机制，促使管理层在信息披露、财务决策、经营决策上更加趋于谨慎。

本篇试图在上篇理论介绍的基础上，从现实中市场运行的维度，对做空机制进行总括性的介绍。目的在于，使读者能够对做空的基本原理、机制、沿革有所了解。由此，我们才能对做空交易机制形成一个客观和辩证的认识，为理解基于信息披露的做空奠定基础。

01　何谓做空

做空，又称卖空，按照美国证券交易委员会 3B-3 规则所指出的：卖空（short sale）一词，是指投资者出售自己并不拥有的证券的行为，或者投资者利用自己的账户、以借来的证券完成交割的任何出售行为。

广义的证券信用交易可以分为三大组成部分：一是期货合约、远期合约、期权等金融衍生产品的信用交易活动；二是融资买空与融券卖空两种现货市场的信用交易活动；三是券商对投资者用于证券投资以外的贷款，类似于银行的抵押贷款。我们从上述概念中可以看出，融券卖空交易是证券信用交易的一部分（张林昌，2007）。

所谓的融券卖空交易，就是投资者出于对某只股票价格下跌的预期，支付一定比例的保证金，向证券公司借入该股票后按现行价格卖出的一种信用交易方式。在目前的大部分资本市场，卖空的主要形式即融券卖空。

做空机制又称卖空机制，是指投资者因对某些个股或者整体股票市场的未来走向（包括短期和中长期）看跌所采取的保护自身利益或者借机获利的操作方法，以及为保证股票市场卖空交易的顺利进行而制定的涵盖法律机制、交易机制、监管机制与信息披露机制等在内的一系列制度的总和。

做空机制通常包括主动性做空与被动性做空两种基本形式。主动性做空机制是指投资者预期股票市场价格将要下跌，积极利用这种下跌获取相应利润的操作行为以及与之配套的相关制度。被动性做空机制是指投资者预见到市场大势或个股未来走向不好的情形下离场观望，即通常所说的卖出股票而持有货币。在主动性做空机制下，投资者进行操作的动机主要是利用财务杠杆，寻求高卖低买的机会而从中实现获利（也可以将套期保值看作一种获利）。而在被动性做空机制下，投资者进行操作的目的有两种：一是回避或者减少实际可能发生的亏损；二是避免"套牢"，即股票的市场价格跌至低于购买价格而致使投资者账面发生亏损，此时股票虽然没有卖出，但已经失去进一步操作的灵活性。在做空投资者采取被动性做空时，资金被迫处于闲置状态，资金增值的要求暂时无法实现。因此，在做空机制健全的市场条件下，除了少数情况，投资者较少采取被动性做空的形式（代雨君，2008）。

综上所述，不论投资者的具体动机如何，做空机制实质上帮助了投资者，起到了降低市场风险的作用。而中国股票市场做空机制的不完善，就在于它只有被动性做空而没有主动性做空这一功能。

02 做空的基本模式与交易方式

做空的基本模式

目前国际上流行的做空模式有四种：市场化证券商授信模式、证券金融公司授信模式、登记结算公司授信模式和投资者互相授信模式。

市场化证券商授信模式 又称分散授信模式，是一种市场化的融券模式，实行这种模式的经济体主要有英国、美国等。在市场化证券商授信模式下，客户的融券由大量分散的普通证券公司负责办理，符合《证券法》规定的净资金要求的证券公司具备为客户办理融资融券业务的资质，因此这些分散的证券公司成为授信主体。公司的融券来自证券公司的自有证券、保证金账户中的融资担保证券，或者从其他证券公司或银行借贷的证券。在具体的操作过程中，投资者首先需要向证券公司提出融资融券申请，并且由证券商直接提供信用。如果证券商的资金或股票不足，可以向金融市场融通资金或通过证券借贷市场标借取得相应的股票。市场化证券商授信模式最明显的特点就是市场化程度很高，相比于其他模式，其运作成本最低且效率最高，具有广泛的交易主体。该模式下信用交易的风险主要体现在市场主体的业务风险，监管机构只需统一制定交易规则并安排好监督执行，交易主要由市场参与者自发完成，中央调控力度很弱。

证券金融公司授信模式 这是在金融市场设立少数证券金融公司，专门从事证券信用交易的融券（融资）活动，因此证券金融公司授信模式下的授信主体是专业化的、垄断的证券金融公司，实行这种模式的经济体主要包括日本、韩国、中国台湾等。专业化的证券金融公司成为整个信用交易体系中证券和资金的中转枢纽，代证券公司向银行融券，在证券商信用资金或信用证券不足时提供转融通业务。在运作流程方面，客户转向证券公司融券，由证券公司向证券金融公司借券，而证券金融公司从短期资本市场或银行等筹资。相比于市场化证券商授信模式，由于证券金融机构突出的垄断性质，监管重点直接针对证券金融公司（如日本证券金融公司必须在政府支持下进行垄断经营才能保证信用业务的正常进行），中央调控力度明显增大，但市场化程度减弱，相应地提高了运行成本而降低了运行效率。证券金融公司授信模式还可以细分为单轨模式和双轨模式两种。单轨模式是指证券金融公司只对证券公司进行融资融券，进而由证券公司对客户融通，如日本采取的就是单轨模式；而在双轨模式下，客户既可以向证券公司融资融券，也可以通过证券商向投资者投资，如中国台湾地区采用双轨模式。相比于单轨模式，双轨模式的市场化程度和运行效率更高。

登记结算公司授信模式　这是以登记结算公司（或功能类似的机构）作为证券借贷授信主体，主要为瑞士和新加坡的资本市场所采用。中央登记结算公司建立股票借贷机制，选取可供借贷的证券，并规定可借入股票的投资者的条件，通过可借贷的股票组合，向证券商提供服务，再由证券商向投资者提供借券服务。整个过程具有一定的中央调控特征，同时体现市场化的安排，监管重点主要反映在对可供借贷的证券名单的限制。总体而言，登记结算公司授信模式的运作成本较高且运作效率较低。

投资者互相授信模式　这是证券借贷双方在集中交易市场直接授信，即交易所为主导角色，投资者互相竞价借券、直接作为授信主体，交易所为投资者提供交易撮合系统。投资者互相授信模式以投资者借出证券作为融资来源，也称股票逆回购模式，代表性经济体是芬兰和希腊。在交易所的交易平台上，投资者根据交易所设计的标准化卖空合约、通过互相竞价进行股票借贷，交易所为投资者提供交易撮合系统，登记公司负责股票结算。投资者互相授信模式属于集中化的交易制度，有利于提高市场的流动性与安全性，中央调控力度较弱，运作成本较低且运作效率较高。在监管层面上，由交易所、登记公司和证券商对卖空投资者账户保证金与卖空证券所得进行监控。

对做空四种基本模式的对比如表 2-1 所示。

表 2-1 做空的四种基本模式

项目	市场化证券商授信模式	证券金融公司授信模式	登记结算公司授信模式	投资者互相授信模式
代表	美国、英国	日本、韩国、中国台湾	瑞士、新加坡	芬兰、希腊
授信主体	市场化的分散的证券公司	专业化的垄断的证券金融公司	中央登记结算公司	投资者
融券渠道	证券公司自有证券;保证金账户中的融资担保证券;从其他证券公司或银行借得的证券	证券金融公司充当中介,代证券公司向银行融券	参与股票借贷计划的股票借出客户	投资者借出证券
运作流程	• 投资者向证券公司申请融资融券; • 证券商直接向投资者提供信用; • 当证券商的资金或股票不足时,向金融市场融通资金或通过证券借贷市场(场外)标借取得相应的股票	• 客户向证券公司融券; • 证券公司向证券金融公司借券; • 证券金融机构从银行等金融机构借入证券	• 中央登记结算公司选取可供借贷的证券,并规定可借入股票的投资者的条件,以此建立股票借贷计划; • 向证券商提供借券服务; • 证券商向投资者提供借券服务	• 交易所设计标准化卖空合约; • 投资者互相竞价借券; • 交易所为投资者提供交易撮合系统,登记公司负责股票结算
监管重点	市场交易规则的制定及监督执行	对证券金融公司的监管	对可供借贷的证券名单的限制	对卖空投资者账户保证金和卖空证券所得的监控
中央调控力度	弱	强	较弱	较弱
市场化程度	高	低	较低	较低
运作成本	低	高	较高	较低
运行效率	高	低	较低	较高

从四种授信模式的比较和表 2-1 可以看到，不同经济体根据自身经济发展水平与制度特征形成了不同的授信模式，各种模式的市场化程度与集中程度不同，相应导致了不同的运作成本与效率，监管的力度与重点也存在差别。不同金融市场对授信模式的选择，与金融市场运行过程的流动性与稳定性、信用环境的完善程度及当地监管体系的特征密切相关。相比于其他融券模式，美国的融券模式具有高度市场化的特征，对融券主体的资格几乎没有特别的限定，而融券来源也十分丰富。这种以各市场主体之间的高度信用水平为基础的做空模式，能够充分发挥市场参与者的积极性和市场的资源配置能力，具有最高的市场化程度、最低的运作成本以及最高的运行效率。美国的融券模式决定了美国市场做空机制也是高度市场化、高度有效的。

中国融资融券制度正处于起步阶段，对于中国融资融券的模式选择，国内学者进行了一些研究。这些研究主要是比较研究和规范分析国外比较成熟的授信模式，再依据中国的具体国情，提出适用于中国的融资融券模式选择。陈晓舜（2000）主张采用类似美国的分散授信模式，以提高金融体系的运作效率。李昌荣和刘逊（2005）认为以芬兰为代表的集合竞价模式较符合中国国情。然而，不同学者对此问题尚未达成一致意见。

卖空的交易方式

在允许卖空的证券市场上，卖空者必须按照相关流程开展卖空操作。

第一步 建立一个保证金账户。保证金账户允许卖空者向经纪公司融资或融券，而经纪公司可以将卖空者的投资作为抵押。根据美联储（美国联邦储备委员会）的规定，初始保证金比例至少为 50%，即卖空者的自有资金或有价证券须达到所卖空股票总市场价值的 50% 以上，且不得低于 2 000 美元。

第二步 通过电话或在线方式向经纪公司下达卖空指令。在美国从事卖空交易，须满足提价规则（uptick rule）。经纪公司审核指令有效后，为卖空者借入股票。根据美国证券交易委员会的规定，其借入的股票可以来自以下几个方面：经纪公司自有的股票库存、经纪公司其他客户的保证金账户以及经纪公司借自其他经纪公司的股票。

第三步 经纪人在开放市场卖出股票,将所获收入存入保证金账户。若所卖空股票的价格下跌,则卖空者可在适当时机以较低价格买回股票平仓,并取回初始保证金。若所卖空股票的价格上涨,则导致卖空者亏损。当股票价格持续上涨、保证金账户余额低于规定的最低保证金比例(至少为25%)时,卖空者就必须将更多的现金存入保证金账户,以填补保证金账户的损失;否则,证券商有权强行平仓结束交易,甚至无须通知或经过卖空者的同意。

◆ 案例解构 ◆ 卖空交易示例

> 假设一个卖空者以 50 美元/股的价格卖空 1 000 股股票,获得的 50 000 美元收入必须存入保证金账户,同时卖空者还要在保证金账户中存入股票总价的 50%(25 000 美元)作为初始保证金。这样,保证金账户资金总计达 75 000 美元,这笔资金暂时被冻结,不能取出或用于购买其他证券。
>
> 如果股票涨至 64 美元/股,则股票总价值变为 64 000 美元,按照最低保证金比例 25%计算,最低保证金必须达到 16 000 美元(64 000×25%),加总得出保证金账户余额必须达到 80 000 美元,比初始金额增加了 5 000 美元,因此卖空者必须再存入 5 000 美元的保证金,否则将面临强制平仓的风险。
>
> 而如果股票跌至 40 美元/股,则此时股票总价值变为 40 000 美元,按照最低保证金比例 25%计算,最低保证金必须达到 10 000 美元(40 000×25%),加总得出保证金账户余额只需达到 50 000 美元,比初始金额减少了 25 000 美元,则多出来的这笔资金可以被转移或用于购买其他证券。

对于发生在中概股身上的做空,做空机构通常与对冲基金合作以共同获利。对冲基金、投资银行等机构常在中概股赴美上市之初扮演股东的角色。而按照美国证券交易委员会的 144 号规则,在股东锁定期获解除后,对冲基金或投资银行就可以抛售公司股票,撇开与公司的权益关系。由于曾扮演股东的角色，对冲基金等对中概股公司的内部情况了解详细，因此便于做空机构结盟形成利益团体。

通常的做空方式为：**对冲基金等将内部资料发给做空机构，与做空机构同时建立空头仓位，在做空机构发布做空报告后借机砸盘，配合打压股价，在股价暴跌后平仓获利。**

03　做空机制的历史沿革与区域对比

做空的历史和商品交易的历史一样久远，最早的卖空交易发生在17世纪的荷兰。早在1609年，一位名叫伊萨克·勒·梅尔的商人在荷兰阿姆斯特丹证券交易所对包括荷兰东印度公司在内的股票实施了做空。这种行为引起东印度公司的不满，公司理事们开始攻击空头，说他们导致股票价格下跌。随即，荷兰政府在东印度公司的要求下颁布了一部禁止卖空的法律。但法律出台后，一直受到社会的广泛指责，在1689年被废止。

同样的情况再次出现在1720年的英国南海投资泡沫中。急切的投资者将南太平洋（South Seas）公司的股票价格由1720年年初的约120英镑/股推高至同年7月的1 000英镑/股以上，但随后股票价格出现暴跌，空头又一次成为股价暴跌的替罪羊之一。约翰·巴纳德爵士（Sir John Barnard）更是提出一项法案，建议禁止一切卖空交易，将空头卖出其并不持有的股票的行为视为无效出售。然而，该法律并没有配以强制实行的有效手段，在1860年被废止。

与英国遥相呼应，在1720年法国的"密西西比泡沫"（Mississippi Bubble）事件中，一些卖空者获得了大量的利润，但管理当局处罚了这些从股价泡沫破灭中获利的卖空者，并将卖空交易定义为非法活动。1724年，法国皇家下令将股票交易限于卖主所持有的股票交易上。与美国总统胡佛近一个世纪后的做法极其相似，拿破仑从保护国家利益的角度出发，禁止股票卖空，称此操作为"国家公敌"。拿破仑认为，卖空导致了政府有价证券价格下跌，干扰了政府的财政扩张政策。然而，仅仅数年后，拿破仑便意识到这一禁令全然徒劳，卖空随之被合法化。

随着资本市场的逐步发展，做空已成为基础交易制度的重要组成部分。全球股权市场93%的市值是可以做空的（Bris et al.，2003）。在成熟的证券市场中，做空目的渐趋多样化，投资者往往利用做空机制设计一系列复杂的交易策略，以达到对冲或套利等目的。当前，大多数发达证券市场引入了做空机制。而由于新兴证券市场还处于发展阶段且存在较多的制度性问题，因而绝大多数新兴证券市场不允许做空。但是，随着各国证券市场对外开放程度的增强和自身市场的不断发展，我们看到，不少新兴经济体正在不断地尝试引入做空机制，如阿根廷（1999年）、智利（1999年）、波兰（2000年）、希腊（2001年）和秘鲁（2002年）等国。一项调查研究（Anchada and Hazem，2003）显示，20世纪90年代前，64%的发达经济体证券市场允许卖空，仅10%的新兴经济体证券市场允许卖空；截至2002年，允许卖空的发达经济体达到了95%，而允许卖空的新兴经济体也增至31%。在新兴经济体不断引入做空机制的同时，做空机制对证券市场的实际影响也逐渐引起各国学者、业内人士和管理层的关注。

美国股票市场

美国的卖空交易机制是在1934年通过了《证券交易法》之后正式引入的。在正式的做空机制形成之前，早期的卖空交易由于各项机制的不健全，发生了各种纠纷或欺诈事件。20世纪30年代，美国出现经济大萧条。1929年股市大跌时，社会舆论指责卖空活动是罪魁祸首。虽然美国参议院的调查显示，并没有证据表明是卖空交易导致了股灾，但政府仍然希望通过法律的形式规范信用交易活动。因此，美国随后出台了1934年的《证券法》，成立了证券交易委员会，并赋予其管理卖空的权力，但对卖空交易还没有出台具体的新政策。随后的1937年，美国股市又经历了一次较大幅度的下跌，促成了1938年卖空报升规则的出台，强调对卖空价格的限制。根据卖空报升规则，卖空价格应该高于最近一次成交交易的成交价格。若卖空价格等同于最近一次的成交价格，则这个价格必须高于前一次成交交易的成交价格，即存在正的价差或零的正价差。这一条款禁止卖空交易中低于最后一次成交价格的出售行为，防止过度卖空行为对股票市场的操纵与冲击，然而也对做空促进股价下滑的作用产生影响，对于做空的价格发现功能是一种限制。

虽然融资融券活动在美国较早兴起，但在20世纪70年代以前，融券活动更多地是由证券公司的后端业务部门进行操作，证券公司的存管结算部门常常需要通过借券完成交易，实现交付承诺。直到70年代利率上升，市场参与者可以通过借出证券收取保证金并再投资从而获取可观的利润，导致各种机构与上市公司参与融券活动的积极性大大提升；同时，证券公司还将融资融券作为承销新股的再融资手段。70—80年代，还发生了著名的卖空与揭露黑幕相结合的事件。雷·德克斯向客户发布报告，揭露股权融资公司的丑闻，但之后德克斯受到美国证券交易委员会的公开指责。德克斯拒不承认指责并提起诉讼，最终美国最高法院裁定，美国证券交易委员会的指责是非法的。很显然，美国最高法院的裁定表明了对卖空者和卖空行为的公开支持，将卖空交易与揭露黑幕相结合认定为合法行为，使更多的投资者认识到卖空机制的合法合理性，从权威机构的角度有力地推动了美国证券市场的卖空交易。80—90年代，回购融资在融资融券中所占的份额不断增大，共同基金和对冲基金也进一步推动了融资融券交易，融资融券活动在结构特征和规模上都处于提升态势。美国政府监管部门还对卖空机制进行了多次评估。1991年，美国政府运作委员会（House Committee on Government Operations）公布了一份针对卖空机制的调查报告，认为卖空在市场中充当着重要的基础角色，对卖空的不了解是引发指责的原因。报告公布后，纳斯达克市场在1991年引入了卖空规则。

随着金融市场的发展与演变，为了适应市场的新特征与潜在的风险因素，美国证券交易委员会继续修改与完善卖空交易规则，并于2004年通过了《证券卖空规则》（也称《SHO规则》），替代了原有的《证券交易法》的相关条款。《SHO规则》进一步规定了卖空交易行为，对卖空者借券和交付证券提出新的要求，限制了交付失败持续时间较长的证券，减弱了对市场的潜在冲击；并且建立了统一的证券定位与交付要求，加大了对"裸卖空"的打击。《SHO 规则》主要有以下规定：

- 对卖空交易的交易价格实行统一的价格测试，且证券卖空交易价格必须达到最优报价。
- 关于证券的定位条件，在经纪人或交易商没有事先借入证券或未做好借入证券安排，或者没有充分的证据表明客户交割时可以借到证券的情形下，禁止进行卖空交易。制定这项规定是因为：如果卖空者实际上没有借入证券或者进行交割的意愿，导致信用交易大量产生但实际交割大量失败，然而证券市场仍然受到卖空行为的影响，使得融资融券行为操纵了市场，就会对市场造成冲击。
- 关于证券交付的规定，交易商必须在交易日后 3 日内完成卖空交易的证券交割；在正常结算日后的 10 日内，结算参与人必须平仓未成功交割的门槛证券，且不能继续进行涉及上述门槛证券的卖空，除非已平仓或者购入同种类和数量的有关证券（夏峰和吴松青，2009）。所谓的门槛证券，是指符合以下条件之一的证券：连续五个结算日在登记结算机构不能交割的证券达到 10 000 股或以上的证券，交割失败的证券占到发行人总股本的 0.5%，自律组织（如证券交易所）名单上的证券。

《SHO 规则》的目的是解决持续大量未能交付的证券所导致的市场不稳定，并通过统一卖空报价机制发挥做空的价格发现功能。但由于缺乏对证券交付失败严厉的责任惩罚措施，使得卖空行为在违法时难以明确责任，造成《SHO 规则》的实施效果并不理想，也未能很好地约束利用利空消息的卖空行为操纵市场的现象。

2008 年，美国次贷危机导致证券市场急剧低迷，投资者对金融市场前景持续看衰，市场动荡导致原有的卖空机制凸显危机，做空者意欲利用金融危机操纵市场，威胁了市场的稳定。美国证券交易委员会通过三方面措施对卖空交易加以管制：紧急颁布"卖空禁令"、修改《SHO 规则》、提高交易信息披露的透明度。"卖空禁令"禁止对美国证券交易委员会列明的金融机构股票进行卖空交易，并且证券交易所获得扩充名单的授权，最终"卖空禁令"名单上的股票达到 950 多只，包括房地美、房利美、雷曼兄弟、高盛等的股票。"卖空禁令"属于强制干涉市场的行为，对市场流动性是具有破坏性作用的，是特殊时期的应急方案。在《2008 年经济稳定法案》推出后，"卖空禁令"在同年 10 月 8 日被废止。考虑到金融危机的严峻形势，美国证券交易委员会进一步修订了《SHO 规则》，主要方向是对"裸卖空"的严厉打击，严格要求所有证券在交易后 3 日内完成交割，禁止无交收保障的卖空。"裸卖空"交易是指卖空者没有借入证券或借入证券的安排发生变故，无法在交割期限内完成交付，使得投资者在根本没有借入股票的情形下出售股票。卖空者利用"裸卖空"交易，可以在根本没有意愿进行交割的情形下打击上市公司的股票。修订后的《SHO 规则》旨在强化所有权益类证券按时交付的要求，将原《SHO 规则》关于证券交付的规定由门槛证券扩展至全部证券，以期规避金融危机期间投资者的信心危机。此外，修订后《SHO 规则》还取消了原《SHO 规则》中期权做市商了结头寸的豁免条款。除了"卖空禁令"与修订《SHO 规则》，美国证券交易委员会还颁布了《SH 表格指令》，旨在加强对卖空交易信息的披露。《SH 表格指令》要求机构投资管理者在完成卖空交易后，必须通过 SH 表格向美国证券交易委员会报告。

全球金融危机过后，投资者的信心受到极大影响，证券市场的动荡导致做空行为受到更多谴责，美国证券交易委员会不得不继续调整监管政策，以加强对做空交易的监督。例如，颁布了新的价格测试机制，规定卖空交易的卖出价格可以与被卖空证券彼时的全美最高价格相等或更高，但是必须高于前一个出价。另外，在股价下跌达到一定程度时，通过一定的机制来暂时阻止投资者对特定股票的做空行为，避免做空导致的股价持续下降。

纵观美国股票市场做空机制的发展和监管者的应对，为了在发挥做空交易价格发现功能和促进股票流动性的同时，限制做空者利用做空行为操纵市场、扰乱金融市场的稳定，配合市场大环境不断调整监管方式，严厉与宽松的政策互相交错，反映了成熟市场做空交易的意义，以及加强做空机制建立并增强违规行为惩处力度的重要性。

中国香港股票市场

中国香港股票市场自 1994 年开始实施卖空交易制度，实行伊始就要求对卖空价格进行限制——卖空交易的价格不得低于当时的最优卖盘价。这一提价规则在 1996 年 3 月被取消，但是在 1998 年亚洲金融危机后重新被恢复。1998 年的香港金融风暴导致对卖空机制的监管大大加强，并于 1998 年开始保持一贯的严格监管风格。除了卖空提价规则，还包括对允许卖空证券范围的限制，并要求保留担保卖空的所有审计文件作为审计线索。根据中国香港地区《证券及期货条例》，严禁"无抵押"或"无担保"的卖空行为。这些规定和应对措施减轻了卖空机制在金融风暴期间对港股市场的冲击。

相比于其他成熟的资本市场，香港地区政府对卖空机制的监督更为严格。在 2008 年的金融危机中，香港地区监管机构保持了严格的监管要求，并未对港股卖空制度提出过多的调整意见。香港地区证监会通过发布几篇新闻稿，进一步强调了禁止"裸卖空"和提价规则等规定。在港股卖空交易机制中，"裸卖空"行为一直受到严格的监管和防范。香港地区证监会认为，"裸卖空"允许投资者在没有预先借入证券的情形下参与无担保的卖空交易，由此在证券市场上产生大量虚拟的证券"买入量"，使得买盘报价提供的信息失真，严重影响投资者对市场行情的判断，也可能造成卖空交易者操纵市场的不良后果。因此，港股市场要求投资者以股票借贷/互换协议等为契约，在进行卖空操作前必须与证券商等金融机构签署协议，才能予以放行进入有担保的卖空交易市场。鉴于香港地区证监会对"裸卖空"的严格限制，此类交易在香港地区法规体系内被列入刑事犯罪的范畴，"裸卖空"操作人会受到最高 10 万港元的罚款及两年监禁。同时，在金融危机期间，港交所进一步调整允许卖空的证券名单，使得可卖空的证券从 538 只减至 364 只。

2008 年金融危机后，香港地区证监会继续完善卖空机制与投资人保护制度，淡仓申报制度在 2012 年 6 月正式生效，要求机构在持有超过公司股本 0.02% 或 3 000 万港元的卖空仓位时，持有人应主动向证监会申报，并由证监会每周集中披露每只卖空标的淡仓比例。2012 年 7 月，香港交易所收紧了可卖空指定证券的资格准则，可卖空标的市值由 10 亿港元增至 30 亿港元，对换手率的要求也由 40% 提升至 50%。2015 年 3 月起，香港交易所开始允许香港地区投资者通过互联互通卖空 A 股，为内地和香港资本市场的共同发展带来新的机遇。2016 年 7 月，香港地区证监会再次收紧了可卖空证券的要求，对可卖空标的换手率的要求从 50% 进一步提升至 60%，满足在香港上市不超过 60 个交易日，公众人士持股量的市值在上市后第二个交易日（之前的规定是上市当日）开始的 20 个连续交易日不少于 200 亿港元（之前的规定为 100 亿港元），并且在这一时间段的总成交量不低于 5 亿港元（之前的规定是 2 亿港元）的股份。2017 年 3 月，香港地区证监会开始实施扩大淡仓申报的规定，将淡仓申报的范围扩大至 921 只香港联合交易所指定的可进行卖空的证券，并包括交易所交易基金（ETF）、房地产投资信托基金和其他单位信托或互惠基金在内的集体投资计划。

从香港市场做空机制的推行及监管要求的演进来看，一个成熟的资本市场仍然是需要做空机制的，其本身可被看作市场健康的一种表现。然而，同时必须配备强有力的监督规定，保证做空机制不会成为扰乱金融市场的潜在因素。香港股票市场严禁未借入证券的"裸卖空"，并在最严重时将其认定为刑事犯罪，有效地避免了滥用卖空机制对市场秩序的不良后果。当前，沪港通、深港通引致流入港股资金的增加，内地投资者对港股的关注不断升温，随之而来的做空机构报告受到更大重视，做空行为的影响也得以进一步提升。

中国内地 A 股市场

在经历了较长时间的准备后，中国证监会于 2008 年正式开启融资融券试点工作。截至 2010 年，中国首批获得融资融券交易许可的证券只有 90 只；但是截至 2017 年 5 月底，已有 957 只证券被允许进入融资融券交易环节。中国证监会参考香港地区证监会关于卖空交易的严格规范模式，对融资融券交易设置价格保护机制，要求融券卖出价格高于或等于该证券的最近成交价格，同时禁止"裸卖空"的行为。但是与港股市场及美股市场不同的是，A 股融资融券限制单一客户的融券规模，即单一客户的额度不能超过证券公司净资本的 5%，单一标的股票或融券余量不得超过该股上市可流通市值的 25%，单一标的交易所交易基金的融券余量不得超过该交易所交易基金上市可流通市值的 75%。可以看出，内地卖空交易制度虽然起步较晚，但是效仿香港地区的卖空交易制度，采用较为严格的监管模式，规避"裸卖空"等可能对证券市场产生严重危害的市场行为，为投资者创造政府合理监管下健康、有序的卖空交易市场。

不同经济体的卖空制度比较如表 2-2 所示。

表 2-2 不同经济体卖空制度比较

	美国股票市场	中国香港股票市场	中国内地 A 股市场
卖空业务起始时间	1934 年，美国通过《证券交易法》，正式引入卖空交易机制	1994 年 1 月推出受监管的卖空试验计划	2010 年 3 月 31 日开始允许融资融券业务
是否具有价格保护机制	无（1938 年引入提价规则；2007 年取消；2010 年起只对单日下跌 10% 启用提价规则）	有，卖空指定证券的价格不得低于当时最佳卖盘价（1996 年 3 月取消；1998 年 9 月亚洲金融危机后恢复）	有，融券卖出的申报价格不得低于该证券的最近成交价
是否允许"裸卖空"	不允许，2008 年 10 月开始严格禁止"裸卖空"，严格执行 T+3 交付	不允许，将"裸卖空"定为刑事犯罪	不允许，证券商向客户融券只能使用融券专用证券账户内的证券
是否限制卖空标的	无，但可临时限制（2008 年 9 月 18 日起禁止对 799 只金融股进行卖空交易）	有，考虑股票流动性、换手率和波动幅度等选取股票、交易所交易基金标的共 939 只，定期调整；联交所可限制或禁止某交易所参与者卖空指定证券	有，根据市值、流动性和市盈率指标选取 944 只股票和 24 只交易所交易基金；融券余额超过上限或出现异常时可临时暂停融券交易
是否限制卖空仓位	无，但机构投资管理卖空头寸总额的公允价值在 1 亿美元以上且卖空仓位占流通股数量 0.25% 的必须向证券交易委员会申报	无	有，单一客户融券规模不能超过证券公司净资本的 5%；单一标的股票或融券余量不得超过该股上市可流通市值的 25%；单一标的的交易所交易基金的融券余量不得超过该交易所交易基金上市可流通市值的 75%

（续表）

	美国股票市场	中国香港股票市场	中国内地 A 股市场
是否披露卖空情况	自 2008 年 7 月 1 日，美国证券交易委员会规定卖空余额信息披露频率由原来的每月 1 次增至每月 2 次	每日披露个股卖空成交数量和金额；淡仓量达到上市公司已发行股本的 0.02% 或淡仓市值达到 3 000 万港元（以较低标准为准）的必须申报，证监会于 5 日内披露	每日披露融券余额
融券利率	由证券商决定，根据证券出借难易程度不同，热门做空标的借券的成本更高	由证券商决定，根据证券出借难易程度不同，热门做空标的借券的成本更高	一般统一为 6 个月期贷款基准利率上浮 3%

04 做空的市场效应

做空机制对证券市场的影响是已有的做空机制研究的主要内容，学者们围绕卖空行为或卖空限制对市场波动性、市场流动性、股票价格的形成发现及市场运行绩效的影响进行了大量研究。下面分三个方面阐述有关做空机制的市场效应的主要研究成果。

做空与市场波动性

国外研究概述

对于做空机制能否降低股市的波动性，国外学术界一直存在较大的争论。

一些学者认为，做空机制的引入能够减小股市价格的波动幅度，进而减弱因价格引发的供求矛盾的影响，从而起到稳定市场的作用。

2000 年 8 月，美国大通曼哈顿银行的一份研究报告显示，1990 年 1 月至 1999 年 12 月的 10 年期间，纽约股票交易所的卖空仓位（short interest）与

NYSE 综合指数（NYSE Composite Index）呈现较为相似的变动趋势，表明卖空交易量与股价指数存在极为显著的正向变动关系——指数高涨时卖空量大、指数低迷时卖空量小，从而卖空交易能够平缓股价指数的波动，发挥稳定股票市场运行的效用。

Charoenrook and Daouk（2003）在研究 111 个允许卖空的经济体（23 个发达市场经济体和 88 个新兴市场经济体）的股票市场后发现，在允许卖空的发达市场经济体中，股票收益总体波动性要比禁止卖空的新兴市场经济体低；同时，禁止卖空的经济体发生市场崩溃的可能性并不比允许卖空的经济体小。

Bris et al.,（2007）则检验个股收益率的标准偏差、负收益率极端值的分布频数及个股和市场收益率的偏度以验证卖空能否稳定市场。其结果显示，在允许股票卖空的市场中，收益率的波动性要小得多，负收益率极端值的分布频数也小得多，这表明卖空交易可以起到稳定市场的作用。与此同时，Hong and stein（2003）的研究表明，如果对卖空进行限制，卖空交易者所持有的利空消息将得不到及时释放。在市场下跌时，这些利空消息的突然释放，反而会进一步加剧市场的下跌，市场更容易崩溃。

另外一些学者则认为，卖空交易通常会引发股价下跌，限制卖空能够减轻市场恐慌情绪的进一步恶化，从而起到稳定市场的作用。Allen and Gale（1991）就是这种观点的支持者。他们认为，卖空机制的引入会打破股票市场竞争的平衡，不利于减小市场的波动性。此外，Figlewski and Webb（1993）提出，卖空交易与市场波动性并不存在明显的引致关系。

值得一提的是，Conrad（1994）构建了一个"信息公开"与"信息不公开"卖空交易模型。他的研究成果表明，在公开意外信息的情境下，卖空交易与股价呈负相关关系；但是在不公开意外信息的情境下，卖空交易与股价的负相关性更大，即卖空交易使股价下跌幅度更大。Bernardo and Welch（2004）认为，当投资者预期市场对自己不利时，就会抛售手中持有的股票，因此限制卖空有利于阻止这部分投资者引起大众恐慌。

2008 年金融危机发生后，理论界又掀起了一场卖空机制与市场稳定性的大讨论。Lecce et al.（2008）等的研究发现，卖空将导致超额波动率。

Shkilko（2008）等的研究则认为，卖空机制加剧了盘中交易价格的动荡，卖空带来的影响并不只是机制上的，更有心理上的。针对卖空在金融危机中破坏市场稳定的观点，Curtis and Fargher（2008）通过细致的实证分析发现，卖空并不会破坏市场稳定；相反，卖空会增进市场效率。

国内研究概述

反观国内，由于国内卖空交易（融券交易）的发展相对滞后，卖空机制的相关研究起步也较晚。之前，国内卖空交易一直处于空白期，由于没有实时交易情况和实时数据，国内大多数学者的研究停留在规范阶段，但不少学者还是通过努力在相关领域展开研究。

廖士光和杨朝军（2004）对中国台湾地区证券市场上的做空机制与股市价格波动的关系进行实证研究，同样证明了卖空交易量和股价指数存在正向变动关系。也就是说，股价指数升得越高，卖空交易额越大；股价指数跌得越低，卖空交易额越小。这表明卖空机制的存在不但未加剧证券市场的波动，反而对市场的波动起到缓冲作用。郑振龙等（2004）着重分析了卖空对市场效率的影响，认为卖空与市场崩溃没有必然联系。廖士光和杨朝军（2005）在研究1998年8月至2004年2月卖空交易对中国香港地区股票市场的影响中，同样得出了卖空机制不会加剧市场波动性的结论。吴淑琨和廖士光（2007）对台湾地区股票市场的研究也得出了同样的结论。此外，陈森鑫和郑振龙（2008）研究了1991—2007年37个经济体的股票市场后发现，卖空交易的受限制程度与收益的变动程度呈正向变动关系，由此得出结论：有限度地放开对卖空交易的限制可以减小市场的波动性。胡海波（2009）利用香港地区股票市场数据对市场的波动性、流动性和恒生股指期货的定价偏差进行实证分析，再次验证了卖空机制可以有效地降低市场的波动性。

做空与市场流动性

市场流动性是衡量一个市场功能是否健全、机制是否完善的重要指标之一，而且流动性本身是有价值的——流动性溢价。

做空机制作为一种信用交易制度能够提升流动性，这一点是不言而喻的。当市场单边上涨时，逆势交易者会启动融券卖空，这给市场提供了流动性；而顺势交易者的融资买入也会为市场注入流动性。国外很多学者的实证研究印证了上述观点。Woolridge and Dickinson（1994）得出结论：卖空交易者在上涨的市场中增加卖空交易量，在下跌的市场中减少卖空交易量，以此向整个市场提供流动性。Anchada and Hazem（2003）在对全球111个经济体股票市场的研究中发现，对卖空交易的限制越大，相关股市的流动性越弱。Gao et al.（2006）对中国香港地区股票市场进行了大量的深入研究，并得出结论：减少对卖空交易的限制不但能够减小股票市场的波动性，而且能够提高股票市场的流动性。我国学者廖士光和杨朝军（2004）研究了中国香港地区股票市场和日本股票市场的卖空交易额与股票交易额，发现卖空交易额与股票成交额呈现了极其相似的走势，卖空交易的存在极大地增强了股票市场的流动性，从而起到了活跃市场的作用。

做空与市场价格发现

做空机制与证券价格有着紧密的联系。关于做空机制与证券价格的关系源自Miller假说。Miller（1977）基于信念异质（市场同时存在看涨者和看跌者）和卖空限制研究证券价格的特点，采用传统微观经济学中分析效用水平的供求均衡分析方法分析得出，如果禁止卖空股票，那么在股票上升超过基本价值时，看空市场的投资者就不能通过卖空手段充分套利，股票价格仅仅反映了市场上最乐观的投资者对股票价值的评价，因此将出现高估偏误。这种高估基于两个条件：一是卖空被禁止或卖空成本过高；二是投资者存在不同信念。在这种情形下，持悲观信念的投资者不得不离开市场，负面信息无法在价格中得到反映，致使证券市场不能达到帕累托最优。Milier（1977）还认为，市场对股票预期的分歧越大，市场越缺乏向下压价的力量，股票价格越有可能上升以致偏离其内在价值，由此出现股票未来预期回报率下降的现象。

Diamond and Verrecchia（1987）对卖空限制的效果进行建模后得出结

论:在对卖空进行限制时,与对未公开利好消息的调整速度相比,股价对未公开利空消息的调整速度要来得慢。此外,Fung and Draper(1999)研究1993年4月至1996年9月中国香港恒生指数期货合约的交易数据后发现:在存在卖空限制条件时,指数合约会发生错误定价(mis-pricing);而当放松卖空限制条件时,指数合约错误定价发生的可能性会明显减小。卖空限制致使投资者无法进行卖空,其后果便是某些股票的价格被高估。对于这些卖空成本较高的股票而言,其后期收益率相对较低,这是Jones and Lamont(2002)利用美国1926—1933年股票市场的数据进行研究后得出的结果。对于保证金交易(主要为卖空行为)如何影响市场的股价波动,自1990年以来,国外学者就进行了大量研究。学者们的普遍观点是,卖空交易信息的公布通常会引起相应股票价格的下跌,这其实也表明在这些股票被卖空前,其价格存在虚高的倾向,而正是卖空交易调整了它们的股价。

在中国香港证券市场上,卖空限制条件的变化又是如何影响股指期货合约价格和股价指数的动态行为的?Hung and Fung(2001)对这一问题进行研究后认为,放松卖空限制条件会加快价格调整的速度,并且其调整速度与价格误差大小呈正相关关系,同时还会提高市场的动态效率。其结论来自以下现象:当放松卖空限制条件时,股价指数和股指期货合约价格的同期相关性会显著增强,脉冲反应速度也会加快。

Bris et al.(2007)则将研究方向放在卖空限制对市场效率、股票和市场指数收益率分布特征的影响上。他们利用Morck et al.(2000)提出的方法,对47个经济体证券市场的数据进行分析,得出以下结论:在不允许卖空或卖空受到限制的证券市场中,个股收益率的分布呈负偏形态的情形较为少见,这意味着个股收益在更多的情形下是被高估的;相反,在允许卖空或卖空限制条件较宽松的证券市场中,证券收益的截面变动性更为显著,这表明在卖空限制条件得到放松的条件下,市场在个股层面上的价格发现效率得以提高。

近年来,国内学者针对做空进行了大量的理论创新和实证检验,其研究成果主要体现在做空机制对价格形成与发现的影响方面。

1994年1月,中国香港证券交易所首开先河,当时的监管卖空试验计划指定了 17 只可以进行卖空的股票，条件是在报升规则下。此后，随着市场的发展，香港证券交易所不断调整指定允许卖空的股票名单，新的股票上榜和已上榜的股票下榜的情况不断上演。截至 2003 年 5 月，在香港主板市场的 818 只股票和创业板市场的 171 只股票中，已经有 174 只普通股登上榜单，允许被卖空。这些数据也成为 Chang and Yu（2004）的研究对象，他们分析了在卖空限制条件加大时股票的累计超额收益率（CAR），并以此探讨了卖空限制对股票市场价格发现功能的影响，最终发现，当某只股票登上允许卖空标的名单时，在上榜前后 10 日周期内，该股票的累计超额收益率值显著为负；同样，当这只股票被从允许卖空标的名单中去除后，在同样的周期内，该股票的累计超额收益率值又显著为正。基于此，Chang and Yu（2004）得出与 Bris et al.（2007）一致的结论：当存在卖空限制时，个股价格会被高估。

Chang and Yu（2004）还发现，香港证券交易报升规则的启用和废弃可以被视作卖空限制条件的变动，并研究这一变动对股票价格发现的影响。他们发现，上榜股票在启用报升规则期间，其累计超额收益率并不显著为负；而在取消报升规则期间，其累计超额收益率则显著为负。这表明，即使市场允许卖空行为，但如果报升规则作为卖空的一个限制条件依旧存在，那么投资者卖空相关的股票依旧具有难度，这导致这些股票的价格在上榜日仍居高位而无法得到相应的矫正；相反，如果取消报升规则，投资者便可以卖空这些股票，被高估的股价也将得到矫正。由此，Chang and Yu（2004）进一步得出结论，卖空限制的减弱会提高证券市场的价格发现效率。

李宜洋和赵威（2006）对比分析了中国香港股票市场的股价涨跌、成交量及波动幅度，发现引入做空机制不仅有利于完善股票市场的价格发现机制，还能更加丰富投资者的投资选择，同时也可以使证券公司的盈利能力得到增强。廖士光和杨朝军（2006）则从供求关系角度分析做空机制的价格发现功能，并对做空机制的内在机理及其在境外市场的实证结果两方面进行研究，认为做空机制的价格发现功能能够促进内地股票市场的正常运转，维持市场的良性循环和健康发展，建议将做空机制引入中国内地股票市场。

张维和张永杰（2006）推导出一个基于股票市场中投资者异质信念假设

的风险资产价格均衡模型,从理论上证明了 Miller 假说,其异质信念假设的提出是建立在投资者信念形成的影响因素的基础上的。

以中国内地证券市场的股票为样本,陈国进等(2008)研究了盈余惯性和异质信念的关系,发现禁止卖空的制度性缺陷不仅会使股票价格被高估,还会导致较大的投机性泡沫。

从国内外关于做空机制的研究成果可以看出,学者们看法的分歧主要集中在卖空交易对市场波动性的影响方面,而对于卖空机制能够增强市场流动性、促进股票市场价格有效性等观点的意见则较为一致。

综上所述,我们可以发现,**客观上,做空机制的存在能够产生一种价格发现机制,促使股票价格接近实际价值,并在一定程度上实现股票市场价格的有效性**,具体表现为以下两个方面:

- 因允许卖空导致交易量的大幅增加及由此产生的价格竞争大大提高了股票定价的有效性。正是做空机制的存在,为那些不实际拥有股票投资者提供了表达自身对某些股票投资价值预期的机会,从而使整个市场存在大规模的股票供应和需求力量。
- 卖空交易行为的存在使股票价格所反映的信息更加充分,无论是正面还是负面的信息都能在股票价格上得到体现,并促使供求力量调整股票价格,最终使股票价格趋于合理。

05 做空机制的治理效应

何谓外部治理

公司治理存在两类机制,一类是外部治理机制,另一类是内部治理机制。外部治理和内部治理共同构成公司治理结构,两者形成总体的互补关系。

近年来,国内外关于公司治理的研究很多,但是研究对象,或者说关注范围，一般只是针对公司内部治理这一领域，鲜有谈及公司外部治理，由此对于公司外部治理（external corporate governance）的概念，迄今为止也没有一个统一的定义。

Robin（1964）认为来自公司外部的监管为外部治理机制，目的是防止企业管理者在处理公司事务时滥用权力。Holmstrom（1999）指出，外部治理主要是指公司外部的产品市场、资本市场上的兼并重组、机构投资者收购和经理人市场竞争等对公司产生的外在压力。Aghion et al.（1999）进一步指出，外部治理机制通过外界监督来约束公司管理层的经营行为，促使公司管理层自律和自我控制。国内学者黄永明（1999）认为，外部治理是公司外部形成的激励监督约束机制，主要由竞争市场、法律制度、中介机构和公众舆论等构成。李维安（2001）强调外部治理机制是银行债权人、雇员、供应商、客户、外部审计机构和政府监管机构等外部力量对企业管理者行为的监督。邹武鹰（2005）也认为，公司外部治理就是公司运作的外部环境治理，包括宏观行政监管、司法监督、市场诚信法则监督和社会监督，四种监督机制综合作用，能够形成一张严密的网，对公司进行严格监控，促使其依法经营、依市场规则行事，旨在为公司的内部治理营建一个法制化、制度化、效率化的外部环境，促使公司的运作遵循法律法规、国家政策和公司章程的要求。公司内部治理常被人们形象地称为"用手投票"，而公司外部治理则被称为"用脚投票"（郭春丽，2002）。

按照 Rediker and Seth（1995）的认识，外部治理的构成体系主要包括收购与重组的威胁、产品市场竞争和经理人市场竞争等内容，它们是构成公司外部约束机制的主要部分。外部治理是一种市场控制模式，强调充分竞争的市场环境会给公司带来有效的治理，与所有制关系不大。持这种观点的如林毅夫（1997），刘芍佳和李骥（1998）。20 世纪 60 年代，外部治理的研究领域围绕市场对经理人的约束问题进行了初步探讨，Robin（1964）和 Manne（1965）的研究认为，市场的约束力量将阻止经理人滥用公共资源而损害股东利益，使经理人的行为与公司利润最大化目标不会偏离太远。

Fama（1980）认为，如果将一家企业比作一份合同，那么企业的所有制就无所谓了，有效的经理人市场可以对经理人行为起到约束作用，并能解决因两权分离而产生的激励问题。Hart（1983）强调，除经理人市场自身的约束外，产品市场上的竞争也对约束经理人行为起到不可或缺的作用。而Shleifer and Vishny（1997）则认为，控制经理人行为最行之有效的方法是收购和重组威胁的存在。当企业经理人不作为时，接管市场的存在将限制高管忽视利润和所有者回报的行为，约束其缔造公司帝国的梦想（Karpoff et al.，1996）。

一些学者还将具有制度环境约束的政府监管和法律监管，以及具有行业规则约束的中介机构监管和具有社会道德准则约束的投资者监督等看作公司治理的外部治理机制。

Bushman et al.（2004）以46个经济体的跨国数据为样本，通过实证研究发现，治理透明度主要与法律制度有关，普通法系起源且执法效率高的经济体具有较高的治理透明度。进一步地，Bushman and Piotroski（2006）实证显示，具有高质量的司法系统、证券法规得到严格执行及私有产权保护较为完善的经济体，其上市公司的财务报告更加稳健。

当公司的机构投资者持股比例较高时，他们也能够起到积极的监督作用，不会允许管理层削减研发支出以逆转公司的短期业绩。持股比例高并重视长期投资的机构投资者能够对公司实施监督和影响，并从中获利（Chen et al., 2007）。董景寒（2008）认为，由于独立审计与外部治理源自共同的理论基础且目标一致，因此独立审计也是公司外部治理的重要组成部分。

做空机制的外部治理要素

美国是外部监督型公司治理模式的典型代表，其基本特征是强大的管理者、顺从的董事会及疏远的股东，并且以资本市场高效的外部监管、完善的法律机制和社会监管为主导。

从公司内部治理来看，美国实行单一董事会制，除了股东大会和董事会，没有设立监事会之类专门的内部监督机构，而是把执行管理职能的董事和执行监督职能的董事组合在董事会中，在董事会内部将董事会成员按职责不同区分为执行董事（executive directors）和非执行董事（non-executive directors）。非执行董事即不在公司经理层担任职务的董事，若其与公司没有其他任何关系，则又可称为独立董事（independent directors）。董事会在公司治理中无疑起着至关重要的作用，但难以避免地，在实际运行中，董事会制度也存在固有缺陷。首先，由于美国自古以来的私有财产观念和股东主权思想根深蒂固，美国《公司法》及相关法律法规均非常注重保护股东的权利和利益，将董事会及董事的选举权赋予了股东。这样一来，董事会成员一般是由大股东推荐产生的，因此董事会往往代表着大股东的利益，常常忽略甚至侵害中小股东和其他利益相关者的利益。其次，在现有体制下，美国公司董事会主席和公司首席执行官常常由一人兼任，公司的经营管理事务权实际上掌握在董事长和总经理的手中，使得董事会的治理功能变为自己监督自己的行为。显然，这无论是从理论还是从实践来说都不切实际。此外，外部董事对公司生产经营状况掌握得不够充分，削弱了董事会控制和监督公司经理人的能力。尽管还有股东大会作为公司最高权力机关监督着公司董事会，但是美国高度分散的股权结构决定了所有权分散的股东不可避免地存在"搭便车"问题，不能有效地监控管理层的行为，从而导致"弱股东，强管理层"的局面，并由此产生代理问题。

与之相对的是美国发达的外部治理机制。美国存在发达的资本市场，详细的《证券法》《公司法》《投资者保护法》等法律法规，严格的独立审计监管、积极参与资本市场活动的机构投资者及其他社会公众投资者，能够有效地弥补内部治理的不足。

因而，建立在高度分散的、流动的股权结构基础之上的美国公司外部治理机制，是一种市场控制主导型的公司治理模式，主要体现为完善、民主的资本市场的制约，同时辅以健全的法律体系及充分的社会公众监督。

市场要素

市场监督主要通过外部市场对公司经营者行为进行制约，促使管理者服务于股东利益。市场监督分别通过资本市场、经理人市场和产品市场发挥外部治理的作用。其中，起首要作用的是资本市场的监督。

尽管在美国资本市场上存在大量的机构投资者，但由于法律和公司章程的限制及出于分散投资风险的需要,机构投资者往往将投资分散至多家公司,使得公司股权无法高度集中,形成美国资本市场股权分散的特点。因此,与德国、日本等依靠银行和大股东在董事会中"用手投票"实施公司治理的机制不同,美国资本市场对公司经营者的监控主要是在加强市场规制以提高市场完善性的条件下,通过发达的证券市场的股票交易活动来进行公司治理,最普遍的是"用脚投票"和恶意接管两种形式。

"用脚投票"是指股东在对公司经营状况不满意时,卖掉手中的股票使股票价格下跌,从而给经营者施以一定的压力。当董事会功能失灵导致公司经营状况下降或不能达到投资者的心理预期等情况出现时,投资者就会选择"用脚投票"。这是因为美国作为一个有效的资本市场,其股票价格能够较为真实地反映上市公司的经营状况。因此,通过观察股票价格,投资者就能获得市场对公司经营前景的预期和对经营者才能的评价,从而降低投资者监控的信息成本。此外,做空机制的存在使得证券市场具有良好的流动性,投资者更容易卖掉手中的股票,在减少投资者风险的同时,反过来也有利于证券市场交易的活跃性及信息公开化。

恶意接管是指当一家公司管理混乱、经营不善时,其股票价格则会相对于本行业或市场整体股价水平下跌,引起资本市场上战略投资者的关注,或者成为潜在竞争对手或竞争对手的收购对象,进而引发并购和接管活动,在任的经营者被赶走,使经营者当局丧失控制权,从而对经营者形成压力。因此,在公司产权市场上,恶意接管的威胁最终会促使经营者为股东利益而努力工作。

美国沃顿商学院教授麦克·尤西姆曾经说过,美国企业制度已经从经理人执掌全权的"经理人资本主义",转变为投资人对经理人实行有效制约的"投资人资本主义"。可见,资本市场通过投资者的"用脚投票"和恶意接管,实现了对公司管理层的有效监督,成为外部治理的重要手段之一。

法律要素

美国臻于健全的法律体系和证券监管机构的规制,是美国公司外部治理机制的重要组成部分。美国对资本市场实行非常严格的监管,包括政府监管机构和自律组织。政府监管机构主要是美国证券交易委员会（SEC），而自律组织则包括美国证券交易商协会（NASD）、纽约证券交易所（NYSE）等。

美国证券交易委员会根据1934年《证券交易法》设立，负责证券业和证券市场的监管，致力于保证金融市场的正常运转和保护投资者的利益。值得一提的是，在美国证券交易委员会注册是美国所有的证券发行的必经之路。这也意味着，在美国，所有在投资领域里从事经营的机构和个人处于证券交易委员会的监管之下。证券交易委员会行使由国会授予的权力，拥有准立法权、准司法权、独立执法权。证券交易委员会的存在能够保证上市公司的证券活动中不存在欺诈、操纵、过度投机和内幕交易等，否则该公司将面临民事诉讼。一方面，证券交易委员会监督公司向投资者披露经营业务的重要信息，以便投资者在信息公开透明的情境下做出投资决策；另一方面，证券交易委员会还监督联邦法律的执行。证券交易委员会在发现违法交易或接到违法举报时，就可以对可能存在的违法事项进行调查；必要时，可提起法律诉讼，追究责任人的法律责任，包括民事责任、行政责任和刑事责任。

自律组织是其会员公司与上市公司的监管者，自律组织的规则必须提交证券交易委员会审查，接受证券交易委员会的监管。美国的注册证券交易所和证券业协会根据相关规则评审公司的上市资格，自律组织则密切监察相关的上市公司，不符合信息披露要求的公司将被摘牌。

此外，由于美国拥有浓厚的诉讼传统，投资者可以通过诉讼来维权并保护自身利益。其中，美国中小股东发起的民事诉讼可分为两种：一种是要求公司管理层履行职责的派生诉讼；另一种则是针对造假欺诈者的民事赔偿诉讼，主要形式为集体诉讼。

所谓的集体诉讼，是指多数成员彼此间拥有共同利益，因人数过多致无法全体提起诉讼，得由其中一人或数人为全体利益起诉或应诉。集体诉讼的威力在于，民事判决的效力在运用上具有推及性，即判决对每一个群体诉讼参与人均具有法律效力，最终导致的赔偿数量将是非常惊人的。这类诉讼一般由代表原告的律师事务所积极推动，鼓励股票受影响期间买入公司股票的所有流通股股东加入原告队伍。

集体诉讼或者类似的诉讼机制已被美国、英国、加拿大、澳大利亚、法国、德国和日本等多数发达经济体广泛采用。英、美等国的实践证明，集体诉讼制度能够有效地保护广大中小投资者的权益、打击证券违法行为。而在美国，所有买入股票的股东，只要是在起诉书所述的相关时间段内，均可成为原告；而集体诉讼结果，对于未参与诉讼的股东同样具备效力，除非是投资者主动退出。这意味着，只要一人诉讼得胜，全体股东同享利益。

值得一提的是，《证券交易法》中的取证对象是被告而不是原告。[①] 因此，正是由于有完善的法律法规作为后盾，任何公司一旦做出损害小股东利益的事项都有可能引发诉讼。被告的公司想要提出无罪的证据，不可避免地会遭受时间、精力及庞大法律费用的损失，更为严重的是公司社会形象的崩塌或者高达数亿美元的巨额诉讼费。因此，公司决策者必须衡量公司的每项行动，避免与公众对抗。美国的法律系统行之有效地使每一位股民获得了监管的权力，并迫使公司的行动不得偏离社会的公平标准。

社会要素

除此之外，美国证券市场还密布着许多专业服务机构（主要有会计师事务所、律师事务所、证券分析师和证券评级机构四类中介机构），负责对上市公司披露的信息进行查证和分析，并提供独立的专家意见。在政府监管、同业组织的自律监管及市场竞争的压力下，中介机构以信誉作为担保，确保上市公司出具的报告准确、真实和完整。

市场参与者之间的信息不对称是证券市场中介机构存在的根源，这种信息不对称导致的逆向选择和道德风险问题远比实物商品市场更为严重。从公司管理层的角度来看，证券信息的专业性使得公司必须允许外部人评估会计账簿和业务文件，让他们证实公司所做陈述的准确性，以此解决上市公司在提供相关信息时存在的证明和证实方面的成本问题（Easterbrook and Fischel，1985）。而从投资者的角度看，一方面，中介机构的证明和证实能够为投资者获得真实信息提供保护与保证；另一方面，根据交易成本理论，中介机构这一层委托代理关系的增加，也是节约交易成本的需要，因为中介

[①] 美国《证券交易法》第 18 条规定，若信息提供者不能证明自己的行为没有过错、不存在欺诈性，则可推定其有过错，应向股民承担民事责任。

机构相比普通投资者在信息上更具有优势。这点正如施莱弗所言，有效率的制度应当使成本最低的信息提供者有动力收集信息并向投资者提供信息。从美国证券市场的实践中可以看到，市场中介机构的存在对证券市场信息披露、经营战略乃至公司治理结构确实具有不容忽视的影响。

然而，不可避免的是，作为股东和美国证券交易委员会的代理人，中介机构具有自己的利益目标，其利益在很多情形下与委托人的利益相冲突。因此，在解决证券市场固有的逆向选择和道德风险问题的同时，中介机构自身也面临道德风险问题。对于中介机构的存在是否具有必要性，学者的意见并不一致。从利益集团理论的角度出发，中介机构的存在是利益集团的游说所导致的，对其监管是没有必要的。因为作为一种利益集团，中介机构从现存的信息披露管制中获得了丰厚的收益。美国证券市场上的财务欺诈案例（特别是安然案、世通案）表明，中介机构有时也会疏于职守。

以安然事件为例，最先披露安然公司财务欺诈行为的既不是证券交易委员会、新闻媒体，也不是独立审计机构安达信，而是一位叫做吉姆·奇努思（Jim Chanos）的做空大师。2000年年底，安然股价最高达到90美元/股。然而，通过详细的基本面分析，以及对安然的会计记账方式和财务报表的研究，吉姆·奇努思发现安然存在巨大的问题。因此，他一直坚持卖空安然直至安然东窗事发，其股价一落千里。他提出："我想不出过去十几年美国有哪一起严重的财务欺诈是由大型证券公司的分析师或者外部会计师事务所揭露的，几乎所有这些欺诈是由做空者或财经记者揭露的。虽然做空者在华尔街可能永远也不会受人欢迎，但他们常常在寻找和发现坏人的过程中充当好人的角色。"

因此，美国对资本市场的社会监督机制不只是依赖于中介机构的专业评估，更离不开做空机制的有效监督。同样，在中概股危机事件中，美国资本市场上的做空机构也发挥了出色的监督作用。当公司内部治理失效、外部独立审计也失效时，作为外部治理机制中的最后一环，做空机制有效地发挥了作用，揭露了诚信缺失的中概股公司财务造假等方面的问题。下文具体介绍美国做空机制是如何运行的。

做空机制的外部治理效应

公司外部治理是监督管理层的重要手段,各种激励机制和监督约束机制相互协调,促使管理层的经营决策行为保证股东价值最大化,实现公司的平稳、健康发展。公司外部治理机制的执行效果与效率受到诸多因素的影响,不仅体现在利益相关者类型的多样性上,还反映在外部机制和市场条件的持续变化上。做空机制在国内外市场的逐步成熟及监管规则的日趋合理化,其发挥的作用已不仅限于市场方面,还成为改善公司治理重要的外部治理机制,对公司治理质量的影响是多方面。

信息传递与信息披露质量

投资者保护在证券市场上受到极大关注,如果投资者保护制度不够完善,管理层就可能找寻制度的漏洞,从而损害投资者的利益。公司的会计信息披露同时发挥着信息传递与监督的作用,是投资者了解公司和判断公司未来发展前景的重要渠道。然而,管理层具有操纵盈余的动机,以增加自身薪酬或获得融资。一方面,引入做空机制能够极大地提高公司采取盈余管理行为所面临的风险。Karpoff and Lou(2010)和Fang et al.(2013)等研究发现,做空机制形成更加严厉的监管,公司的财务报告错报更可能被发现。另一方面,做空机制本身为投资者提供了获得额外利益的机会,做空投资者会更加全面、深入地关注上市公司的信息披露质量,并从中寻找可能的目标公司,进而通过做空行为获利。因此,管理层的盈余管理行为增大了所在公司成为做空投资者目标公司的概率——增大了被做空的可能性,有效地抑制了管理层操纵盈余的动机。著名的做空机构,如浑水(Muddy Water)和香橼(Citron)等,从公司披露的会计信息入手,发现披露的业绩或者关联信息中可能存在的虚假信息,沉重地打击了目标公司。因此,当证券市场上存在做空机构或做空投资者时,公司忌惮不实信息被利用,就会主动提高信息披露质量,减少盈余管理行为。于是,做空机制产生了优化会计信息质量的外部治理效应。不过需要注意的是,做空交易者能够获得准确的私有信息在很大程度上是源自内幕信息的泄露，使得做空交易存在放纵内幕交易的可能性。同时，获取内幕信息成本高昂，可能引发一系列破坏市场稳定性的其他潜在因素，这是监管者在考虑如何更好地发挥市场做空机制的作用时需要注意的。

代理问题与公司财务决策

做空机制的外部治理提高了公司信息披露的要求，对公司内部人产生了更大的约束作用，同时优化了公司的财务决策，并促进了资源的合理配置。做空机制对公司治理的影响包括事前的威慑作用和事后的惩罚作用（Massa et al.，2013；Massa et al.，2015；Nezafat et al.，2014；顾乃康和周艳利，2017）。威慑作用是做空机制导致公司负面信息的传播影响利益相关者对公司风险与前景的判断，导致股价下跌，威胁公司价值和管理者的个人利益，进而引发公司管理层的事前反应；惩罚作用是做空者实施做空交易后引起公司价值下降和一系列的不利后果，使公司陷入财务危机。当中小投资者的利益得不到足够的保护时，做空机制对公司的事前威慑作用很强。中小投资者对公司股价变动很敏感，而做空信息直接影响投资者对公司股票未来走向的判断，中小股东更可能采取事前预防策略，提高所要求的回报率以抵消公司股价更大的不确定性风险，而股权资本成本的提升则直接影响公司发行的权益。做空信息不但引起股权投资者对公司未来的疑虑，而且影响债权人对公司风险的判断。如果公司存在被做空的风险，债权人就会要求提高利率以抵消这一风险，使公司的融资成本上升而缩减了债务融资的规模。因此，做空机制通过对融资成本与融资规模的威胁，直接影响了公司的融资行为。此时公司必须更多地考虑不同资金提供者对潜在风险的关注与承受力，合理配置资本结构，避免资金链断裂与陷入财务困境。

从做空机制的市场效应可知，做空机制使股价更及时地反映公司的坏消息，这种价格发现功能促使股东对管理层实施更多的监督。股东与管理层的代理问题导致管理层的投资决策可能出于私利或"帝国"扩展动机，导致公司的非效率投资。做空机制促使管理层在更严格的监督下及时缩减不合理的投资，放弃不良的投资机会。因此，做空机制影响了投资决策，从而减少了非效率投资行为。代理问题不仅体现在股东与管理层之间的第一类代理问题上，还体现在大股东与中小股东之间的第二类代理问题上。由于现金资产的流动性较强，更容易被大股东或管理层占用，从而降低了公司现金的市场价值。做空机制使投资者可以利用负面信息传递和价格发现功能惩罚资金占用行为，防止大股东侵占资产（侯青川等，2016）。因此，如果大股东存在掏空动机，就必须同时权衡股价下跌对自身利益的减损，使得做空交易对大股东的掏空行为形成了一种外部监督，提高了公司的现金价值。此外，现金持有量还反映了控股股东与公司高层的私利动机，做空机制提升了公司股价未来下跌的风险，做空的压力使得控股股东与管理层减少了为满足私利而过多地持有现金（董捷等，2017）。

做空机制还可以从激励机制的角度影响管理者的行为。管理者不仅抱有过度投资和"帝国"构建的动机，还存在安于享受和投资不足的可能，而做空机制的价格发现功能强化了管理者的长期激励，因为利空消息同样可以反映在管理者的激励合同中（Raith，2001）。公司还可以通过给管理者发放股票期权减弱代理问题，更有效地约束管理者的行为。

风险控制与管理

从风险控制的角度看，做空机制增大了公司股票下跌的风险，但也意味着负面消息能够更加及时地反映在股价上，投资者能够更快速地对投资决策做出调整。股价崩盘现象发生在被隐匿的坏消息不断累积之后的突然暴露，当市场存在做空机制时，投资者的卖空行为传递了股票的利空消息而引起股价下降，股价下跌到一定程度时做空者就可以选择买入股票而从中获利，并缓解了股票下跌的幅度。这一过程减少了负面消息的累积，也减小了股价崩盘的风险。另一种观点认为，如果标的公司股票本身崩盘的风险较小，做空机制对崩盘风险的影响就较弱；并且针对中国的融资融券制度，如果融资交易的比重高于融券交易，做空机制甚至会提升股价的崩盘风险（褚剑和方军雄，2016）。无论特定的证券市场更接近哪一种现象，做空机制都强化了公司管理层对信息披露和风险控制的关注，促进了公司加强监督和风险应对。除了股价崩盘风险，做空者的做空行为对公司股价的影响突然且强烈，容易引起投资者的恐慌情绪，使公司迅速陷入财务困境，从而增大了破产风险；同时，公司还将承担巨额的法律和声誉成本。因此，对于公司而言，做空机制的存在增大了事前和事后威胁，促使公司在经营过程中加大对风险及其应对手段的考虑；否则，如果公司的风险管控系统存在漏洞，公司就更可能成为做空者的目标，而风险控制的薄弱点也会被做空者加以利用。

外部团体的作用

做空机制的存在对公司其他利益相关者或外部团体的行为产生了直接影响，这些主体基于自身利益的行为又进一步影响了公司的治理。

做空机制促使投资者找寻公司的负面信息以识别公司存在的财务舞弊行为，导致财务报告的错报或者管理者的不当行为更可能被市场揭露，从会计师事务所和审计师的角度来看，其诉讼风险增大了。审计师从自身利益考虑，降低对被审计公司可接受的风险水平，执行更加严格的审计程序，从而提高了公司财务报告的可信性。

对于分析师而言，由于做空者是分析师的潜在客户，分析师减少发布乐观报告有利于吸引做空者客户并增加做空交易量。同时，治理质量差且披露不完善的公司更有可能成为做空者的目标，分析师为了避免自身声誉受损而更加谨慎地对待这类公司的业绩预测。但从分析师所属机构的层面上看，分析师也可能为了机构利益或维持客户公司股价而提供更加乐观的预测（李丹等，2016）。分析师预测的倾向与分歧直接影响了公司股价的波动，促使公司提高业绩的稳定性与透明度。

从传播途径上看，新媒体的广泛应用创新了新闻传播的手段与监督方式，媒体的报道加剧了利空消息对公司的影响，媒体自身也可以挖掘公司的异常信息，从而对违规行为形成监督，使做空者做空公司有了重要的中介手段。也就是说，媒体行为促使公司强化了自身的内部治理。针对如何建立与媒体关系以及被做空时如何应对媒体的负面报道，这是公司需要考虑的方面。同时，在做空机制下如何规范媒体的行为也成为监管机构面临的新问题。

06 做空案例解构：来自港股市场的经验

浑水做空辉山乳业

上市公司背景分析

辉山乳业公司简介 辉山乳业的前身是沈阳乳业，成立于1998年，由沈阳农垦总公司将沈阳地区的多个畜牧场、牛奶公司、乳品加工企业整合与组建而成。2002年，沈阳市政府决定对沈阳乳业进行改制，引入战略投资者隆迪国际（L&D International Corporation）的外部资金进行合资。隆迪国际早在1992年就与辉山乳业现任董事长杨凯控股的沈阳新凯合资设立了沈阳隆迪，后者由沈阳六家乳品国有企业于1999年重组而来。2000—2004年，隆迪国际多次收购并最终控股沈阳乳业，沈阳新凯的董事长杨凯也顺利成为隆迪国际的实际控制人。2009年，杨凯成立由其实际控股的辽宁辉山控股承接"辉山"品牌，并于2011年将主要的经营实体转让给新成立的辽宁辉山乳业。至此，国资背景的沈阳乳业集团彻底转变为由杨凯及其一致行动人控制的民营企业——辉山乳业。

区别于专注乳品产业链上单一领域的奶牛养殖或乳品加工企业，辉山乳业较早地实现了垂直整合，业务包括苜蓿草、辅助饲料的种植加工，奶牛养殖及"辉山"品牌乳品的生产销售。根据辉山乳业最新的2016年/2017年中报，公司在辽宁省经营81座标准化奶牛养殖场，数量居中国第一，牛群规模达到196 996头，其中泌乳牛占48.3%。得益于标准化的生产流程和优质的奶源，辉山乳业生鲜乳的平均售价为4.144元/千克，高于市场平均价。辉山乳业的主营业务可以拆分为液体奶产品生产销售、奶牛养殖、奶粉生产、粮食加工及买卖。2010—2015年，辉山乳业从一家以粮食加工及奶牛养殖为主的公司转型为以液体奶生产销售为主业的公司，其中液体奶产品营业收入占比从2011年的42%升至2015年的68%（见图2-1）。

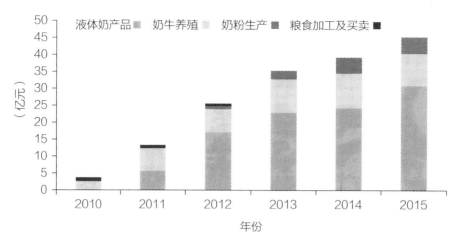

图 2-1 辉山乳业主营业务收入拆分

资料来源：辉山乳业年度报告。

同行业可比上市公司蒙牛乳业在财报中披露其对近期乳业市场的悲观预期，但是辉山乳业依然维持乐观预期，并且辉山乳业管理层不断从市场回购公司股票，维持对公司未来的高估值。但事实上，在辉山乳业养殖规模不断扩大的同时，其经营状况却不尽如人意。对比其他港股乳业上市公司，辉山乳业2013—2015财年的销售毛利率分别为20.08%、22.69%和20.77%，处于较低的位置（见表2-3）。由此可见，辉山乳业宣称的牧草成本优势未能显著提高辉山乳业的销售毛利率。虽然优质奶源是辉山乳业的竞争优势，但其盈利能力仍有待提高。不仅如此，辉山乳业的净资产收益率（ROE）和边际息税前利润（EBIT margin）均呈下滑趋势（见图2-2），可见辉山乳业的经营状况在不断恶化。然而，辉山乳业股价在2016年中期至2017年3月中旬均保持在3元/股以上的价位，与公司价值不相匹配，因此吸引了浑水进行做空。

表 2-3 港股乳业上市公司销售毛利率对比　　　　　　　　　　单位：%

年份	原生态牧业	中国圣牧	中地乳业	庄园牧场	澳优	蒙牛乳业	辉山乳业
2015	36.80	47.65	2.95	31.63	28.05	31.36	20.77
2014	45.66	50.17	1.54	32.29	28.85	30.84	22.69
2013	42.57	42.88	2.89	25.37	27.95	26.98	20.08

资料来源：辉山乳业年度报告。

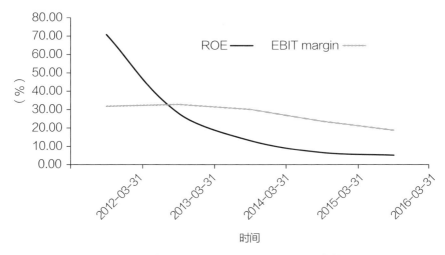

图 2-2 辉山乳业 ROE 与 EBIT margin 走势

资料来源：根据辉山乳业年报数据计算。

辉山乳业所在行业分析 中国乳业产业链包括牧草种植及饲料加工、奶牛养殖、乳制品生产及销售（见图 2-3）。牧草种植及饲料加工环节以草料、精饲料和辅料为主要生产对象，最主要的草料是苜蓿草，在中国一直处于供不应求的状态。奶牛养殖环节涉及奶牛饲养、奶牛养殖场管理、挤奶及储存运输。原料奶被进一步加工为各种乳制品，进入乳制品生产及销售环节。乳制品可以再细分为液态奶产品、奶粉及其他乳制品三大类。这条产业链相对简单，大部分乳制品公司着重于乳制品生产及销售额市场份额的提升，依赖第三方供应原料奶进行乳制品生产，因此整个乳制品行业价值链各参与者之间的经济利益竞争容易导致难以追溯及控制乳制品供应链，这也是中国乳制品行业发生诸如三聚氰胺等食品安全事件的根本原因。

图 2-3 中国乳业产业链

产业链的上游即草料的生产，而苜蓿草为主要的草料，因此掌握苜蓿草的生产能够较好地保证垂直下游的乳制品质量。据辉山乳业的招股说明书，截至 2012 年年底，在中国所有主要的乳制品公司中，辉山乳业是唯一一家具备整合全产业链业务模式的公司;截至2013年5月1日,辉山集团是唯一一家能够利用自行生产的原料奶生产乳制品的主要乳品公司。

苜蓿草供应状况 饲料占奶牛养殖总成本的60%—70%,可分为草料、精饲料及辅料。Frost & Sullivan公司的研究报告显示,中国最适合苜蓿草种植的地区为北纬40°—41°,而辽宁省位于北纬38度和43度之间,被视为最适合苜蓿草生长的种植地区之一。苜蓿草以其丰富的蛋白质、维生素和矿物质成为最主要的草料,在中国长期处于供不应求的状态(见图2-4)。2012年,国内苜蓿草产量及进口量分别为399 000吨和442 200吨。由于国内苜蓿草供应短缺,中国大型牧业公司非常依赖进口。当苜蓿草价格过高或无法获得苜蓿草时,部分小型奶牛场会使用便宜但蛋白质含量较低的牧草以节约成本,但是会降低牛奶产量及原料奶质量。2012年,辉山乳业的苜蓿草生产量为113 000吨,约占国内苜蓿草产量的28%,位居国内生产商第一,为保证辉山乳业原料奶的产量及质量提供了重要的保障和竞争优势。

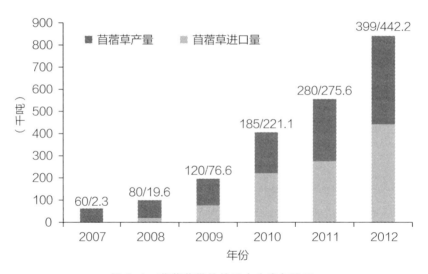

图2-4 苜蓿草供给的国内生产与进口

资料来源:中国海关总署。

中国的原料奶市场 近年来,政府为应对三聚氰胺事件而推出鼓励大型奶牛养殖的政策。中国大型奶牛养殖场养殖的奶牛占比从2007年的4.8%升至2012年的13.7%。即便如此,中国奶牛养殖业仍长期处于高度分散的状态。截至 2012 年年底，中国养殖奶牛总量为 1 830 万头，但前五大奶牛养殖公司总奶牛数仅占 2.4%，大部分奶牛仍饲养在小型家庭奶牛场。养殖场的低集中度也导致原料奶产量的分散化。整体上，除了 2009 年及 2014 年的两次价格回调，中国原料奶市场中的生鲜乳价格处于上涨通道（见图 2-5）。但从长期来看，若生鲜乳价格再度回调，具备内部成本优势的公司将存在更大的存货空间。

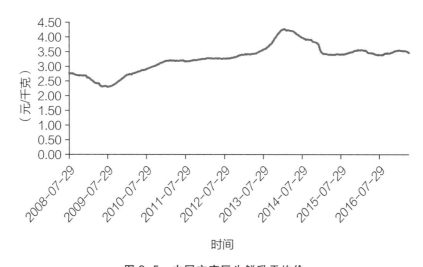

图 2-5 中国主产区生鲜乳平均价

资料来源：Wind 数据库。

中国乳制品市场与企业经营状况分析 中国乳制品市场主要分为液态奶产品、奶粉与其他乳制品三大类。按零售价值计算，中国乳制品市场由 2007 年的 1 439 亿元增至 2012 年的 2 735 亿元，年复合增长率为 13.7%。根据 Frost & Sullivan 公司的研究，中国乳制品市场在 2017 年会进一步扩大至 5 424 亿元。随着三聚氰胺事件的发酵，消费者逐渐倾向于选择健康、高品质、有大品牌背景的高端奶产品，刺激了优质原料奶需求的增长。高端奶产品的盛行也促进中国乳制品企业转型，使得拥有优质生鲜奶生产能力的上游企业向下游扩张产业链进入高端奶市场。从统计数据上看，七家国内乳制品上市公司实现的营业收入和归母公司净利润均出现增长放缓的态势（见图 2-6）。

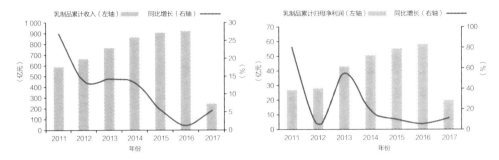

图 2-6 国内乳制品上市公司的营业收入与利润

资料来源：Wind 数据库；2017 年为第一季度的数据。

浑水做空质疑分析

盘点浑水此前"狙击"的中国企业，可以发现两个共同的特点：其一，这些中国企业的业绩屡屡超出预期；其二，这些企业存在错综复杂的关联关系，而浑水总能从这些关联关系中发现问题。在乳制品市场整体不景气的情境下，辉山乳业的业绩增长超出市场预期，引发浑水的质疑。相比之下，另外几家在港交所上市的奶牛养殖与奶业公司在市场疲软的大环境下，业绩开始下滑甚至出现亏损。辉山乳业的可比公司现代牧业（01117.HK）2015 年营业收入为 48.27 亿元、同比下降 4.06%，净利润为 3.21 亿元、同比下降 56.31%。另一家在港交所上市的公司蒙牛乳业的业绩也开始下滑：其 2015 年的销售收入为 491.21 亿元、同比下降 2.11%，净利润为 23.67 亿元、同比增长 0.70%；2016 年上半年实现净利润为 10.77 亿元、同比下降 19.53%。反观辉山乳业的经营业绩：辉山乳业 2015 年整体营业收入为 63.98 亿元、同比增长 11.99%，其中液态奶产品的整体销售额逆市增长 27.61%。辉山乳业的管理层将公司领先于行业平均水平的业绩归因于垂直整合的业务模式，但浑水却在辉山乳业的经营活动和关联关系中发现了问题。

虚报苜蓿草产量、虚假夸大利润　在中国，苜蓿草长期处于供不应求的状态，但辉山乳业表示其已实现苜蓿草的自给自足。在 2013 年和 2015 年的年度报告中，辉山乳业均表示苜蓿草存在剩余，获得相对成本优势：辉山乳业称其自产苜蓿草成本约为 70 美元/吨，远低于进口成本价 400 美元/吨。此外，辉山自称其优势还来自靠近饲料加工厂和奶牛场的苜蓿养殖场，因为缩短供应链在节约物流成本的同时提高了原料奶的品质。从财务数据上看，辉山乳业得益于较低的生产成本，乳品业务部门的利润率在2011—2013年逐年提高，且辉山乳业苜蓿草生物收益占税前利润的比例从2013年的19%升至2015年的24%。经测算可得，苜蓿草的短供应链为辉山乳业节省成本0.83亿—1.1亿元。

浑水从海外第三方和辉山乳业内部员工双重来源证实，辉山乳业并未实现苜蓿草的自给自足。美国安德森粮草公司（Anderson Hay & Grain）的销量报告显示，辉山乳业2013年的采购量相当于其2013年/2014财年苜蓿草消费总量的一半。与此同时，辉山乳业牧场员工透露，公司从海外和黑龙江省的第三方采购苜蓿草。此外，浑水与另一家参与辉山乳业尽职调查的投资机构沟通后得知，该机构调查人员已取得美国El Toro为辉山乳业提供苜蓿草的影像证据。浑水认为，辉山乳业近年来试图通过披露不断上升的苜蓿草生产成本，以掩盖其虚报利润的行为。

不仅如此，鉴于辽宁牧场存在的洪水问题，从IPO以来，辉山乳业的苜蓿草产量急剧下滑，这一点也支撑了浑水关于辉山乳业虚报苜蓿草产量以虚增利润的结论。浑水认为，尽管辽宁省是"苜蓿草生长最适宜的种植区之一"，但恶劣的气候使得中国东北地区难以成为该作物的最佳产地。浑水通过尽职调查发现，辉山乳业很多的苜蓿草种植场位于临近辽河的昌图县，而该地区十年九涝，只要辽河涨水，苜蓿草种植场就难以有好的收成。浑水从第三方投资机构的调研人员处得知，辉山乳业承包的苜蓿草种植场曾于2013年因遭遇洪涝灾害而产生巨额损失。2014年夏季，昌图县遭遇干旱，又一次影响苜蓿草的生长。经测算，自2013财年起，辉山乳业每年泌乳奶牛可用的自产苜蓿草配给量进入下行通道，2014—2016财年年均下降28%。

此外，浑水发现辉山乳业宣称的苜蓿草成本优势所节约的成本及销售下滑所导致的收入减少。尽管辉山乳业的泌乳奶牛自2015年的70 000多头增至2016年的90 000多头，且每头牛的饲料成本实现1 646元的减少，但是辉山乳业2015—2016财年奶牛销售均价下降了2 208元，相当于每头奶牛净边际利润损失562元。因此，浑水认为辉山乳业所宣称的通过实现苜蓿草的自给自足来降低生产成本、提高利润的言论并不可信。

夸大奶牛场建设资本支出　辉山乳业年报并未披露其奶牛场的建设金额，因而无法直接获得其资本支出的数据。但是浑水认为，辉山乳业与大多数财务造假的公司一样，采用夸大在建工程资本支出的方式。虽然辉山乳业并未直接披露资本支出，但是其年报给出固定资产建设支出相关的现金流数额，因此浑水试图基于辉山披露的现金流量数据，结合实地调研和咨询专家等方式估算辉山乳业的资本支出金额。

首先，浑水将机器设备的支出金额从现金流中扣除，从而获得奶牛场相关的资本支出。值得注意的是，种植业务、饲料加工及奶牛养殖产生的资本支出均纳入奶牛养殖部门核算。因此，浑水基于公司年度收益支出表变化估计饲料加工厂、种植园的额外 PPE（生产资料、厂房和设备）。其次，浑水计算在建工程支出的变化并计入总额，得到对辉山乳业已建成牧场总资本支出的测算。由于牧场资本支出包括建设成本和土地租赁费，因此资本支出可能高于估算的 8 900 万元（见表 2-4）。进一步地，辽宁省于 2014 年、2015 年公布的环境影响报告指出，主要生产原奶的单个牧场总投资范围为 9 000 万—9 999 万元，由此浑水估算出的牧场建设资本支出符合政府环境影响报告公布的范围。

表 2-4　辉山乳业奶牛场平均建设成本估算　　　　　　　　　单位：百万元

项目	2014年	2015年	2016年	总计	计算过程
PPE 支出现金流	1 671	2 710	1 179	5 560	a
减：PPE 资本支出——液态奶	146	641	289	1 076	b
PPE 资本支出——奶粉	220	211	82	513	c
PPE 资本支出——运输车	43	75	66	184	d
奶牛养殖相关 PPE 支出现金流	1 262	1 783	742	3 787	e=a-b-c-d
减：牧草种植园建设成本	27	27	6	60	f
PPE 资本支出——饲料处理机器	0	63	57	120	g
在建工程科目变动	-335	1 845	-745	765	h
建成奶牛场的资本支出总计				2 842	i=e-f-g-h
奶牛场数目变动（个）	9	10	13	32	j
平均牧场建设成本				89	k=h/j

资料来源：笔者根据辉山乳业年报数据计算。

值得注意的是,辉山乳业在年报中并未披露牧场建设成本数据,因此浑水采用实地调研及咨询中国奶牛场专家等方式,分析辉山乳业牧场的实际建设资本支出是否与浑水估算的数据匹配。行业专家将中国挤奶牧场的合理建设预算分为低、中和高三个质量标准(估计预算见表2-5)。根据辉山乳业年报,公司2016财年拥有泌乳奶牛共96 339头、牧场共32个,结合测算出的辉山乳业平均牧场建设成本8 900万元和中国挤奶牧场的合理建设预算,可得辉山乳业平均每个牧场的建设成本约为29 562元,属于高等质量奶牛场。

表2-5 中国挤奶牧场的合理建设预算

低等质量奶牛场	14 000元/头
中等质量奶牛场	21 000元/头
高等质量奶牛场	30 000元/头

资料来源:笔者根据辉山乳业年报数据计算。

但是,浑水的两名中国奶牛场咨询专家在阅读相关资料后认为,辉山乳业平均每个挤奶场最大花费只有3 500万—6 000万元,公司在首次公开募股后的牧场建设质量及建设难以达到高等标准。浑水还发现,辉山乳业一家用于培养"小母牛"和"干牛"的大型新建牧场可容纳3 000头牛,但是牧场所需的挤奶设备尚未运抵。无独有偶,辉山乳业的数家挤奶场在建设后延迟交付挤奶设备,尚未完全运营,包括辉山乳业预计总投资88亿元开展的乳品产业集群项目。该项目涵盖牧场建设、奶牛养殖和乳品生产,预计2016年竣工。但是,浑水的调研人员发现,该乳品产业集群项目仅仅处于初步建设阶段,这意味着辉山乳业牧场的资本支出可能虚增得更多。在首次公开募股之后,辉山乳业共有32个新建或改造的牧场,因此按照专家对辉山乳业每个牧场花费的测算,辉山乳业牧场成本可能夸大了8亿—16亿元。

未披露的关联方交易 根据公司披露,辉山集团于2014年12月将一家拥有至少4个肉牛牧场的子公司——沈阳富裕牧业有限公司(以下简称"沈阳富裕")转让出集团。沈阳富裕的主要功能是培育养殖肉牛,收入来自屠宰、牛肉销售和分销业务。由于中国的牛肉市场长期处于供不应求的状态,牛肉价格的涨幅从2011年开始远超牛奶价格的涨幅,绝对利好一个既生产乳制品又养殖小牛的大型奶牛场。在牛肉价格不断上涨的驱动下,2014年4月

11 日，沈阳富裕成立，并在 2014 年 12 月转让前建成至少 4 个肉牛牧场。根据公司披露，辉山集团于 2014 年 12 月 23 日将沈阳富裕转让出集团。资产购买方为成立不久的辽宁富翰畜牧有限公司，由王冰个人 100%控股。

浑水发现，辉山乳业集团在建立沈阳富裕的同时，杨凯 100%控制一家主营肉牛养殖销售的企业——牧合家，并且沈阳富裕在转让出集团前由牧合家所控制。根据浑水的尽职调查，辉山乳业至少向牧合家转让过 4 个牧场，但都是以代理的形式；并且，浑水发现沈阳富裕收购方的董事长王冰参与牧合家的牛牧场业务，意味着王冰 100%控股的辽宁富翰畜牧有限公司属于辉山乳业的关联方。也就是说，沈阳富裕仍在杨凯的控制之下，王冰则可能是杨凯的代理人。

进一步地，浑水估算了沈阳富裕的资产价值。基于沈阳富裕旗下 4 座牧场的成本估计，以及给公司整体效益带来的价值测算，浑水认为被转让的沈阳富裕的总价值约为 1.5 亿元。由此，浑水认为辉山乳业杨凯及其一致行动人利用股东资金，先支付牛肉牧场的建设成本，再将这些牧场打包入沈阳富裕并以转让的方式至少窃取集团 1.5 亿元资产。

流动性枯竭导致债务违约　辉山乳业近年的财务报告显示，其银行借款以短期贷款为主。截至 2016 年 3 月 31 日，企业 1 年内到期的银行贷款为 69.47 亿元，较 2014 年 3 月 31 日增长 323%，占全部银行贷款的 56.39%。但是六个月后，辉山乳业 1 年内到期的银行贷款达 108.05 亿元，仅半年时间增长即 55.53%，占全部银行贷款的 70.38%。截至 2016 年 3 月 31 日，辉山乳业流动资产合计为 101 亿元，低于 1 年内到期的银行贷款额（见表 2-6）。由此可见，辉山乳业面临较大的短期偿债压力。

表 2-6　辉山乳业银行贷款的还款期　　　　　　　　　　　单位：亿元

期间	2016 年 3 月 31 日	2016 年 9 月 30 日
1 年内	69.47	108.05
1 年后 2 年内	20.53	18.31
2 年后 5 年内	26.54	21.19
5 年后	6.65	5.98
合计	123.19	153.53

资料来源：辉山乳业年度报告。

从财务比率上看（见表2-7），辉山乳业的资产负债率从2014年3月31日的37.23%升至2016年9月30日的62.07%；流动比率从2014年3月31日的2.49降至2016年9月30日的0.88；速动比率从2014年3月31日的2.18降至2016年9月30日的0.76；经营活动产生的现金流量净额与流动负债的比值从2014年3月31日的0.39下降至2016年9月30日的0.19。可以看出，近三年来，辉山乳业的杠杆率不断提高，企业扩张速度较快，但同时导致短期偿债压力陡增。

表2-7 辉山乳业的偿债能力与经营能力

项目	2014年3月31日	2015年3月31日	2016年3月31日	2016年9月30日
流动比率	2.49	1.49	0.92	0.88
速动比率	2.18	1.18	0.74	0.76
经营活动产生的现金流量净额/流动负债	0.39	0.40	0.19	0.19
资产负债率（%）	37.23	43.76	57.88	62.07
权益乘数	1.59	1.78	2.37	2.64

资料来源：笔者根据辉山乳业年报数据计算。

浑水认为，即使辉山乳业不存在财务造假等行为，企业债务违约风险也很高，紧张的流动性将导致公司现金流断裂甚至破产。从贷款抵押角度来看，辉山乳业在2016年9月末为已抵押银行贷款抵押的物业、厂房及设备的账面总值为22.26亿元，占企业总资产的27%（见表2-8）。值得注意的是，集团内部实体保证债务的同比增长达27.8%至110亿元。可以看到，辉山乳业约88%的银行贷款均以集团的资产、集团内部实体及控股股东持有的辉山乳业股权为担保，一旦发生债务违约甚至现金流断裂，企业的持续经营将难以为继。

表2-8 辉山乳业银行贷款抵押情况　　　　　　　　　　单位：亿元

项目	2016年3月31日	2016年9月30日
以集团的预付租赁款、物业、厂房及设备抵押	10.82	10.65
以集团的银行定期存款抵押并由集团内实体担保	0.80	—

（续表）

项目	2016年3月31日	2016年9月30日
以集团的物业、厂房及设备共同抵押并由第三方担保	1.00	0.75
以集团的预付租赁款抵押并由集团的控股股东及其直系亲属共同担保	0.60	0.60
以集团的预付租赁款、物业、厂房、设备及集团内权益共同抵押并由集团内实体担保	3.22	2.88
以预付银行的保证金抵押并由第三方及集团内实体担保	1.42	1.47
以集团内实体、控股股东及其直系亲属共同担保	2.00	2.00
以集团内实体的股权抵押并由集团内实体担保	1.10	5.88
以集团内实体担保	86.23	110.17
无担保且无抵押	16.01	19.14
合计	123.20	153.54

资料来源：辉山乳业年度报告。

不仅如此，为了融资，辉山乳业开始寻求创意融资。自2015年开始，辉山乳业通过售后回租工厂、设备甚至牛群的方式，在两年时间内融资约10亿元。这些交易虽然在短期内为辉山乳业化解了短期贷款压力，但也加剧了中期还贷压力（见表2-9）。浑水认为，辉山乳业的创意融资行为进一步暴露其弹尽粮绝的困境。

表2-9　辉山乳业其他借款的还款期　　　　　　　　　　单位：亿元

期间	2016年3月31日	2016年9月30日
1年内	1.84	2.82
1年后2年内	1.99	3.07
2年后3年内	1.58	0.98
合计	5.41	6.87

资料来源：辉山乳业年度报告。

收入造假　基于对辉山乳业4家销售公司销售数据的测算，并将其与辉山乳业向国税局申报的销售数据比对后，浑水认为，辉山乳业的财务报告中存在收入造假问题。由于辉山乳业4家销售公司均销售其三大类主要产品，因此浑水估算这4家销售公司的销售额约占总销售额的79%。同时，浑水还取得这4家销售公司的纳税申报表。通过比对，浑水发现申报表的销售数据比浑水估算的销售数据低36%。基于此，浑水认为辉山乳业上报国家工商局的很大一部分销售数据是虚假的，辉山乳业的真实利润比财报披露的低得多。浑水认为，辉山乳业主要依靠虚增奶牛产奶量实现收入造假。辉山乳业在2014财报中披露的平均产奶量为9.0吨/头牛，但是这个数据不仅远高于中国的平均水平5.8吨/头牛，甚至高于丹麦、加拿大等国家的平均水平。浑水的尽职调查结果显示，辉山乳业首次公开募股前奶牛的生存环境无法满足如此之高的产奶量。因此，浑水认为辉山乳业夸大产奶量是为了掩盖收入造假行为。

此外，浑水针对港交所结算系统内部披露的信息进行分析，发现越来越多的辉山乳业股份自2013年9月开始转入结算系统，并怀疑这是由股东不断质押股份所导致的。浑水认为，辉山乳业大量地质押股份一方面反映公司流动性紧张，必须通过大量股份质押的方式进行融资，另一方面反映公司存在控制人变更、破产清算等风险。浑水还发现，辉山乳业线上销售数据并不理想，难以支撑其通过"互联网+"实现销售进一步增长的言论，从侧面为浑水做空辉山乳业提供支持。

辉山乳业针对浑水做空的回应

在浑水发布做空报告的当晚，辉山乳业发布公告称浑水做空报告中的指控毫无依据、存在明显事实错误。在第一份澄清报告中，辉山乳业首先承认由于牧场及奶牛数量的增长，使得集团内部生产的苜蓿草存在供不应求的状态；但同时指出集团向外部采购约10 000吨的苜蓿草是为了解决种植场每年在收割季节前饲料供应短缺的问题，并强调集团每年向外部第三方采购的苜蓿草量仅占集团饲料总需求的5%—10%。同时，辉山乳业澄清集团在过去三个财年从未向Anderson & Grain公司购买苜蓿草，指出浑水提供的证据存在伪造与不实的情况。

在做空报告中，浑水使用较多的篇幅解释其估算辉山乳业单个牧场的建设成本，指出辉山乳业存在虚增牧场资本支出的问题。针对这一指控，辉山乳业认为浑水试图用数据和计算式增强质疑的可信度，但实际上浑水自身的计算方法存在问题。辉山乳业在澄清报告中表明，公司自IPO以后共新增31座牧场，目前尚未完工的牧场还有22座，因此各牧场的平均支出是6 000万元。浑水试图以每年牧场建设支出相关的现金流出数据除以建成农场数目的方式估算牧场建设成本，但实际上这种做法忽视了项目建设前所需支付的预付款与保证金。因此，浑水计算出的数据并不具有参考价值，其针对辉山乳业资本支出的质疑也并无可靠的证据支撑。

浑水认为辉山乳业董事长杨凯利用职务之便从集团转移输送1.5亿元资产到个人名下。辉山乳业在澄清报告中解释，设立沈阳富裕主要是为了配合集团扩大运营范围，由此将肉牛养殖业纳入集团版图。但是，集团的主营业务在2014年遭遇较差的市场环境，导致乳制品生产销售出现滞缓，因此集团管理层决定回归主营业务，延迟肉牛养殖扩张计划，并将拥有4座肉牛场的沈阳富裕以2 980万元出售给独立第三方。浑水提及的牧合家确实是杨凯为开展个人牛肉业投资所成立的公司，但是沈阳富裕被出售给第三方后，牧合家不再继续控制该公司，而是通过租赁协议的方式继续圈养4座牧场中的肉牛。

浑水认为辉山乳业的偿债压力较大，并对辉山乳业债务期限结构的分析得出其即将面临债务违约的结论。辉山乳业回应称，相比于2015财年/2016财年的资产负债率，公司在2016年中期报告中披露的资产负债率下降约40%，已经较好地缓和了集团整体的债务压力；但是由于集团业务的扩张和资金周转，辉山乳业短期债务的增加属于正常表现。此外，浑水质疑辉山乳业采用融资租赁等借贷方式旨在弥补资金缺口，集团债务压力即将导致债务违约的爆发。针对这一质疑，辉山表示融资租赁方式并不会经常发生，但是公司使用奶牛等生物资产管理流动资金属于正常行为，并不能说明集团存在较大的债务压力。

针对浑水第二份做空报告中提及的"国家税务局的增值税数据显示辉山乳业呈报巨额欺诈性收益"，辉山乳业称已经核实国家税务局的官方数据，并且辉山乳业下属4家子公司于2015年申报的合计销售收入36.85亿元与国家工商局备案的财务资料一致,并不需要扣除内部销售额,因此并不存在欺诈性收益。针对"平均售价提高导致 2017 年第一季度销售额增加属于造假",辉山乳业回应集团销售的乳制品含有更多的巴氏奶产品及含有更高蛋白质成分的优化产品,使得集团产品的平均售价提升,因此能够产生更高的销售收入。综上来看,辉山乳业不仅从正面回应了浑水的各个做空理由,还对提振投资人信心起到了正面作用。

格劳克斯做空丰盛控股

上市公司背景分析

丰盛控股公司介绍 丰盛控股是一家以南京为基地的房地产开发企业,主要业务之一为投资业务,且公司持有多样化的投资组合,包括上市公司股本、非上市金融产品和私人公司股票。丰盛控股有限公司在经历较长时间的转型后,由主营商业地产的企业转型为综合性企业,并于 2013 年年底在港交所成功上市。根据丰盛集团披露,丰盛控股未来的发展方向是成为全球领先的大健康生活服务商。目前,集团的业务可以拆分为五大板块,包括健康地产业务、旅游业务、投资业务、大健康业务和新能源业务。根据集团 2016 年财务报告披露,这五大板块的业务占比分别为 67%、3%、1%、8% 和 21%。由此可见,健康地产业务依然为集团主要的收入来源,同时新能源业务的发展势头强劲。在未来,丰盛控股将保持加快的发展势头,以多元化、平台化和全球化为集团的中期发展方向,将"大健康"和"环保"等元素不断扩充进企业的版图,为企业资源整合和商业创新提供契机。

丰盛控股所在行业分析 在旅游和房地产板块,集团将以绿色建筑技术为支撑,打造城市独立的健康生活综合体。在发展国内业务的同时,集团也注重国际化布局。目前,集团在澳洲的喜来登项目已经于 2016 年完工。该项目融合自然环境、健康度假等元素,实现旅游和房地产的有机结合。

在新能源板块,集团顺应"中国制造 2025"的强国战略以及清洁能源发展的巨大红利,将新能源纳入企业未来发展的重要版图,并寻找合适的契机实现产业上下游的并购活动,完成垂直产业链的资源整合。

健康医疗是企业近期的开发重点。集团将利用其在国内中医药行业的资源,寻找合作伙伴和品牌优势,将母婴与健康食品作为拓展的方向。

最后,集团将进一步丰富投资渠道,从境内外寻找合作伙伴,使集团内部的各部分业务实现协同效应。

格劳克斯的做空质疑 丰盛控股(00607.HK,约700亿港元市值)和卓尔集团(02098.HK,约550亿港元市值)是香港股市上近两年的明星股票,两年累计涨幅分别为600%和500%。伴随股价的大幅增长,两家公司均出现股东大额套现、股票质押和资金外流等现象,这些引起了格劳克斯的强烈关注。

交易日内交易分布显示股票操纵 丰盛控股是一家以南京为基地的房地产开发企业,主要业务之一为投资业务,且公司持有多样化的投资组合,包括上市公司股本、非上市金融产品和私人公司股票。格劳克斯分析丰盛控股股票交易的日内分布,发现丰盛控股的股票总是在日交易时间的最后1个小时上涨。例如,一名投资者于2016年11月14日购入丰盛控股的股票并持有至2017年4月21日,期间投资收益为-43%;但在相同期间内,若在每个交易日最后1个小时开始买入并于结束时卖出,期间收益将达到43%。然而在大多数情形下,港交所交易活跃度前30名的股票通过最后1个小时交易策略并不会获得超过买入并持有策略的回报。由此可以看出,丰盛控股的股票表现与港交所其他股票同时期的表现是显著不同的。格劳克斯认为,丰盛控股存在交易日内操纵股票的行为(见表2-10)。除了操纵丰盛控股的股价,格劳克斯认为丰盛控股还操纵卓尔集团的股价以影响公司收入。

表2-10 格劳克斯对丰盛控股的估值 单位:港元

项目	P/E	P/B
丰盛控股股价	2.88	2.88
格劳克斯估值	0.68	0.97
折价(%)	20.00	20.00
格劳克斯估值	0.55	0.77
下降(%)	-81.00	-73.00

资料来源:格劳克斯做空报告。

格劳克斯认为，丰盛控股的主要经营收入来自企业的投资控股公司。从丰盛控股 2016 年年报得知，公司 2016 年净利润主要来自 2015 年投资卓尔集团（ZALL）所产生的未实现收益。卓尔集团作为一家以武汉为基地的批发市场地产开发企业，长期经营批发市场的商铺销售和出租业务，股价在 2015 年 4 月之前长期徘徊在 0.8 港元/股，市值为 90 亿港元左右。2013—2015 年，卓尔集团主营业务呈现衰退状况，相关财务数据如表 2-11 所示。

表 2-11 卓尔集团的经营现金流量　　　　　　　　　　　　　单位：万元

项目	2010 年	2011 年	2012 年	2013 年	2014 年	2015 年	2016 年	合计
经营现金流量	357	(478)	(1 214)	(1 968)	(1 474)	(1 440)	(289)	(6 506)
投资现金流量	(1)	(480)	(122)	(90)	162	248	(1 596)	(1 879)
合计	356	(958)	(1 335)	(2 058)	(1 312)	(1 192)	(1 885)	(8 385)

资料来源：卓尔集团年度报告。

在丰盛投资的当年，卓尔集团的收入下降 48%，并且不能产生足够的息税前利润满足公司的利息支出，相关财务数据如表 2-12 所示。从表 2-12 可以看出，卓尔集团的利息费用逐年上涨，息税前利润则不断下降。卓尔集团的毛利率从早期的超 70% 跌至 30% 左右，并且每年的自由现金流均超过 -20 亿元。

表 2-12 卓尔集团的利息费用与息税前利润　　　　　　　　单位：千元

项目	2010 年	2011 年	2012 年	2013 年	2014 年	2015 年	2016 年
利息费用	20	63	162	361	543	352	621
息税前利润	295	1 544	863	326	676	(7)	88
利息费用/息税前利润（%）	7	4	19	111	80	n/a	703

资料来源：笔者根据卓尔集团年度报告数据计算。

不仅如此，格劳克斯发现丰盛控股在 2015 年 6 月以 1.35 港元/股的成本发行股票，与卓尔集团实现交叉持股。随后，两家公司的股票均开始快速上涨，观察股票日内交易分布可以发现，股票的交易主要集中在交易期间最后 1 个小时。卓尔集团在丰盛控股投资的一年半以后，市值从 90 亿港元升至

550亿港元。由于两家公司交叉持股,对公司股价的任何操纵都会影响未确认收益,进而间接影响相对净利润,具体如图2-7、表2-13和表2-14所示。由此,格劳克斯认为丰盛控股操纵卓尔集团的股价,以此影响公司的收入,2016年度未确认收益高达丰盛控股当年净利润的108%。

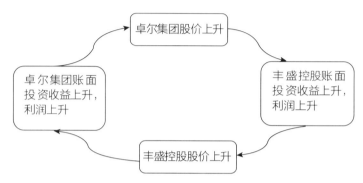

图 2-7　两家集团股价的相互影响

表 2-13　丰盛控股通过持股卓尔集团获得的投资收益　　　　单位:千元

项目	2014 年	2015 年	2016 年
卓尔集团股份公允价值变动	—	620 676	3 276 615
净利润	(1 064 743)	1 219 922	3 033 005
公允价值波动占净利润的比例(%)	—	51	108

资料来源:丰盛控股年度报告。

表 2-14　卓尔集团通过持股丰盛控股获得的投资收益　　　　单位:千元

项目	2014 年	2015 年	2016 年
卓尔集团股份公允价值变动	—	348 358	1 120 304
净利润	1 610 724	2 046 988	2 056 571
公允价值波动占净利润的比例(%)	—	17	54

资料来源:卓尔集团年度报告。

在高估值、高市值的情境下,两家公司均通过股票质押来获取短期银行借款,一旦股价快速下降,银行将出售质押股票作为担保,进而会加速公司股票价格的下行。因此,格劳克斯认为,丰盛控股的高市值缺乏业绩支撑,一旦企业发生债务违约或者股价大幅下降,企业的持续经营将难以为继。

未披露的关联方出售　丰盛控股在 2015—2017 年发生多起资产出售事项，根据公司披露，丰盛控股于 2016 年 6 月将其拥有的丰盛绿建集团有限公司（以下简称"丰盛绿建"）及其子公司以 2.4 亿元转让给嘉盛建设集团有限公司（以下简称"嘉盛建设"）。嘉盛建设成立于 2010 年，主要从事市政工程、公路工程、房屋建筑工程等。2015 年 11 月 27 日，丰盛控股将句容运盛房地产开发有限公司和容鼎盛房地产开发有限公司（以下统称"句容公司"）以 5.24 亿元转让于南京东洲房地产开发有限公司（以下简称"南京东洲"）。同年 5 月 29 日，丰盛控股将江苏省丰盛房地产开发有限公司（以下简称"江苏丰盛"）以 4.6 亿元出售于南京善宝投资管理有限公司（以下简称"南京善宝"）。2016 年 12 月，丰盛控股发行股票 1.1 亿元购买中国高速传动有限公司（以下简称"高速传动"）74%的股权。同月，丰盛控股以 1.2 亿元向 Chinafair 投资有限公司出售其在新加坡的合营企业 Fudaksu 51%的股权。

格劳克斯发现，丰盛控股以折价方式出售了公司唯一的原材料供应厂，并且该子公司产生了公司 2015 年净利润的 63%，公司对外宣称本次交易对手方为独立第三方。但进一步调查发现，买方嘉盛建设的主要股东为丰盛控股董事长的兄弟。同样，丰盛控股在收购了高速传动三个月后，高速传动以 6.07 亿元出售了海用设备。对于此次交易，格劳克斯发现，公司未披露本次交易的买方；进一步调查发现，本次购买方同样为嘉盛建设。此外，在出售 Fudaksu 公司的交易中，格劳克斯同样发现 Chinafair 公司的执行董事是南京赛腾贸易有限公司（以下简称"南京赛腾"）的主要董事，并且从丰盛控股的官网获悉南京赛腾为董事长季先生拥有的私人公司。由此，格劳克斯认为丰盛控股多次隐瞒与关联方发生的重要关联交易。

丰盛控股在与南京东洲进行资产转让时，南京东洲将其拥有的嘉盛资产管理有限公司股份质押给丰盛控股以换取 1.5 亿元借款，格劳克斯发现董事长持股的南京创苏投资有限公司（以下简称"创苏投资"）为该笔交易提供了融资。同样，针对江苏丰盛资产出售的调查研究，格劳克斯发现，丰盛控股未披露董事长季先生的弟弟控制的南京建工集团有限公司（以下简称"南京建工"）为本次收购的买方提供交易资金 81%的借款。由此，格劳克斯猜测董事长季先生及其家属很可能对多次重大资产出售交易提供资金援助，进而成为出售句容公司的最终受益人。

未披露的关联方收购 丰盛控股在 2014 年 10 月以 5 亿元从第三方南京通路资产管理有限公司（以下简称"通路"）收购南京天韵房地产开发有限公司（以下简称"南京天韵"）。格劳克斯通过调查发现，南京通路成立于 2014 年 7 月，成立后即从丰盛控股董事长季先生兄弟控股的公司收购了南京天韵，丰盛控股以折价收购的方式在 2014 年年度财务报表中确认了 2.38 亿元的收益。由此，格劳克斯认为在短时间内以较大折价且通过关联方进行交易，很可能存在利润操纵行为。

2016 年 9 月，丰盛控股以 1.75 亿元从南京中合宝业投资发展有限公司（以下简称"南京中合"）收购南京建盛房地产开发有限公司（以下简称"南京建盛"）35% 的股权。格劳克斯查询中国国家工商注册系统，发现直至 2015 年 7 月，南京中合的股东和法定代表人均由丰盛控股董事长的兄弟担任，而对于上述关联关系，丰盛控股均未予以披露。

丰盛控股针对格劳克斯的回应

在格劳克斯发布做空报告的当晚，丰盛控股发布澄清公告称，此前格劳克斯做空报告的指控毫无依据、存在明显事实错误。针对格劳克斯认为丰盛控股股价波动存在操纵现象，丰盛控股股票价格在 2016 年 11 月 14 日至 2017 年 4 月 21 日期间大幅下降，公司认为股票价格出现下跌的主要原因来自折价购买资产——2016 年 11 月 30 日公司以折价 30%、2.99 元/股发行大量新股份购买资产，而格劳克斯未在做空报告中披露这一关键事件。丰盛控股认为投资波动属于市场正常行为，公司不存在操纵市场的行为。截至 2016 年 12 月 31 日，丰盛控股已质押卓尔集团约 38 000 000 股股票，根据当日收市价计算，折合约 302 000 000 元。同日，公司资产净值与现金及现金等价物分别为 26 179 000 000 元和 3 864 000 000 元。公司认为短期借款与公司资产净值和现金及现金等价物相比并不重大，公司不存在格劳克斯所说的持续经营困难的状况。

针对格劳克斯指控公司估值过高的问题，丰盛控股认为，格劳克斯仅使用 2016 年息税前利润与公司近期市值相比就得出公司估值过高的结论不够恰当。丰盛控股从以下几个角度对估值进行分析：

市盈率 2016 年归属于母公司的综合收益约为 31 亿元，每股摊薄盈利为 19.15 分，澄清报告前 1 日（2017 年 4 月 24 日）市值为 564 亿元，市盈率约为 13 倍。

报告期内收购高速传动 丰盛控股认为，报告期内对高速传动的收购是影响公司市值的一个因素，即丰盛控股于 2016 年 12 月完成对高速传动收购的同时将高速传动的财务数据并入上市公司的综合财务报表。

针对格劳克斯对丰盛控股在报告期内存在未披露的关联方出售及收购的指控，丰盛控股称经公司确认，报道所指控均不符实。丰盛控股于 2016 年 6 月 22 日向嘉盛建设出售的丰盛绿建为公司部分绿色建筑业务，且投资周期长、初始投资成本较高及低毛利率。丰盛绿建及其附属公司（丰盛绿建集团）占 2015 年绿色建筑服务收入和利润的比重分别约为 57%、24%，占 2015 年集团收入和利润的 5%、15%，并非格劳克斯报告中所称的 9% 和 63%。对于买方嘉盛建设，由于季先生及其兄弟合计持股比例低于 30%，依据上市规则第 14A 章，嘉盛建设（包括嘉盛建设约 42.5% 股权的第一股东）当时为独立于丰盛控股的第三方而非关联人，因此在此情形下进行的交易不构成关联交易。

针对关联交易的质疑，丰盛控股逐一给予解答，每项交易的关联方认定均符合香港会计准则第 24 号（经修订）关联方披露项下所界定的关联人。针对格劳克斯所提出的各项质疑，丰盛控股均做出解答。针对格劳克斯的做空行为，丰盛控股股东季先生表示对公司的未来发展充满信心，有意向并已做好准备增持股票，这对增强投资者信心起到一定的作用。

艾默生做空中国宏桥

上市公司背景分析

中国宏桥公司介绍 中国宏桥（01378.HK）是一家以铝合金与铝制品为主要生产和销售对象的企业。集团最早从事热电的生产，在 2006 年进行产业收购和转型后进入铝行业。得益于中国强劲的经济增长与大量铝制品的消耗，中国宏桥随着铝行业的崛起而快速发展。在经历一系列的并购扩张后，中国宏桥将中国香港证券市场作为上市基地，于 2011 年成功实现首次公开募股。随着企业产能的不断扩大，中国宏桥在近年来铝制品行业不景气的大环境下逆势增长，在稳固国内业务的同时加快集团的海外业务布局，成为中国铝行业的龙头，甚至是世界最大的铝生产企业。

由于中国宏桥遭遇艾默生做空而延期披露 2016 财年的报告，我们选择 2016 年中报的相关数据介绍中国宏桥的经营状况。中国宏桥的营业收入较 2015 年同期上涨 13%，毛利率高达 25%；公司税前利润较 2015 年同期上涨 14%，每股盈余达到 0.46 元。从数据上看，中国宏桥的经营状况良好，且毛利率数据在同行业中表现出色。但正是中国宏桥独具一格的市场表现，引起海外做空机构的关注和"狙击"。其中，艾默生（Emerson Research）于 2017 年 2 月发布的做空报告不仅导致中国宏桥停牌交易，还迫使中国宏桥暂停对 2016 财年的审计工作。艾默生"狙击"的成功与做空报告有着密切的关系，我们研究该份做空报告，分析做空是否存在合理依据。

中国宏桥所在行业分析 在一个国家基础建设的过程中，无论是建筑业、制造业还是运输业均要消耗铝制品。中国已经成为全球最大的铝消耗国，但从统计数据上看，人均铝耗用量和国家人均 GDP 呈现正相关关系。因此，中国在人均铝耗用量上还具有很大的提升空间。如果将中国按不同地区进行划分，可以看到华东地区为主要的铝消耗区，这也是中国宏桥将山东省作为主要生产基地的原因之一。

铝价格从整体上看处于上涨通道，但由于 2008 年次贷危机对全球经济造成的冲击，全球铝价格在 2008 年严重下滑，后续逐渐回暖并恢复到原来的价格水平。就成本端而言，铝生产商的主要成本在于制造过程所消耗的电力和原材料氧化铝。随着燃煤价格的上涨及国家政策的变动，单位电力成本不断上升，导致具备发电能力的铝生产商比其他生产商享有更低的生产成本。氧化铝是铝生产商的另一项主要成本来源。就中国铝产业的分布来看，山东省的产能占据全国的 33%，为中国宏桥的生产提供了极大的运输便利和成本优势。

艾默生的做空质疑

利润率过高而显得不合理 中国宏桥 2010 年的净利润率为 27.7%，较

2009年有较大幅度的上升，是其他4家行业可比公司平均利润率的5.3倍（见图2-8）。艾默生认为，中国宏桥的利润率远高于同行业竞争者并不是因为其经营得好，而是通过少报生产成本及关联交易获得虚高的利润率。艾默生指出，中国宏桥可能存在与神冠控股（00829.HK）类似的财务造假问题，使得其经营业绩数据较为出色。

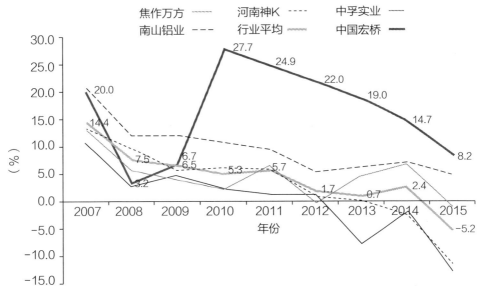

图2-8 中国宏桥与行业回报率对比

资料来源：艾默生做空报告。

艾默生分析，相比于其他4家同行业可比上市公司，中国宏桥并未选择依靠自身发电站进行生产。理论上，中国宏桥缺少低价的电力供应会使得生产成本较高，即便中国宏桥在利用自己电网供电时存在一定的优势，但这也难以解释其过高的利润率。并且，艾默生援引与中国宏桥有着类似产品结构、利润率却远不及中国宏桥的上市公司——焦作万方作为对比，进一步说明中国宏桥的利润率并不合理。

与此同时，艾默生发现2009年至2010年前9个月，秦皇岛的煤炭价格上涨了23%，但中国宏桥披露的自供电成本却下降了33%。艾默生认为，在中国宏桥发电机组效率并未明显提升的前提下，企业难以依赖往年较低成本的煤炭生产出全部电量，因此难以找出支撑中国宏桥自供电成本下降的理由。同时,艾默生以标准煤炭价格为基准计算出中国宏桥在生产过程中应耗用的电费,并与中国宏桥披露的实际耗电费用进行比较,指出其耗电费用被人为地少报了。由此,艾默生质疑中国宏桥的发电成本不真实,其远高于行业水平的利润率则是虚高的。

虚报氧化铝成本 据中国宏桥披露,企业 2010 年以前主要从魏桥创新采购氧化铝,但从 2010 年开始,高新铝电接替魏桥创新成为中国宏桥最主要的氧化铝供应商。艾默生声称从高新铝电的一家咨询公司处获得氧化铝生产的相关成本,计算发现中国宏桥 2012—2015 年累计少报氧化铝生产成本约 20 亿元(见表 2-15)。

表 2-15 预计少报的氧化铝生产成本

项目	2012 年	2013 年	2014 年	2015 年
声称的氧化铝生产成本(元/吨)	1 677	1 797	1 697	1 800
减去:实际的生产成本(元/吨)	1 992	1 946	1 943	1 842
等于:成本差额(元/吨)	-315	-149	-246	-42
乘以氧化铝生产力(千吨)/ 1 000	1.487	2.897	3.616	4.981
等于少报的氧化铝生产成本	-468	-432	-890	-209
合计				-1 999

进一步地,艾默生发现中国宏桥从高新铝电采购氧化铝的价格低于生产成本,即高新铝电选择亏钱销售氧化铝给中国宏桥。由此,艾默生估算中国宏桥通过这样的交易节约近 48 亿元的成本。通过尽职调查,艾默生发现高新铝电的法人代表刘春猛是中国宏桥 2016 年 6 月兼并的一家新材料公司的监事会成员,由此指控高新铝电是中国宏桥未披露的关联方。并且,艾默生指出高新铝电长期以低于成本的价格向中国宏桥出售氧化铝,导致高新铝电 2014—2015 年亏损 20 亿元,企业所有者权益严重受损,因此这种交易难以为继。一旦高新铝电因亏损而破产清算,中国宏桥的利润空间就不复存在。

更换会计师事务所显示其不正常的财务状况 艾默生发现,中国宏桥于 2015 年 6 月将会计师事务所由德勤更替为安永。据悉,中国宏桥从首次公开募股开始持续接受德勤的审计服务，其更换会计师事务所的行为在艾默生看来存在问题。艾默生认为，企业往往为了掩盖财务造假等行为而更换会计师事务所。同时，艾默生援引香港会计师协会 2015 年发布的文件，说明上市公司往往利用费用纠纷掩盖潜在的重大问题，因此债权人和投资者难以充分了解上市公司的真实问题。考虑到中国宏桥在成本披露和关联方交易等方面的潜在问题，艾默生指控中国宏桥更换会计师事务所也是为了避免其财务不合规行为被揭发。

企业持续经营能力值得怀疑 艾默生认为，随着中国宏桥的财务杠杆的上升，其通过少报成本增加利润的方式将难以为继。从中国宏桥首次公开募股至 2015 财年，企业总资产上涨 600%，但企业负债也从 2010 年的 40 亿元增长至 2015 年年末的 539 亿元，可见中国宏桥运用较高的财务杠杆维持较快的增长。艾默生还指出，中国宏桥虽然能够产生利润，但是集团一直无法产生自由现金流，由此预测中国宏桥将陷入债务危机。

进一步地，艾默生发现中国宏桥自首次公开募股以来受豁免缴纳资产电力相关税费。按照 2015 年生产 526 亿千瓦的电力计算，中国宏桥倘若需要缴纳一般税费，其成本将增加 160 亿元。因此，艾默生认为中国宏桥将面临这一成本压力，企业利润率将降至行业平均水平甚至更低。

中国宏桥针对艾默生的回应

针对"毛利率虚高"的指控，中国宏桥认为企业有理由获得高于同行业的毛利率。这是因为，企业所处的铝行业必须依靠成本获取竞争优势，生产过程中的主要成本来自电力消耗以及氧化铝的采购成本，而中国宏桥位于氧化铝产量、产能最高的山东省，能够获得相对较低的原材料成本和运输成本。此外，利用自身电网的优势，中国宏桥确实能够获取低于同行业其他上市公司的用电成本。艾默生试图以标准煤炭价格计算单位生产电费的方式，估算中国宏桥的"实际"生产耗电成本，并将之与中国宏桥公开披露的数据进行对比以说明其少报耗电成本。但实际上，艾默生忽略了中国宏桥自产电成本低于以标准煤炭价格计算出的成本，而且这种计算方法存在较大误差，因此中国宏桥认为艾默生对其耗电费用的指控是错误的。

针对"高新铝电为中国宏桥的未确认关联方"的指控，中国宏桥表明高新铝电是一家由国有资产管理中心最终控制的公司，且这种控制关系在艾默生指控之日仍然成立，因此高新铝电并非企业的关联方。艾默生认为，一旦中国宏桥不再通过高新铝电采购原材料，企业的利润空间将不复存在。中国宏桥随即披露了公司自 2013 年起从高新铝电采购的电力和氧化铝。数据显示，中国宏桥自高新铝电的电力采购比例从 33% 降至 15%，氧化铝采购比例从 37% 降至 19%。从中可以看出，集团并不依赖高新铝电提供氧化铝，而选择使用更多的自产电力和氧化铝满足生产所需要。由此，艾默生的指控再度被击破。

针对"频繁更换会计师事务所"的指控，中国宏桥说明辞聘德勤的主要原因是双方的费用纠纷，且相关材料已向香港证监局备案。中国宏桥指出，艾默生单凭更换会计师事务所指控企业存在财务造假行为是不负责任的，企业保持对艾默生提起诉讼的权利。

针对"企业持续经营能力值得怀疑"的指控，中国宏桥指出高杠杆率在重工业企业是普遍存在的，因为此类企业的固定资产比例通常较高，企业扩张需贷款采购生产设备，并通过不间断的生产实现扩大再生产。如果将自由现金流进行分解，可以看到企业经营业务产生的现金流由 2011 年的 56 亿元增长至 2015 年的 77 亿元，企业自由现金流为负主要是因为建造发电设施及扩大铝产能需要投入高额的资本开支。虽然现金流较为紧张，但是企业与金融机构的良好关系说明债权人信任中国宏桥的经营方式，企业并不会出现持续经营难以为继的问题。

此外，做空机构还质疑中国宏桥存在未披露的关联方交易，并且指控交易的目的在于洗清中国宏桥虚高的财务收益。针对这一指控，中国宏桥指出集团收购的滨州滨北是由独立第三方山东滨北所控制的。做空报告认为山东滨北在 2014 年 10 月交易发生时由中国宏桥相关雇员刘刚所控制，但事实上刘刚先生已于 2014 年 6 月将所持股份转让给其他董事。由此，山东滨北实质上为独立自然人所控制，做空质疑不攻自破。

结　语

　　本篇从制度沿革和做空交易的市场与治理效应介绍做空机制，并通过三个做空案例从做空交易的背景、进程和被做空公司的反做空手段，加深对做空交易关键要素特征的了解。做空机制又称卖空机制，是指投资者因对某些个股或者整体股票市场的未来走向看跌所采取的保护自身利益或者借机获利的操作方法，以及为保证股票市场卖空交易的顺利进行而制定的涵盖法律机制、交易机制、监管机制与信息披露机制等一系列制度的总和。因此，做空机制与证券公司、投资者和监管者等多方主体具有重大的关系。做空机制已成为当今证券市场中重要的交易机制，随着 2010 年我国确定首批融资融券的标的股，意味着做空机制在我国证券市场的正式推行。

　　目前，在各大证券市场上主要的做空机制模式有四种，分别为市场化证券商授信模式、证券金融公司授信模式、投资者互相授信模式和登记结算公司授信模式。以美国为代表的市场化证券商授信模式，以各市场主体之间的高度信用水平为基础，充分发挥市场参与者的积极性和市场的资源配置能力，具有高度的市场化特征。以日本和韩国为代表的证券金融公司授信模式，以专业化的证券金融公司作为整个信用交易体系中证券和资金的中转枢纽，中央调控力度明显增强，但运行成本上升而运行效率下降。登记结算公司授信模式和投资者互相授信模式分别以登记结算公司与投资者为证券借贷授信主体，在市场化程度和运作成本效率上介于市场化证券商授信模式与证券金融公司授信模式之间。做空的交易方式是指卖空者进行卖空交易的流程，步骤包括建立一个保证金账户、通过电话或在线方式向经纪公司下达卖空指令、经纪人在开放市场上卖出股票并将所获收入存入保证金账户。

　　做空机制的历史可以追溯至十七八世纪的欧洲，而美国的做空交易机制是于 1934 年正式引入的。从美国监管机构对做空机制的制度变革上可以看出，一方面，适应金融市场的发展与变化推动做空机制发挥市场效应；另一方面，为了应对潜在风险因素而不断修改与完善卖空交易规则，并在金融危机等特定市场动荡事件期间管制卖空交易。中国香港证券市场对做空机制的监督更为严格，"裸卖空"交易行为在香港法律体系内被列入刑事犯罪的范畴，以避免投机人滥用做空机制威胁金融市场的稳定。中国内地 A 股市场的做空交易制度虽然起步较晚，但效仿香港卖空交易制度，采用较为严格的监管模式，严禁危害证券市场的行为，努力为投资者营建合理政府监管下健康有序的卖空交易市场。

不少的研究专注于做空机制对证券市场的影响——做空机制的市场效应，但做空机制能否减小股市的波动性仍存在较大的争论。一些学者认为，引入做空机制能够减小股价波动幅度，进而减弱价格引发的供求矛盾的影响，从而起到稳定市场的作用。另外一些学者则认为，卖空交易通常会引发股价下跌，导致市场恐慌情绪的进一步恶化，从而减弱市场的稳定性。而做空机制作为一种信用交易制度能够增强市场流动性则得到普遍的认可。做空机制还能够产生"价格发现"功能，促使证券价格接近实际价值，提升股票市场价格的有效性。

外部治理机制反映了来自外部的力量对公司的监管，做空机制的外部治理要素包括：由资本市场、经理人市场和产品市场发挥监督作用的市场要素；由法律体系和证券监管机构规制组成的法律要素，包括集体诉讼；体现专业服务机构监督的社会要素。引入做空机制使公司承受了被做空致使股价下降的风险，因此做空机制对公司的诸多方面产生了外部治理效应，提高了公司的信息披露质量以更好地保护投资者，减少了股东与管理层之间的代理问题，通过增强监督与激励等方面促进管理者做出更合理的财务决策，强调了公司的风险控制与应对。

本篇列举了辉山乳业、丰盛控股和中国宏桥被做空的案例。对比三个做空交易案例可以发现，做空机构往往从公司的公开信息披露中找寻可能的虚假披露或隐瞒的内容，对此加以研究取证进而发布做空报告；而被做空公司也不会坐以待毙，会针对做空机构的质疑事项进行多方面回应。关于做空交易的手段和公司反做空的方法将在后续篇章中深入展开。

参考文献

[1] 陈国进,张贻军,王景. 异质信念与盈余惯性[J]. 当代财经,2008,7:43—48.

[2] 陈森鑫,郑振龙. 推出卖空机制对证券市场波动率的影响[J]. 证券市场导报,2008,2:61—65.

[3] 陈晓舜. 证券信用交易制度与风险控制[J]. 证券市场导报,2000,12:10—20.

[4] 褚剑,方军雄. 中国式融资融券制度安排与股价崩盘风险的恶化[J]. 经济研究,2016,51(5):143—158.

[5] 代雨君. 我国股市做空机制研究[D]. 成都:西南财经大学,2008.

[6] 董捷,张心灵,陈胜蓝. 卖空压力与公司现金持有——基于中国卖空管制放松的准自然实验证据[J]. 中南财经政法大学学报,2017,3:31—40+159.

[7] 董景寒. 从公司外部治理看独立审计的背离[J]. 经济与管理,2008,22(9):53—57.

[8] 顾乃康,周艳利. 卖空的事前威慑、公司治理与企业融资行为——基于融资融券制度的准自然实验检验[J]. 管理世界,2017,2:120—134.

[9] 郭春丽. 优化股权结构:完善上市公司治理结构的突破口[J]. 中央财经大学学报,2002,9:30—33.

[10] 侯青川,靳庆鲁,刘阳. 放松卖空管制与公司现金价值——基于中国资本市场的准自然实验[J]. 金融研究,2016,11:112—127.

[11] 胡海波. 卖空机制对股票市场的影响分析[D]. 长沙:中南大学,2009.

[12] 黄永明. 股份制改造与国企治理结构创新[J]. 决策借鉴,1999,5:5—8.

[13] 李昌荣,刘逖. 我国证券市场卖空机制模式的选择分析[J]. 证券市场导报,2005,3:68—71.

[14] 李丹,袁淳,廖冠民. 卖空机制与分析师乐观性偏差——基于双重差分模型的检验[J]. 会计研究,2016,9:25—31.

[15] 李维安等. 公司治理[M]. 天津:南开大学出版社,2001.

[16] 李宜洋,赵威. 关于建立融券卖空机制对股市影响的分析[J]. 金融理论与实践,2006,2:72—75.

[17] 廖士光,杨朝军. 卖空交易机制、波动性和流动性——一个基于香港股市的经验研究[J]. 管理世界,2005,12:6—13.

[18] 廖士光,杨朝军. 证券市场卖空机制对股价影响的研究——来自台湾市场的实证[R]. 第四届中国经济学年会论文,2004.

[19] 廖士光,杨朝军.证券市场卖空交易机制的价格发现功能探讨[J].上海立信会计学院学报,2006,1:73—77.

[20] 林毅夫.国有企业面临问题的真正原因[J].金融信息参考,1997,5:30—31.

[21] 刘芍佳,李骥.超产权论与企业绩效[J].经济研究,1998,8:3—12.

[22] 吴淑琨,廖士光.可将融资融券交易保证金率作为调控工具[N].中国证券报,2007,4:24—26.

[23] 夏峰,吴松青.美国、香港证券市场限制股票卖空浅析[J].证券市场导报,2009,5:34—41.

[24] 张林昌.中国股票市场引入卖空机制研究[D].厦门:厦门大学,2007.

[25] 张维,张永杰.异质信念、卖空限制与风险资产价格[J].管理科学学报,2006,9(4):58—64.

[26] 郑振龙,俞琳,张睿.卖空约束对股票市场的影响——兼论中国能否引入卖空机制[J].河北经贸大学学报,2004,11:51—55.

[27] 邹武鹰.公司治理外部监督的法律分析[J].湖南商学院学报,2005,12(3):95—97.

[28] Aghion, P., Dewatripont, M. and Rey, P. Competition, financial discipline and growth[J]. *Review of Economic Studies*, 1999, 66(4):825—852.

[29] Allen, F. and Gale, D. Arbitrage, short sales, and financial innovation[J]. *Econometrica*, 1991, 59(4):1041—1068.

[30] Bernardo, A. E. and Welch, I. Liquidity and financial market runs[J]. *The Quarterly Journal of Economics*, 2004, 119(1):135—158.

[31] Bris, A., Goetzmann, W. N. and Zhu, N. Efficiency and the bear: Short sales and markets around the world[J]. *Journal of Finance*, 2007, 62(3):1029—1079.

[32] Bushman, R. M. and Piotroski, J. D. Financial reporting incentives for conservative accounting: The influence of legal and political institutions[J]. *Journal of Accounting and Economics*, 2006, 42:107—148.

[33] Bushman, R. M., Piotroski, J. D. and Smith, A. J. What determines corporate transparency?[J] *Journal of Accounting Research*, 2004, 42:207—252.

[34] Chang, E. C. Cheng, J. and Yu, Y. Short-sales constraints and price discovery: Evidence from the Hong Kong market[J]. *Journal of Finance*, 2007, 5:2097—2121.

[35] Charoenrook, A. A. and Daouk, H. The world price of short selling[Z]. SSRN, 2003.

[36] Chen, X., Harford, J. and Li, K. Monitoring: Which institutions matter?[J] *Journal of Financial Economics*, 2007, 86:279—305.

[37] Conrad, J. The price effect of short interest announcement[D]. University of North Carolina, 1994.

[38] Daouk H. and Charoenrook A. A. A study of market-wide short-selling restrictions[Z]. SSRN, 2005.

[39] Diamond, D. W. and Verrecchia, R. E. Constraints on short-sellling and asset price adjustment to private information[J]. *Journal of Financial Economics*, 1987, 18: 277—311.

[40] Easterbrook, F. H. and Fischel, D. R. Optimal damages in securities cases[J]. *The University of Chicago Law Review*, 1985, 52(3): 611—652.

[41] Fama, E. F. Agency problems and the theory of the firm[J]. *Journal of Political Economy*, 1980, 88(2): 288—307.

[42] Fang, V. W., Huang, A. H. and Karpoff, J. M. Short selling and earnings management: A controlled experiment[J]. *Journal of Finance*, 2016, 71(3): 1251—1294.

[43] Fung, J. K. W. and Draper, P. Index arbitrage opportunities and short sales constraints[J]. *Journal of Futures Markets*, 1999, 19: 695—715.

[44] Gao, P., Hao, J. and Ma, T. Does removing the short-sale constraint improve liquidity? Evidence from Hong Kong[J]. *Northwestern University*, 2007, 7(3): 12—19.

[45] Hart, O. D. The market mechanism as an incentive scheme[J]. *Journal of Economics*, 1983, 2: 42—64.

[46] Holmström, B. Managerial incentive problems: A dynamic perspective[J]. *Review of Economic Studies*, 1999, 66(1): 169—182.

[47] Hong, H. and Stein, J. C. Differences of opinion, short sales constraints and market crashes[J]. *Review of Financial Studies*, 2003, 16(2): 487—525.

[48] Hung, B. W. S. and Fung, J. K. W. Short sales restrictions and the impulse response behavior of index-futures price[Z]. BRC Papers on Financial Derivatives and Investing Strategies, 2001.

[49] Jones, C. M. and Owen, A. L. Short-sale constraints and stock returns[J]. *Journal of Financial Economics*, 2002, 66, 207—239.

[50] Karpoff, J. M. and Lou, X. Short sellers and financial misconduct[J]. *Journal of Finance*, 2010, 65(5): 1879—1913.

[51] Karpoff, J. M., Malatesta, P. H. and Walkling, R. A. Corporate governance and shareholder initiatives: Empirical evidence[J]. *Journal of Financial Economics*, 1996, 42(3): 365—395.

[52] Kenneth, J. R. and Seth, A. Boards of directors and substitution effects of alternative governance mechanisms[J]. *Strategic Management Journal*, 1995, 16(2): 85—99.

[53] Lecce, S., Lepone, A. and McKenzie, M. D. and Segara, R. The impact of naked short selling on the securities lending and equity market [J]. *Journal of Financial Markets*, 2012, 15: 81—107

[54] Manne, H. Mergers and the market for corporate control[J]. *Journal of Political Economics*, 1965, 73: 110—120.

[55] Massa, M., Wu, F., Zhang, H. and Zhang, B. Saving Long-Term Investment from Short-Termism: The Surprising Role of Short Selling (Z). Asian Finance Association 2015 Conference Paper, 2015.

[56] Massa, M., Zhang, B. and Zhang, H. Governance through threat: Does short selling improve internal governance? Working Paper, 2013.

[57] Miller, E. Risk, uncertainty and divergence of opinion [J]. *Journal of Finance*, 1977, 32: 1151—1168.

[58] Morck, R., Yeung, B. and Yu, W. The information content of stock markets: Why do emerging markets have synchronous stock price movements? [J] *Journal of Financial Economics*, 2000, 58(1): 215—260.

[59] Nezafat, P., Shen, T. and Wang, Q. Short selling, agency, and corporate investment [Z]. SSRN, 2014.

[60] Raith, M. Competition, risk and managerial incentives[J]. *Am Econ Review*, 2003, 93: 1425—1436.

[61] Robin, M. The economics of capital utilization: A report on multiple-shift work[M]. CUP Archive, 1964.

[62] Shkilko, A. V., Van Ness, B. F. and Van Ness, R. A. Price-destabilizing short selling[Z]. New Orleans Meetings Paper, 2008.

[63] Shleifer, A. and Vishny, R. The limits of arbitrage[J]. *Journal of Finance*, 1997, 52: 35—55.

[64] Stephen, F. and Webb, G. P. Options, short sales and market completeness[J]. *Journal of Finance*, 1993, 48: 761—777.

[65] Woolridge, J. R. A Dickinson, short-selling and common stock price[J]. *Financial Analysts Journal*, 1994, January/February, 20—28.

第 3 篇

信息披露与做空

手法透视与案例解构

概要

第3篇主要分析基于信息披露的做空手法和逻辑。我们深入剖析做空机构常用的做空手法，借此窥探做空的整个过程。首先，我们在以往做空案例的基础上，归纳总结做空的整个流程，并分析嵌入各个流程的其他参与者所扮演的角色，全方位地介绍做空产业链；其次，我们从信息披露的视角透视做空的具体手法，并从准确做空和恶意做空两个维度对做空手法予以评述；最后，我们分别通过香橼做空东南融通、烽火做空科通芯城两个案例，更为直接、具体地介绍做空手法。

引言

近年来，在美国股票市场和中国香港股票市场上先后掀起数次针对中概股公司的做空浪潮。在这些做空事件中，做空机构无一例外地指向上市公司的信息披露问题。尽管每家公司呈现的信息披露问题有所不同，做空机构的报告各式各样，但核心手段都是相似的。从这一连串的做空事件中，我们能观察到：首先，做空机构选择做空的目标公司，并针对公司可能存在的问题、围绕信息披露是否造假进行调查；其次，卖出空仓并发布做空报告；最后，在引起市场价格下跌后平仓以实现获利。

那么，在这个过程中，做空机构如何挑选目标公司？调查主要涉及哪些内容？采用哪些手段？一般而言，容易引起做空机构关注的信息披露和财务造假问题有哪些？在与上市公司的博弈和较量中，做空机构会进一步采取哪些措施？

在整个做空流程中，参与者并不仅是做空机构；从整条做空产业链来看，各个市场主体均参与或涉入其中。向前追溯，我们可以发现，上市公司遭遇做空并不是一起孤立的事件，从上市之初投资银行的参与、后续会计师事务所的审计到公司出现财务造假行为的过程中，其他投资机构、律师事务所均会扮演各自的角色。最终，上市公司股票下跌甚至退市、破产，则是各方参与、力量汇集的结果。

那么，这些参与者如何影响上市公司最终走向被做空的境地？各方扮演的又是怎样的角色？

对于上市公司的信息披露问题，财务报表数据造假是最主要、最容易引起投资者反应的信息。在这其中，影响收入和利润信息的财务数据又是核心中的核心，因为它们直接决定了投资者对公司股票的估值。不过，除此之外，在一些特殊情形下，财务报表中有关公司资产、现金流的信息也同样会成为做空机构关注并攻击的焦点。同时，我们还应该注意到，所谓的信息披露问题并不一定意味着上市公司就存在造假，其中可能涉及信息披露的不完整或刻意隐瞒，而这些信息对于投资者来说可能是至关重要的。

那么，在历次做空事件中，这些遭到做空的公司主要涉及哪些信息披露问题？做空机构又是通过怎样的调查和分析，推断公司可能存在造假或隐瞒行为？

我们寄望于：通过对以往案例的分析和介绍，换位思考地以做空机构为出发点，了解它们的判断逻辑。

值得一提的是，尽管做空是市场上客观存在的一种交易机制，但在做空的过程中，不乏一些恶意做空的情况。做空机构并不是市场正义的捍卫者，驱动它们对公司展开调查的终究是"利益"。这不免使得一些机构在发布调查报告时添油加醋，甚至无中生有、捏造信息。如何明辨正当做空和恶意做空的情形，而不是无条件地相信做空机构，这也是投资者需要思考的问题。

01 做空流程与做空产业链

做空流程

第一步　选定做空对象

做空并非零成本的，这一成本来自多个方面。例如，调查取证过程中的人力成本、借入股票的资金成本，以及做空失败的实际损失等。高昂的做空成本使得做空机构在"猎杀"对象的选取上往往非常谨慎。从成本的角度考量，公司存在较严重"问题"、实际股价远高于潜在价值是成为做空机构"猎杀"对象的两个基本特征。

如何发现潜在价值与实际股价的倒挂？

从浑水、香橼等机构历次做空情况来看，这一信息可能来自做空机构的内部或外部。

外部信息往往是偶然因素。这些信息可能来自朋友、其他做空机构、金融从业人士，甚至上市公司的内部人员等。浑水的创始人曾在美国财经咨询网站的访谈中透露："发现和研究这些做空目标的过程是一项大型工程。我们要么是与投资者攀谈、与其他做空者闲聊，要么是从某个地方偶然看到一些消息，可能发生的情况太多了。每天的信息如此之多，我们更多的是筛选和扔掉那些不感兴趣的信息。"信息不是孤立存在的，一些丑闻恰恰是从看似微不足道的信息当中被逐步挖掘出来的。因此，任何外部信息源都可能成为做空机构寻找"猎物"的切入点。

此外，在做空团队内部也不乏来自会计、税务等领域的专业人士。他们可以根据一些"问题"公司的普遍特征识别潜在"猎物"，如频繁变更会计师事务所、大量融资但鲜有分红、财务数据与同类公司相比存在较大差异、大股东频繁减持、高额股权质押等。频繁变更会计师事务所可能表明公司运营及财务状况存在较大隐患，原审计师拟出具非标准意见甚至无法表示意见，这时公司变更审计师，甚至与新任审计师合谋隐匿坏消息；只融资不分红的"铁公鸡"行为则表明公司可能面临严重的资金缺口，这可能源自日常经营失败、盲目扩张，甚至被大股东掏空；财务数据与同类公司相比差异较大，则有可能来自公司日常业务造假，或者对财务报表的粉饰。基于减持套现或股权质押融资目的，公司可能通过粉饰财务数据来推高股价，这类公司更有可能成为被做空的对象。

第二步 分析调查

做空机构的调查工作类似于分析师，不同之处在于：分析师工作的核心在于"判断"，根据当前所拥有的信息预测公司未来业绩并给出投资建议，这一判断往往是在假定公司信息披露真实无误的情形下展开的；而做空机构工作的核心在于"找茬"，做空机构往往认定做空对象是存在问题的，致力于发掘任何可能的证据以证明公司存在问题，可以对公司的日常经营、信息披露等任何一方面进行质疑。做空机构这种"找茬"的工作性质，决定了其分析调查必须更为隐秘，然而手段更为丰富多样。

查阅相关资料 查阅相关资料是快速、全面了解做空对象的最有效手段，从相关资料中获取的信息也决定了后续取证工作如何开展。从做空机构的报告来看，这些资料包括公司招股说明书、公司年报等定期报告、不定期报告、媒体信息、公司向其他机构递交的材料等。例如，2010年浑水做空东方纸业，浑水从东方纸业年度报告及季度报告中获取公司相关的收入信息，结合《中国造纸工业2009年度报告》和同类公司信息，认为东方纸业产销数据矛盾、存在虚构收入的可能。通过这一线索，浑水对东方纸业展开了进一步的实地勘查。

实地调研 俗话说"耳听为虚，眼见为实"，在查阅资料获取线索后，做空机构往往会根据线索展开进一步的调研，以获取更为可靠的一手证据。在巨大利益的驱使下，做空机构的调查手段可谓丰富多样：蹲点拍照、观察厂房、检查设备、与公司员工沟通、与公司高层接触。当然，做空机构"找茬"的工作性质决定了上述调研必须极为隐秘地进行。做空机构常常伪装成客户、投资者以消除公司的戒心，从而获取更为可靠的信息。在近期浑水做空辉山乳业的事件中，浑水质疑辉山乳业虚构苜蓿草产量、夸大经营利润。在获取相关信息后，浑水甚至动用无人机去拍摄草场、生产基地，以获取一手资料。

调查相关方 公司的日常经营流程环环相扣，因而舞弊行为不可能单纯地存在于某一环节，一个谎言往往需要一连串的谎言来掩盖。做空机构对相关方的调查不仅可以印证公司信息的真实性，还可以增强做空报告的说服力，也可能成为公司"问题"发现的突破口。做空机构调查的相关方包括公司的供应商、客户、关联方和竞争者等。具体的调查方式包括电话、网络、访谈及实地调研等。以客户为例，在做空绿诺环保的事件中，做空机构与绿诺环保所披露的十大客户进行了沟通，其中仅有两家客户肯定了与绿诺环保存在业务关系，且均对绿诺环保的产品质量表示不满。

聘请专业人士进行分析 做空机构团队中包括财务、金融、税务和法律等专家，而根据做空对象的不同，做空机构还会聘请相关领域的专业人士来协助分析，在帮助做空团队更专业、更高效地展开分析调研的同时，援引专业人士的评价能够极大地增强做空报告的说服力。在做空网秦的案例中，做空机构认为网秦的手机安全软件本身就存在漏洞，可能泄露用户隐私。做空机构聘请网络安全技术专家对此进行检测并在做空报告中展示结果，甚至在做空报告首页声称网秦手机软件是一款间谍软件，这成为投资者恐慌性抛售的一个重要诱因。

第三步 建立卖空仓位并发布做空报告

在分析调查获取足够证据并形成做空报告后，做空机构并不会立刻公布做空报告。首先，做空机构可以向金融机构借入股票建立空头仓位；其次，做空机构可以游说其他投资机构购买做空报告，一起参与做空。在向其他投资机构兜售做空报告获利的同时，拉拢其一起参与做空进一步增大了做空的成功率，可谓一本万利。从香橼做空东南融通的案例中可以看到，自2010年年底开始，东南融通的做空收益迅速上升；在2011年4月26日香橼发布做空报告后，股价重挫，做空收益有所回落。更为有趣的是，在做空机构多次成功狙击上市公司之后，不少公司谈"空"色变。2017年3月，浑水对外宣称正在调查一家港股上市公司，并最快于数周内发布做空报告。2017年6月6日，浑水宣布将于次日公布针对某港股上市公司的做空报告。市场传闻通达集团、敏华控股、科通芯城、中国水务等多家"有前科"或空头仓位较高的公司有较大嫌疑，这些公司股价当日应声下跌，做空机构的威力由此可见一斑。次日，浑水发布了针对敏华控股的做空报告。然而，这其中存在的疑点为：

做空机构缘何提前向市场传递做空消息呢？

市场传闻是否做空机构刻意为之并从中渔利呢？

这些问题着实耐人寻味。

第四步 与公司博弈并平仓

做空机构发布做空报告后，无论做空报告的真实性如何，被做空公司股价均呈现不同程度的下跌。根据中金所王汉锋等的研究报告，港股被做空公司的平均跌幅高达10%。做空机构及其他投资机构可以在这场下跌中选择低价买入股票平仓。以2017年浑水做空敏华控股为例。6月7日下午14时，浑水发布了关于敏华控股的做空报告，敏华控股股价急速下跌，短短5分钟内从当日最高7.4港元/股跌至5.67港元/股，瞬时跌幅达23.38%；14时11分，大量买单涌现，成交量急剧放大，短时间内成交量占当日成交量比例超过90%；14时30分，敏华控股停牌。

然而，做空机构能否获利及获利多少，难以估算。其原因在于，被做空公司会采取各种手段应对做空。在上例中，敏华控股在被做空30分钟内便申请停牌，留给做空机构和其他投资机构平仓的时间并不长。6月9日，敏华控股发布澄清报告并复牌，当日股价大幅反弹，剩余做空仓位能否获利不得而知。此外，做空一家上市公司也可能演变为一场拉锯战。例如浑水做空网秦，浑水在数月内发布多篇做空报告质疑网秦公司，而网秦公司则相应地发布澄清报告。在这其中，做空报告的真实性、被做空公司对质疑的回应、被做空公司是否真实存在"问题"，都可能左右最后的结果。

做空产业链

做空产业链各方的角色

自做空机构"横空出世"以来,包括中概股、美股和港股在内的诸多上市公司成为做空机构的"刀下魂";而做空机构在获取大量收益的同时,也为市场上其他机构创造了"商机",包括投资银行、其他投资机构、律师事务所等。虽然这些机构在上市公司存续期间内所扮演的角色各不相同,但在做空前后均攫取了大量的利益。我们以中概股为例,揭开做空产业链的神秘面纱。

2005年10月23日,中国外汇管理局发布《关于境内居民通过境外特殊目的公司融资及返程投资外汇管理有关问题的通知》(以下简称"75号文"),开放了民营企业境外上市的渠道。彼时,国内上市融资条件较为严苛且周期长,包括互联网、教育、生物制药、新能源等行业的部分企业纷纷选择赴美上市。2010年,赴美上市企业数量再次达到一个峰值。为了尽快、尽量多地满足融资需求,部分企业不惜粉饰财务报表以营造表象良好的经营业绩,带来的结果是公司股价远远高于公司真实价值。

殊不知,在中国企业赴美上市的繁荣表象之下,危机正悄悄潜伏!

投资银行的角色 投资银行(PE)、会计师事务所、律师事务所、承销商(保荐人)、财务顾问公司是中国企业到海外上市过程中不可缺少的几个角色。其中,起牵头作用的就是投资银行。由于大多中国企业并不熟悉海外上市程序,往往会信任投资银行并进而委托其推荐后续的保荐人、券商和其他服务中介。在利益的驱使下,有些投资银行或券商甚至主动出击,充当起"掮客"的角色,"忽悠"想去境外圈钱的中小企业主,夸大赴美上市的好处,游说企业去美国上市融资。在投资银行的介入下,中国企业赴美上市全程有专业服务机构提供量身定制的服务,不需要企业自己摸索便能达到美国上市的标准。

此外,中介机构往往通过修饰企业的财务报表来美化业绩,以求融到更大笔资金；相应地，以募集到的资金额按比例（一般为募集资金的 7%）收取费用或收取公司一定份额的股份，这些中介自然也能使自己的佣金和股票变现更多，从而获得利益最大化。按照美国证券交易委员会的第 144 规则，在中概股公司成功上市 180 天之后，PIPE[①] 投资人的锁定期解除。这时，对冲基金、券商或者抛股走人，从此与上市公司撇开利益关系；或者继续持有上市公司股份，等待价格进一步上涨。

专业投资银行退出后，公司管理层仍然不熟悉美国资本市场的运作和信息披露制度，很可能就此成为做空者的目标。在做空机构发布质疑报告的初期，一些仍持有上市公司股票的投资银行往往为了维护自身利益，为公司发布正面报告或维持评级，以争取抛售股票的时间。

总而言之，投资银行是完全的利益追逐者，作为做空产业链的开端，它为中国公司赴美上市开辟一条光鲜道路的同时，也为做空机构做空"中概股"做足了铺垫。

做空机构的角色　当上市公司或因投资银行的唆使或因自身利益的追求而不惜过多地粉饰业绩、以持续的财务造假支持高涨的股价时，便极有可能成为做空者的目标。做空机构的盈利模式其实十分简单：

> 在事先建立相关公司的看空仓位的基础上，对外发布质疑相关公司的研究报告，一旦公司股价大跌，便可从中获利。

在所有针对中国概念股的研究公司中，浑水和香橼无疑是影响力较大的两家。浑水成立于 2010 年 6 月 28 日，由美国人卡尔森·布洛克创立。卡尔森毕业于南加州大学，主攻金融、辅修中文，后获得芝加哥肯特法学院的法学学位。他曾于 2005 年到上海，就职于一家美国律师事务所；2008 年创办了一家仓储物流公司；2010 年创办浑水研究（Muddy Water Research），主要方向便是做空在海外上市的中国概念股。目前，浑水在调查造假公司方面可谓驾轻就熟，多家中国概念股遭到其质疑，损失巨大。

截至目前，受到浑水狙击的中国概念股有东方纸业（AMEX：ONP）、绿

---

① PIPE 即私人股权投资，是私募基金、共同基金或其他合格投资者以市场价格的一定折价率购买上市公司股份，以扩大公司资本的一种投资方式。

诺科技（NASDAQ：RINO）、中国高速频道（NASDAQ：CCME）、多元环球水务（NYSE：DGW）、嘉汉林业（TSE：TRE）和分众传媒（NASDAQ：FMCN），大部分公司股价出现大幅下跌，其中绿诺科技和中国高速频道已退市，多元环球水务和嘉汉林业已停牌。而浑水在这一过程中获利丰厚。

香橼的创始人安德鲁·莱福特（Andrew Left）于2001年建立了一家博客网站，名为股票柠檬（Stock Lemon），开始独立调查上市公司并投资。2007年更名为香橼研究（Citron Research）。东南融通即因香橼发布了质疑报告而在短短23天后遭美国证券交易委员会停牌乃至退市，香橼也因攻击中国概念股公司财务造假而声名鹊起。此外，香橼的战绩还包括中阀科技（Nasdaq：CVVT）、中国高速频道（Nasdaq：CCME）、斯凯网络（Nasdaq：MOBI）和双金生物（Nasdaq：CHBT）等。

尽管做空机构也遭到部分被做空公司的起诉，然而根据美国法律，只要所陈述的内容不是故意扭曲事实，从技术上来讲，就不是违法违规。因此，这些研究机构只要不捏造证据，在法律上的风险并不大。从而，在低风险、高收益的利益驱使下，类似浑水、香橼的众多美国做空机构充斥于整个资本市场，构成做空产业链最重要的一环，使美国资本市场能够成为"全民监管"的阵地。

其他投资机构的角色　精明的做空机构不会仅仅凭借做空上市公司获利。如果说做空上市公司是低风险获利方式的话，那么还存在一种无风险获利方式——兜售做空报告。正如我们之前提到的，做空机构在完成做空报告之后并不会即刻发布，它们可以在向其他投资机构兜售做空报告的同时，与其他投资机构共同建立空仓。当做空报告正式对外发布之后，股价应声下跌，这其中甚至可能存在做空机构和其他投资机构蓄意砸盘的谋算，进而引发恐慌性抛盘，扩大下跌空间。

做空机构和其他投资机构可谓互惠互利。从做空机构的角度而言，一方面，兜售做空报告可获取利益；另一方面，联合其他投资机构可增强空方实力。在部分做空事件中，由于大量空仓积聚，目标公司股价早在做空报告发布之前便开始下跌，进一步扩大了做空机构的获利空间。从其他投资机构的角度而言，以较少的代价，在做空报告发布之前便获知了相关消息，相较其他投资者而形成了信息优势。同时，由于信息的提供者也会参与做空交易，因此投资机构无须过度质疑报告信息的质量，双方联合做空无疑也增大了获利的概率。

律师事务所的角色　做空产业链的尾端则是各律师事务所，它们积极地代表遭遇损失的投资人对被做空公司提起集体诉讼，要求赔偿。

集体诉讼一般有两种方式：一是受害人主动委托律师事务所发起诉讼；二是律师事务所发现问题后，主动联系受害人。律师事务所之所以如此积极，是因为美国实行胜诉酬金制。如果集体诉讼案件胜诉，律师事务所可以按案件最终所取得的赔偿或挽回财物的一定比例收取报酬，通常能够分到高达1/3的损害赔偿金额，这是一笔不菲的回报。但如果败诉，法律规定律师不得向委托人收取律师费，包括其为办理该项法律事务所垫付的服务费。这样，一方面解决了高昂的诉讼费用的来源问题，另一方面刺激了律师事务所积极参与集体诉讼，维护中小投资者的利益。

因此，在集体诉讼巨大奖励金的诱惑下，专门代理证券诉讼案件的律师事务所在美国就超过200家。律师的工作便是积极主动发现各上市公司的财务报告与信息披露存在的疑点、误导信息，一旦发现问题，便主动联系受害者，并代表因股价下跌而蒙受损失的投资者向上市公司发起集体诉讼。只要胜诉，代理集体诉讼的律师事务所即可由此获得高达20%—30%的巨额律师费，一些特殊诉讼的分成甚至能够达到50%。

不难理解，近年来针对在美上市的中国企业的集体诉讼案件数量不断激增。在巨额利益的驱动下，一旦赴美上市的中国公司的财务造假等不正当行为被揭发，马上就会有美国律师事务所非常默契、主动地提出负责集体诉讼索赔。据统计，仅在2011年，这类案件就超过20起，占美国证券类集体诉讼案件的25%左右。

做空产业链的运作

我们已经剖析了做空产业链中各方所扮演的角色。应该看到，虽然做空行为是出于利益的驱动，但苍蝇不叮无缝的蛋，正是由于上市公司自身存在治理、财务或信息披露等问题，才落得口实并被做空机构乘虚而入。这股潜在的力量对上市公司高管形成监督，迫使他们不得不关注自己的言行，关心公司的治理结构等潜在的风险。在某种意义上，做空行为对企业起到了监督作用，同时也净化了市场环境。

当公司被做空时，还可能同时牵连会计师事务所。从审计需求的保险理论出发，审计的价值包含信息价值和保险价值。一方面，信息价值体现在审计师必须对公司的财务报告进行鉴证，并对财务信息提供合理保证，降低财务报告使用者面临的信息风险；另一方面，保险价值进一步强调风险转移机制，财务报告使用者寄希望于将其所面临的信息风险部分地转移给审计师。在做空之前，如果审计师未能发现公司的问题所在、做空机构出具的报告最后得以印证，那么审计师不仅面临声誉上的损失，还可能成为被诉讼对象，为公司粉饰报表、舞弊等行为承担连带责任。在做空东南融通的事件中，国际"四大"之一的德勤会计师事务所在做空前为东南融通提供了长达 6 年的审计服务，在东南融通被认定财务舞弊之后，德勤也遭遇了东南融通股东的集体诉讼。虽然最后德勤会计师事务所未被裁定赔偿，但对其声誉仍然造成了重大影响。

至此，我们已经了解投资银行、做空机构、其他投资机构、律师事务所在整条做空产业链上所扮演的角色，需要牢记的是，它们的最初目标都是尽可能地从做空过程中攫取利益。

我们通过图 3-1 对做空流程进行更为直观的总结。首先，投资银行游说并帮助一些公司完成上市，获取巨额承销佣金；其次，做空机构寻找目标公司，并与其他投资机构联合建立做空仓位；再次，做空机构发布质疑研究报告，若公司股价大幅下跌则可从中渔利；最后，当公司股价大跌导致投资者利益受损时，律师事务所就可以积极推动投资者向公司和会计师事务所提起集体诉讼，以获得丰厚的诉讼赔偿金。在整条紧密联系的做空产业链中，投资银行、做空机构、其他投资机构和律师事务所环环相扣、步步为营，共同分享做空盛宴。

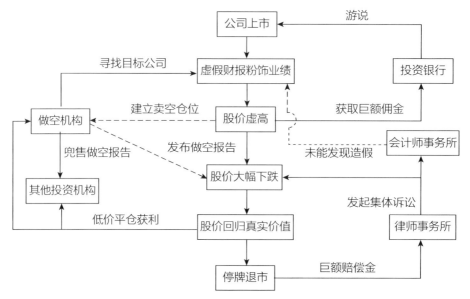

图 3-1 做空流程与做空产业链

02 做空手法透视

做空报告是做空机构的武器,而做空,实质上就是一个"证伪"的过程,被做空公司实际存在的任何未向市场披露的问题都可以成为做空机构的攻击点。这其中包含了两个要点:**其一,问题必须客观存在,或者至少被做空机构认为存在**。任何公司都不是完美的,总会存在或多或少、严重程度各异的问题,这是公司日常经营过程中无法避免的。**其二,这些问题未被市场获悉**。如果信息已经被市场获悉并得到充分反映,那么这些信息对于做空机构而言就丧失了价值。

对于上市公司而言,向市场传递信息的最主要、最重要的手段是信息披露,如年度报告、季度报告、审计报告、重大事项相关报告、其他定期与非定期报告等。这些报告提供了关于上市公司的财务信息与非财务信息。借鉴国际会计准则委员会对财务报告信息的质量要求,无论是财务信息还是非财务信息,其最为重要且基础的特征是如实陈述。如实陈述要求上市公司披露的信息应当是真实、完整且中立的。所谓"真实",要求公司提供的信息不存在差错，无论是蓄意还是无意造成的差错；所谓"完整"，要求公司提供所有必需的信息，以帮助信息使用者理解公司的某一行为或某一现象；所谓"中立"，则主要要求信息不能具有诱导性、倾向性，应尽量保持客观。

正如我们在做空流程中所提到的，在选定做空对象后，做空机构首先会查阅上市公司的各类报告等相关内容，从中发现线索并展开进一步调查。因而，上市公司在信息披露中无意或蓄意的漏洞，都极大地提高了成为做空机构"猎物"的可能。从现有研究来看，做空机构的手法包括质疑主营收入过高（魏琼琼和张庆雷，2013）、利润率过高（张歆，2012）、不合理的资金流动和隐瞒的关联交易（Darrough and Huang，2013）、业务造假（万芹，2013）、有缺陷的公司治理（郭燕珺，2012；肖宇，2014）等，根本上都是针对财务信息披露与非财务信息披露的质疑。

本节系统地梳理了近年来市场上针对在美国股市、中国香港股市上市中概股公司的做空报告，主要从信息披露的真实性和完整性两个方面、财务信息与非财务信息两个维度，围绕信息披露问题提炼其中的做空手法，以期通过典型做空手法的展示，对实务界起到借鉴意义。

质疑信息披露不真实

真实性是信息披露最根本的原则，但是为了在美国市场吸引更多的投资者，部分中概股公司常常刻意夸大自身的财务状况和经营成果，以达到美化公司形象的目的。跨境上市更为此类中概股公司的欺诈行为提供了天然屏障。由于虚假陈述所能带来的利益极为可观，越来越多的中概股公司铤而走险，信息披露不真实也成为做空机构所揭露的最核心问题。

根据信息性质，信息披露不真实可以分为财务信息披露不真实与非财务信息披露不真实，做空机构正是从这两个角度对中概股公司发起了攻击。

质疑财务信息披露不真实

通过分析公开财务信息与深入中概股公司进行实地调查，做空机构能够有效判断某上市公司是否存在财务信息披露不真实、涉嫌财务欺诈的情况。大量做空报告显示，做空机构在攻击上市公司时，绝大多数选择从质疑财务造假入手。做空机构质疑公司财务造假的范围相对较广，但主要集中在对收入、固定资产和存货等资产的质疑；此外，现金余额、应交税费等，也是常常受到做空机构诟病的内容。

对利润相关项目的质疑　利润是上市公司的核心财务指标，而质疑利润则是做空机构最常采用的攻击手段。由于利润产生过程与公司日常经营活动的各个环节密切相关，且利润科目与其他各会计科目的勾稽关系较强，因此利润产生链条上任何一环都可能被当作攻击的突破口，成为各大做空机构最易使用、攻击性最强的手段之一。

从各大做空机构的报告来看，质疑的焦点主要集中在上市公司通过各种手段虚增收入。在艾默生做空中国宏桥、浑水做空辉山乳业、FG Alpha做空达利食品的事件中，做空机构均对成本和费用提出了质疑。做空机构往往调查公司产能、公司供应商、客户，或者重新计算成本、分析同行业利润率等方法，分析某公司的收入及成本是否符合应有的水平。下面是一个质疑虚增收入的案例，以展示做空机构的做空手法。

◆ 案例解构 ◆　东方纸业收入增长率

2010年6月28日，著名做空机构浑水针对东方纸业股份有限公司（以下简称"东方纸业"）发布了做空报告，针对东方纸业夸大收入等多项行为提出了质疑，认为其涉嫌严重的财务造假。该份报告不仅是浑水发布的第一份报告，还标志着机构做空中概股大潮的开始。

东方纸业是一家位于中国华北地区的造纸企业，主营包装用纸、胶版纸和其他类型纸张，于2007年3月借壳进入美国OTCBB交易系统，2009年12月转板至美国证券交易所交易。东方纸业2007—2009年收入增长率与年报所述竞争对手的对比分析如图3-2所示。结果显示，东方纸业收入增长率异常高，甚至将行业龙头（玖龙纸业）远远甩在身后。《中国造纸工业2009年度报告》明确指出，2009年造纸业遭遇市场需求萎缩、产品价格下滑、成本不断攀升的严峻考验，在同类企业发展受限之时，东方纸业缘何能够产生56.65%爆发式的收入增长？这实在令人生疑，做空机构盯上东方纸业并不令人奇怪。

收入增长率（%）

年份	东方纸业	华泰纸业	玖龙纸业
2007	21.60	53.60	56.65
2008	42.17	−0.43	−2.98
2009	24.49	43.46	−6.98

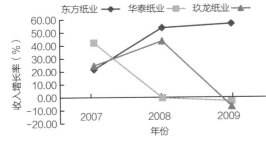

图 3-2　东方纸业与同行业企业收入增长率对比

资料来源：笔者根据东方纸业、华泰纸业与玖龙纸业 2006—2009 年年报整理。

在针对东方纸业的做空报告中，浑水认为东方纸业的产量与销量存在严重的矛盾失实、收入存在严重夸大的可能。质疑主要集中于以下几方面：

质疑收入与产能不匹配　东方纸业宣称其 2009 年收入高达 1.02 亿美元，年产量为 250 000 吨，且当前产能利用率仅为 85%。根据浑水测算，东方纸业所生产的纸张每天至少需要 33 辆满载卡车运送出厂（见图 3-3）。

- 1卷纸≈700千克
- 1卡车≈25卷≈17 500千克 = 17.5吨
- 年产量 = 250 000吨 × 85% = 212 500吨日产量 = 582吨
- 日需卡车 = 582吨 ÷ 17.5吨≈33辆

图 3-3　东方纸业物流卡车数量测算

资料来源：浑水做空东方纸业报告。

但在实地考察当天，除工厂门口的一辆闲置卡车外，并没有其他物流运输迹象，而且工厂门口道路狭窄不平，无法供卡车行驶。此外，东方纸业宣称有 600 名全职员工，但浑水调查发现，不但生产经营活动中没有相应人数参与进行，而且员工宿舍破旧不堪、没有生活迹象。据此，浑水质疑东方纸业生产规模低下，与其夸大的收入根本无法匹配，更无法令人相信收入增长率在 2009 年可以高于竞争对手 50%以上。

质疑客户真实性　浑水对东方纸业 2008—2009 年年报披露的前十大客户进行了调查。在东方纸业 2009 年前十大客户名单中，仅两家客户同时出现在 2008 年前十大客户名单中，即东方纸业的大客户在两年间更换了 80%（见

表3-1）。对于造纸业下游的制造业客户而言，频繁更换采购商将导致高额转换成本甚至影响生产，东方纸业客户的大幅变动属于行业异常现象。除此之外，保定市大地彩色印务有限公司（以下简称"大地彩印"）的采购量在2008年位于第五，采购金额达到274万美元。但据浑水调查，大地彩印2008年的年收入仅为150万美元，因此大地彩印不可能有能力完成对东方纸业的采购。

表3-1 东方纸业2008年与2009年前十大客户对比　　　　　　　　单位：美元

2009年前十大客户	销售金额	2008年前十大客户	销售金额
Hebei Tianpurun Printing Company Limited	5 333 532	Beijing People's Fine Arts Publishing House	3 336 984
Baoding Huatai Printing Company Limited	4 920 583	Beijing Qiuhao Printing Company Limited	2 957 782
Beijing Huafumei Paper Sales Company Limited	4 516 621	Baoding Binghe Printing Company Limited	2 876 174
Baoding Hengyi Printing Company Limited	4 284 054	Beijng Yutian Planet Books Company Limited	2 760 200
Mancheng Wenzhai Printing Company Limited	3 435 540	Baoding Dadi Colour Printing Company Limited	2 743 550
Baoding Times Printing Company Limited	3 112 362	Baoding Xida Printing Company Limited	2 705 405
Baoding Morning Light Printing Company Limited	2 902 108	Beijing Yuewei Cultural Development Company Limited	2 644 575
Beijing Yuewei Culture Development Company Limited	2 586 026	Baoding Xinmin Printing Company Limited	2 298 147
Shanghai Hengxin Paper Company Limited	2 573 800	China Lucky Offset Group Integrated Services Company	2 244 297
Hebei Marching Paper Products & Packaging Company Limited	2 101 852	Baoding Huatai Printing Company Limited	2 199 226
合计	35 766 478	合计	26 766 340

资料来源：东方纸业2008年与2009年年度报告。

在浑水递交做空报告的当天，东方纸业股价应声下跌13.2%，并在与浑水的不断对峙中持续跌至最低4.13美元/股，相比做空前的8.45美元/股下降逾50%，随后仍一路下跌，直至今日不足1美元/股。

质疑资产相关项目 资产相关项目也是做空机构关注的重点。由于资产价值的评估中包含了较多可被管理层操纵的因素，因而上市公司常常通过虚增资产的方式来粉饰财务报表。经常受做空机构诟病的资产负债项目包括厂房设备等固定资产、存货、应收账款和现金余额等。

◆ 案例解构 ◆ 东方纸业的资产与存货价值

> 在东方纸业的案例中，浑水同样对东方纸业的资产与存货价值提出了质疑。浑水挑选东方纸业所列设备中价值最高的5项向市场上的卖方进行了询价，结果显示，5项设备分别被高估1—17倍不等（见表3-2）。而在针对东方纸业的实地考察中，浑水只在厂房中看到两条生产线，不仅外观、型号破败老旧，甚至齿轮都未与传送带相连，令人无法相信生产线仍在运作。据此，浑水认为东方纸业的固定资产存在被严重高估的情况。

表3-2 东方纸业设备价值对比　　　　　　　　　　单位：百万元

资产	2010年浑水询价结果	东方纸业年报披露设备原值	高估金额	高估倍数
1 800长网多缸印刷纸、书写纸生产线	2.8—4.0	20.1	16.1—17.2	5—7
水量分析与测试仪	1.0	11.1	10.1	11.1
纸浆流量计	0.5	8.4	7.9	16.8
3 200多缸新闻纸生产线（100吨/天）	5.0	6.2	1.2	1.2
10吨锅炉（100吨/天）	0.5	1.2	0.7	2.4
合计	9.8—11.0	47.0	36—37.2	4.3—4.8

资料来源：浑水做空东方纸业报告。

在存货方面，浑水通过实地考察，对存货状况进行了评估。就旧瓦楞箱纸板（OCC）而言，东方纸业在2009年年报中披露其价值为230万美元；但在实地考察中，浑水发现东方纸业仅将旧瓦楞箱纸板凌乱地堆放在室外，不仅上面覆盖着各种杂物和积雪，甚至还有部分浸在水里。就存货周转率而言，东方纸业也与行业普遍状况存在差异。东方纸业的存货周转率高达16.85（如图3-4），周转率远高于同行业其他公司，几乎不到一个月就会清空一批存货，这只有生产钱币或者医疗用纸才能达到，与东方纸业的主营产品并不相符。因此，浑水质疑东方纸业的存货披露存在虚假。

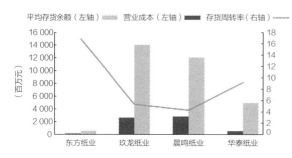

图3-4 东方纸业与同行业公司存货周转率对比情况

资料来源：笔者根据各公司年报数据计算所得。

质疑其他项目 收入、成本、存货等与利润和资产相关的项目是做空机构的"家常菜"，而现金、税费等与资产和利润相关的项目也时常摆上做空机构的"餐桌"。

夸大现金余额意在虚构财务报表上的银行存款余额，以掩盖自身资金短缺的问题。做空机构重新计算利息，根据与现金流量表各活动的勾稽关系判断资产负债表所披露的现金或银行存款是否属实；由于所得税、增值税、营业税等是在收入、利润的基础上进行的核算，当收入披露不真实时，这些税费也将存在不真实的问题。在我国，企业的应交税费受到税务局的监管，有专门的纳税申报表。因此，上市公司必须在与提交税务局的信息相匹配的同时与收入相勾稽，做空机构能够通过对比，发现应交税费披露的不实。

◆ 案例解构 ◆ 中国生物的现金余额

在2010年8月香橼做空中国生物科技有限公司（以下简称"中国生物"）的报告中，香橼认为中国生物一直通过夸大财务状况的方式来抬高股价，其所列多项"罪名"中的一条就是"虚构现金余额"。在6月30日递交给美国证券交易委员会的报告中，中国生物宣称其银行存款余额为

155 579 371 美元，按同期美元/人民币汇率应折算为 1 062 607 104 元，即使按照中国同期活期利率 0.36% 计算，利息都应在 380 万元左右（见表3-3）。但香橼声称在中国生物年报中发现其利息收入仅为 8.79 万美元（约人民币 60 万元），而中国生物又宣称并没有其他的资金占用，香橼据此提出质疑：实际上，中国生物账面资金的 90% 其实并不存在。做空报告发布当日，中国生物股价暴跌 18%，在后期短暂的反弹后，最终还是黯然退市。

表3-3　中国生物利息重新计算　　　　　　　　　　　　　单位：元

银行存款	同期活期利率（%）	活期利息	披露利息	相差金额	相差倍数
1 062 607 104	0.36	3 825 386	600 357	3 225 029	6.37

资料来源：香橼做空中国生物报告。

◆ 案例解构 ◆ 绿诺科技的税款

绿诺科技是一家专业从事废水处理、烟气脱硫脱硝等节能开发利用的企业，上市不足一年半即遭浑水斩杀，成为浑水做空成功并导致退市的首家企业。在浑水的报告中，有关所得税和增值税的质疑显得格外犀利（见表3-4）。根据浑水的计算，由增值税推算得出的销售额远远高于绿诺科技所披露的"实际"销售额。但其他证据表明，绿诺科技的销售额已经存在夸大的迹象，那么此处的增值税金额究竟从何而来？这实在令人费解！

表3-4　浑水根据绿诺科技增值税对销售额的推算　　　　　单位：元

项目	2009年12月31日	2008年12月31日
报告披露的增值税销项税额	53 066 225	37 135 142
根据17%税率推算出的销售额	312 154 265	218 442 012
绿诺科技报告的销售额	192 642 506	139 343 397
销售额相差金额	119 511 759	79 098 615
销售额相差百分比（%）	62.0	56.8

资料来源：浑水做空绿诺科技报告。

质疑非财务信息披露不真实

严格意义上,非财务信息是不受会计准则约束的,但大部分经济体的监管部门或机构对上市公司的非财务信息仍然给予约束与指引。换言之,虽然非财务信息不一定满足可定义、可计量等要求,但真实、完整仍然是对非财务信息的基本要求。为了便于描述,我们将财务报表之外的信息归类为非财务信息,下面通过几个案例分析做空机构对上市公司非财务信息的质疑。

◆ 案例解构 ◆ 中国高速传媒的经营状况造假

由于跨境投资客观壁垒的存在,境外投资者往往更依赖于上市公司披露的信息,而无法直观地观察和了解一家公司的经营状况,这种信息上的不对称无形中给上市公司伪装自身经营规模、口碑、业务模式等非财务信息提供了机会。因此,这类非财务信息披露不真实也是做空机构的重点揭露对象,做空机构往往通过雇用中国境内的调查者,对这类企业展开实地考察,让谎言不攻自破。

中国高速传媒控股有限公司(以下简称"中国高速传媒")是一家车载视频媒体公司,主要通过福建城际豪华巴士的车载视频为乘客提供正版的视听节目或广告资讯,于2010年6月转板至纳斯达克上市,代码为CCME。浑水于2011年2月对其展开了做空攻击。

表3-5对浑水揭露中国高速传媒的内容和调查方式进行了整理,并与中国高速传媒所披露信息进行了对比。浑水通过采访主要网络运营商、目标客户、巴士司机等实地考察的方式,揭露了中国高速传媒的谎言,向投资者还原了一家用户量小、影响力弱的真实的中国高速传媒。在浑水发布做空报告的3个月之后,中国高速传媒被纳斯达克摘牌,转入粉单市场。

表3-5 浑水对中国高速传媒实际经营状况的调查分析

中国高速传媒宣称情况	浑水调查的实际情况	浑水的调查方式
声称与超过27 200辆巴士签订合同	仅与12 565辆巴士签订合同	取得中国高速传媒标明巴士数量的销售记录表,并与销售人员确认数据的真实性

（续表）

中国高速传媒宣称情况	浑水调查的实际情况	浑水的调查方式
声称每辆巴士平均载有2块LCD屏幕	销售记录表显示每辆车仅有1.45块屏幕	取得中国高速传媒标明巴士数量的销售记录表，并与销售人员确认数据的真实性
在安装中国高速传媒屏幕的巴士上播放中国高速传媒提供的试听节目和广告资讯	50%左右的巴士实际播放DVD影片而非中国高速传媒提供的节目	实地采访巴士司机
宣布创办电商平台，与包括苹果公司在内的各大知名品牌合作	苹果公司并未与中国高速传媒签订合同	经调查，苹果公司在中国只有2家正版线上销售网络，并不包括中国高速传媒
宣称为包括可口可乐公司在内的国际品牌提供广告服务	客户中并没有知名公司	采访中国国内6家主要户外广告投放公司，它们均表示没有听说过中国高速传媒

资料来源：笔者根据浑水做空中国高速传媒报告整理所得。

◆ 案例解构 ◆ 上市公司的审计报告不真实

在做空绿诺科技时，浑水认为审计师 Frazer Frost 事务所存在严重的失职问题。Frazer Frost 事务所经常出现在包括泰富电气、中阀科技等诸多做空报告中，香橼认为这家事务所的合并本身就是一个骗取中介费的幌子，事务所自身的经营资质极差，选择 Frazer Frost 事务所的中概股公司本身很可能存在问题（见表3-6）。浑水认为，Frazer Frost 事务所没有发现绿诺科技2008年和2009年内的一系列问题，出具无保留意见的审计报告，其审计意见并非真实可靠。

表3-6 Frazer Frost 事务所审计的中概股公司遭财务欺诈质疑

所审计的中概股公司	是否遭遇财务欺诈质疑及结果
绿诺科技	2010年11月遭做空，从纳斯达克退市
中国阀门	2011年1月遭做空，股价下跌逾90%
江波制药	2011年8月遭做空，从纳斯达克退市
西蓝天然气	2011年9月遭证券交易所调查，从纳斯达克退市
新奥混凝土	2010年遭 Rosen 律师事务所发起集体诉讼，后私有化退市

资料来源：笔者根据网络公开资料整理。

除认定会计师事务所出具的审计报告不真实外,做空机构还会质疑上市公司伪造审计报告的情况。在 2011 年 4 月做空多元环球水务(NYSE:DGW)的案例中,浑水认为多元环球水务为了掩盖 2009 年的收入情况,通过伪造防伪标示、注册会计师签章签字等伪造了一份审计报告提交给工商局。伪造前的收入仅为 231 万元,而伪造后的收入超过 5 亿元,存在严重的披露不实问题(见图 3-5)。

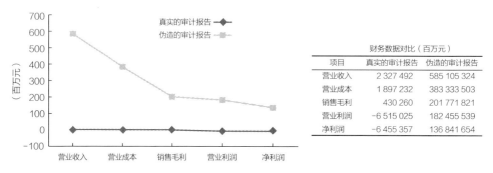

图 3-5 多元环球水务真实与伪造审计报告主要财务数据对比

资料来源:笔者根据浑水提供的真假审计报告整理所得。

作为在美国上市的中概股之一,绿诺科技案例一定程度地反映出跨境审计业务存在固有难度。由于对中国国情和市场缺乏有效了解,在审计中国境内业务时,赴美上市中概股公司所聘请的会计师事务所往往不能很好地开展审计工作,导致审计报告存在失实。同时,部分中概股公司是因为条件不满足国内上市要求而转赴美国上市,一些本身业务存在问题的公司为求上市而不择手段,更愿意聘请资质较差的会计师事务所完成审计要求,使得审计报告的失实更加严重。

按照中国国家工商行政管理总局(SAIC)的要求,公司每个年度必须向工商局报送相关材料进行年度报告公示①,提供包括上年度财务报表在内的一系列文件。对于一家财务状况披露真实的公司而言,除因中美会计准则不同而造成的部分差异之外,其向中国工商局和美国证券交易委员会提供的财务数据应该是相同的。但部分中概股公司为了既能在中国少交税又能在美国市

---

① 原为企业年检制度,2014 年 2 月,中国国家工商行政管理总局发布文件,正式改为企业年度报告公示制度,详见 http://www.saic.gov.cn/zwgk/zyfb/zjwj/qyzcj/201402/t20140220_141962.html。

场树立良好形象，故意向中国监管部门提交利润较差的报表，而向美国监管机构提交业绩经粉饰的报表。

◆ **案例解构** ◆ **中国生物提供"双重报告"**

> 在2010年8月做空中国生物的报告中，香橼对比了中国生物的现金、应收账款、收入、毛利和净利润五项关键财务数据在提交给中国工商局和美国证券交易委员会文件中的不同，明显发现中国生物向证券交易委员会提交的财务数据远远好于向中国工商局提供的数据（见表3-7）。香橼由此认定中国生物存在严重的信息披露问题，其向美国证券交易委员会披露的数据皆为虚假信息。最终，中国生物被纳斯达克摘牌，彻底退市。

表3-7 中国生物2008年12月31日财务数据对比　　　　单位：美元

项目	提交给SAIC数据*	提交给SEC数据	相差倍数
现金	137 087.03	66 424 118.00	484.54
应收账款	1 037 442.86	14 319 107.00	13.80
收入	540 619.93	38 676 017.00	71.54
毛利	213 044.95	27 371 124.00	128.48
净利润	−9 056 082.00	13 377 757.00	−1.48

注：*按照2008年12月31日美元对人民币汇率6.8346折算成美元。

资料来源：笔者根据中国生物2008年财务报表及提交美国证券交易委员会文件整理。

质疑信息披露不完整

上市公司可能出于自身利益的考虑，故意隐瞒对自身影响不利的信息。虽然信息披露不完整不是直接的虚假披露，但是对重要信息的遗漏将影响信息使用者的判断，与恶意欺诈的后果是相同的。做空机构对信息披露不完整的攻击包括但不限于隐瞒债务、关联交易、募集资金用途、可疑并购、公司治理的相关信息等问题。同样，我们仍然从财务维度和非财务维度进行分类，并通过案例形式了解做空机构如何利用信息披露不完整来做空上市公司。

质疑财务信息披露不完整

从财务信息的角度而言，除了高估资产、虚报收入，公司还可能少报、漏报负债等"不利"项目以粉饰报表。成本、费用等"不利"项目的会计科目相对固定（例如，正常经营的公司一定会发生财务费用、管理费用等），因而隐匿这些项目几乎是不可能的，我们将少报、漏报成本及费用归入信息披露不真实。而对于债务，虽然债务的会计科目也相对固定，但债务来源有多种选择，上市公司可以隐匿部分债务，达到粉饰报表的目的。我们继续通过浑水做空敏华控股的案例加以解释。

◆ 案例解构 ◆ 敏华控股

2017年6月7日下午14时，浑水以发布会的形式对港股上市公司敏华控股提出质疑。质疑内容主要包括隐瞒债务、税务申报与实际经营情况不符、澳门地区的收入与税务涉嫌造假等五大问题。这其中，对于隐瞒债务的质疑是浑水攻击的重点。浑水在PPT上给出以下质疑：

敏华控股拥有未披露债务，实际的债务较披露债务要高出至少48%，且很有可能存在其他未披露的借款。其依据是：根据敏华控股的报告，该公司截至2017年3月31日的综合债务约为10.5亿港元，而根据从中国人民银行获取的信用报告与工商局的相关文件，仅敏华控股旗下敏华家具制造（惠州）有限公司的债务就高达15.5亿港元。此外，浑水还质疑，2015财年，敏华控股旗下非全资子公司锐迈机械科技（吴江）服限公司有5 680万港元的银行贷款，而敏华控股在当年仅披露数额为1 250万港元的关联方贷款。由此可以推断，上述5 680万港元的银行贷款要么未予披露，要么应当并入浮息债务。而从浮息债务来看，敏华控股当年浮息债务的总额为1.5亿港元整，浑水认为敏华控股旗下其他公司的债务加上锐迈机械科技（吴江）有限公司5 680万港元的债务不可能恰好等于1.5亿港元这一整数。基于上述根据，浑水认为敏华控股存在故意隐瞒债务的欺诈行为。

质疑非财务信息披露不完整

对非财务信息完整性的质疑也是做空机构的常用手法，主要的质疑点集中于关联交易、募集资金用途、兼并收购和公司治理等方面。

质疑隐瞒关联交易　关联方交易是指关联方之间转移资源、劳务或义务的行为，而不论是否收取价款。① 由于关联方交易具有较低的信息成本和管理成本，因而常被企业当作赚取利润的手段。但关联方交易会破坏市场的公平性并损害其他利益相关者的权益，因此各国的会计准则均要求企业对所有相关的关联方交易予以详尽的披露。在国内企业境外上市的情境下，由于上市公司大部分的生产经营活动均在国（境）内，难以被投资者准确了解，因此部分公司就试图利用这种信息优势隐瞒大量的关联交易，粉饰财务报表。

嘉汉林业（国际）集团有限公司（以下简称"嘉汉林业"）是综合性林业经营、木材产品加工和贸易的国际型公司。2011年6月，浑水发布做空报告，曝光嘉汉林业作为反向收购上市代表企业的一系列造假问题。报告发布2个月后，嘉汉林业被停牌并转入粉单市场，标志着浑水的彻底成功。

在报告中，浑水质疑嘉汉林业故意使用复杂的商业模式隐瞒关联交易，图3-6展示了对关联关系的梳理。嘉汉林业并未披露深圳市宏基投资发展有限公司（以下简称"深圳宏基"）的控制关系，也未披露子公司嘉汉林业（中国）投资有限公司（以下简称"嘉汉投资"）与深圳宏基的交易。但根据浑水的调查，深圳宏基实为嘉汉林业子公司，嘉汉投资2005年年末账面上的420万美元应付账款实为故意隐瞒的关联交易项。

此外，嘉汉林业的商业模式依赖于其选定的、在国内拥有木材交易许可证的"中间商"（authorized intermediary），即在国内的销售都通过中间商完成，嘉汉林业不直接面对客户。但嘉汉林业对中间商的身份一直讳莫如深，声称披露中间商的名称将引来竞争对手的模仿和恶意竞争。截至2010年年底，嘉汉林业面向中间商的应收账款为6.36亿美元，约占当年流动资产总额的30%，但投资者连中间商的名称都无从得知。这种刻意隐瞒无疑增大了外界对关联交易的质疑，引来做空机构的攻击也无可厚非。

---

① 参见《企业会计准则第36号——关联方披露》。

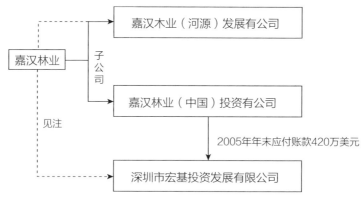

图 3-6 浑水对嘉汉林业隐瞒关联关系的分析

注：根据嘉汉木业（河源）发展有限公司 2007 年度审计后财务报表中"关联方及关联交易"披露，嘉汉木业（河源）发展有限公司与深圳宏基因为共同母公司控制而成为关联方，因此浑水推断深圳宏基正是嘉汉林业的子公司。

资料来源：笔者根据浑水做空报告整理。

质疑隐瞒募集资金用途　募集资金是指上市公司通过公开或非公开发行证券向投资者募集的资金，其中公开发行主要包括首次公开发行、配股、增发、发行可转换公司债券等。募集资金投向与使用是指公开发行股票的上市公司按照招股（或配股、增发）说明书的承诺使用募集资金，并在法规规定的时期内持续披露资金的使用投向和使用进度等（王诗才，2002）。无论是在A股、港股还是美股市场，融资后滥用募集资金长久以来一直遭到多方的诟病，做空机构也常以中概股公司对募集资金使用披露不完整的问题作为攻击点。

在2011年4月做空多元环球水务的案例中，浑水认为多元环球水务并没有按照信息披露要求对募集资金的使用予以披露，并进一步推测多元环球水务并没有按照上市时的承诺使用资金。在做空报告披露当天，多元环球水务的股价下跌27%，最终于2012年1月退市，转至粉单市场。

多元环球水务于2009年6月上市，扣除发行手续费后共募集8 010万美元资金，并承诺将2 500万美元用于更新、升级现有生产线，将4 500万美元用于建造生产新产品的新生产线。① 但浑水在实地考察时发现，多元环球水

---

① 参见多元环球水务招股说明书. Prospectus-Duoyuan Global Water INC.［Rule 424（b）(4)］Acc-no：0000950123-09-017107（33 Act）。

务工厂的自动化程度相当低，大部分流程仍然依靠人工完成，让人难以相信这其中有千万美元的投入，由此认为多元环球水务并没有按规定使用募集资金，也没有按规定对变更募集资金投向予以披露。

质疑隐瞒并购内幕　可疑并购也是做空机构关注的焦点之一。部分港股和美股上市中国公司倾向于以并购方式建立内部人网络，形成内部利益共同体；或者通过并购分配内幕资金，如发行股权作为对价收购某家账面资金充盈的公司等。这样，隐瞒并购内幕就为日后的内幕交易埋下了伏笔。

2011年1月，香橼对中国阀门（NASDAQ：CVVT）的公司治理和公司并购提出严重质疑并发布做空报告，时至今日，中国阀门股价下跌达93.58%，不足1美元/股。香橼的报告抨击了发生在2010年1月12日针对一家名为Able Delight公司的收购。关于这次并购，中国阀门先后向美国证券交易委员会提交了两份截然不同的8-K报告①，两份报告在关于Able Delight公司的收入、盈利、现状、支付款项上有着完全不同的说法（见表3-8），特别是支付款项中Able Delight公司所有者将所获对价登记于"其他费用"更令人生疑。由此，香橼质疑中国阀门没有充分披露并购信息，疑似通过并购进行内部利益转移。

表3-8　中国阀门收购Able Delight公司的披露数据

来源	Able Delight 收入	Able Delight 盈利	Able Delight 现状	收购支付款项
2010年2月提交的报告	收入2.05亿美元	盈利500万美元	阀门行业领先企业	支付原母公司约1 500万美元购买资产（包括494万美元存货和1 011万美元固定资产）
2010年11月提交的报告	不到一半	亏损530万美元	涉嫌腐败，正被调查	支付原母公司607万美元购买资产（原母公司披露只收到500万美元），其余893万美元以"其他费用"的名义支付给Able Delight公司的所有者

资料来源：笔者根据香橼做空报告整理所得。

---

① 指美国证券交易委员会要求公司提交的、有关重要事项或公司变动的临时报告。

质疑隐瞒公司治理的相关信息　　在美国市场，年报编制指导框架对公司治理的披露做出了规范，要求发行人对董事、管理层等的基本信息、职业背景、涉及的法律诉讼、薪酬以及管理层的证券持有情况进行披露。然而，目前很多在美国上市的中概股公司并未达到要求，不能完整披露 S-K 规则所要求的信息，也由此成为做空机构的攻击目标。

分众传媒控股有限公司（以下简称"分众传媒"）是一家数字化媒体集团，于 2005 年 7 月在纳斯达克上市，代码为 FMCN。2011 年 11 月，浑水对分众传媒展开"猎杀"行动。浑水认为，分众传媒对公司治理的披露并不完整，只是笼统地披露所有董事及高管的薪酬之和为 38.6 万美元；而针对董事所获得的股权激励，除披露董事长所持 1 950 万份限制性股票外，其他董事所持具体数额均未予以披露。浑水经调查获悉，分众传媒独立董事齐大庆在 2010 年 12 月行使了一批股票期权，共获益 140 万美元，这个数额远远超过一般独立董事应享有的薪酬待遇。由此，浑水认为分众传媒董事会存在严重的薪酬披露不透明问题。

而在做空哈尔滨泰富电气有限公司（以下简称"泰富电气"）时，香橼认为泰富电气试图美化审计委员会成员形象，刻意隐瞒其相关背景（见如表 3-9），存在信息披露不完整的问题。

表 3-9　香橼针对泰富电气审计委员会的调查结果

职位	姓名	问题描述
主席	Boyd Plowman	前任雇主破产，Boyd 被破产管理人以"凭借职位以权谋私，利用固定养老金计划为个人谋利"的名义起诉
成员	David Gatton	曾任博迪森生物（Bodisen Biotech）董事会成员，该公司是最早一批因造假而破产的赴美上市公司之一
成员	Ching Cheun Chan	曾任两家公司董事会成员，这两家公司股价在做空报告发布时均不足 1 美元/股

资料来源：香橼做空泰富电气报告。

质疑信息披露的其他方面

做空机构对上市公司信息披露的质疑主要集中于真实性和完整性,除此之外,信息的中立客观、及时性等也具有重要的意义,在部分做空案例中,做空机构还从这一角度质疑上市公司。

◆ **案例解构** ◆ **中国生物用词不当**

> 赴美上市中概股公司必须提供全英文的年报以满足美国市场的要求,但对美国文化社会的不熟悉可能导致年报用词不准确,无法准确描述公司的客观情况。更有部分公司故意使用模糊的语言误导投资者。
>
> 同样,在做空中国生物的报告中,香橼质疑中国生物对"零售店"的定义不准确。在2010年季报中,中国生物声称自己的零售门店(retail cutlet)数量发展迅速,截至2010年3月31日已经在上海及另外12个主要城市拥有111家零售门店(见图3-7)。但香橼经过实地考察,认为中国生物声称的"门店"其实只是商场里的小柜台,至多可以称作courter。由此,香橼认定中国生物存在利用文字误导投资者的嫌疑。

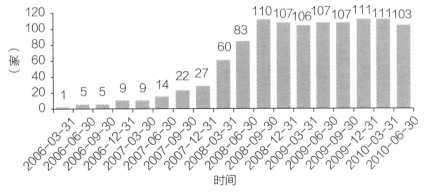

图3-7 中国生物报告的零售门店数量增长情况

资料来源:香橼做空中国生物报告。

◆ **案例解构** ◆ **网秦延迟报告**

> 信息披露不及时会导致信息的相关性大幅降低，美国证券交易委员会要求上市公司在财务年度结束的 4 个月内提交年度报告，未在规定时间内提交年度报告可能遭到证券交易所退市警告。
>
> 中概股公司在遭到做空机构的攻击后，由于要开展独立调查等，可能出现无法按时提交年度报告的情况。而做空机构则会在后续的追加报告中，针对中概股公司这一违规情况进行攻击。如浑水做空网秦一例。网秦连续两次推迟年度报告的发布时间，相比美国证券交易委员会规定的时间晚 6 个月后才提交审计后财务报告，这一行为遭浑水狠批，指责其违反信息披露的及时性规定。

03　做空手法评述

前述分析证实了围绕信息披露问题，做空机构能够发起对中概股公司的攻击。虽然这些做空攻击能够对中概股产生一定的冲击，但并不代表做空机构的攻击都是准确的。做空攻击手法的准确性，是指做空机构揭露中概股公司的信息披露问题确实是这些公司真实存在的；反之，做空攻击手法的不准确性，是指做空机构以中概股公司莫须有的问题展开攻击，发布不实信息或片面信息进行恶意做空。被准确做空的中概股公司股价一路下跌、市值缩水，最后沦为市场上无人问津的"垃圾股"，甚至被从市场中驱除；遭遇恶意做空的中概股公司股价虽短期内下跌，但通过一系列的合理回应，最后有可能上演 V 形反转，向市场证明自己。因此，讨论做空手法的准确性，有助于客观地分析做空，更加全面地看待信息披露问题。

如何判断准确做空

做空机构之所以能够准确做空，主要依赖于其能否在大量正式与非正式调查方式的基础上，综合运用多种分析方法，对目标公司展开连续的质疑。

同时，在利益的驱动下，做空攻击的准确性会得到进一步提高。

通过深入调查直接取证 做空机构对目标公司的调查方式以非正式调查为主且形式多样，包括且不限于实地考察公司情况、采访公司相关人员（包括供应商、员工、经销商等）、请行业专家评估公司产品等。这种非正式调查方式灵活且不受限制。例如，在调查分众传媒的过程中，浑水利用创始人卡尔森个人的仓储公司——仓宝阁（上海）仓储有限公司，发布面向液晶显示屏广告技术人员的招聘信息，实为暗中调查分众传媒的相关信息；又如，Alfred Little 在做空希尔威金属矿业有限公司（NYSE：SVM）时，出于了解矿区真实生产情况的需要，竟潜入矿区安装摄像头偷拍了 20 天。类似这样的调查令目标公司防不胜防，更易使做空机构获得真实、直接的信息。

报告撰写专业性强 为了提高做空报告的专业性和可信度，在实践中，做空机构在一篇做空报告中往往并用多种分析方法：以财务分析为主，同时辅以大量非财务分析加以佐证。其中，财务分析部分以定量分析为主，通常采用报表内数据勾稽关系分析、与同类公司数据比较、与供应商提供数据比较、重新计算关键数值等方法。非财务分析部分以定性分析为主，通常将做空机构获取的证据加工后发布。在多种分析方法的结合下，做空证据的说服力得以提高，攻击手法的准确性得以增强。

对目标公司进行连续质疑 做空机构在发布做空报告时，通常以第一篇报告为主报告，详细揭露目标公司的信息披露问题；随后，根据目标公司的反应，持续发布多篇后续报告予以回击。这种持续发布的做空报告通常会持续数月。在长期的做空-反做空博弈中，做空机构会揭露更多的问题，对目标公司造成持续的压力。例如，在对东方纸业（NYSE：ONP）的做空中，自浑水 2010 年 6 月 28 日发布第一篇做空报告以来，东方纸业在随后一个月中遭到来自浑水的数次攻击，且每次攻击都有新问题的揭露，促使虚高的股价不断向真实水平靠近（见表 3-10）。

表 3-10 浑水对东方纸业追加做空报告所引起的股价变化

做空报告日期	2010 年 6 月 28 日	2010 年 7 月 1 日	2010 年 7 月 6 日	2010 年 7 月 13 日	2010 年 7 月 22 日
股价下跌幅度（%）	-13.2	-23.8	-7.1	-1.8	-10.8

资料来源：笔者根据浑水追加做空报告时间自行收集股价数据计算所得。

利益的内在驱动 为了获得做空股票所带来的巨大利益，做空机构不惜投入重金打造做空报告。例如，在调查嘉汉林业的过程中，浑水成立了一支 10 人团队，聘请的专家覆盖各个行业，精通中国的会计、金融、制造、法律等，还聘请了 4 家律师事务所作为专业顾问。这支专业团队花费至少 2 个月的时间对嘉汉林业进行了详尽分析，阅读了上万页与嘉汉林业相关的中文资料，在 5 个城市展开了细致的专业调查。这些调查的花费远高于一般投资者和银行的投入，大幅提高了做空攻击的准确性。

在准确的做空攻击下，存在信息披露问题的中概股公司不仅遭遇了股价下跌、被美国证券交易委员会勒令退市，甚至遭遇集体诉讼而付出高昂的代价。我们对因准确做空而引发的集体诉讼进行了统计（见表 3-11），对比做空机构质疑内容与集体诉讼起诉内容，不难发现，做空机构所揭露的中概股公司存在的信息披露问题成为集体诉讼的主要依据。一般情况下，做空报告的发布会引起律师事务所的关注，而美国的"胜诉收费"制度不允许律师轻信做空机构的报告，贸然代理诉讼并垫付高额的诉讼费用。因此，律师在对被做空公司进行相关调查并确定证据确凿、做空准确后，就会发动集体诉讼，让问题公司付出惨重代价。

表 3-11 由准确做空攻击引起的集体诉讼情况统计

公司名称	做空机构揭露的信息披露问题	集体诉讼的起诉内容	是否遭遇被动退市
东方纸业	收入披露不真实	财务造假；管理层虚假陈述	否
中国生物	现金余额披露不真实；向中美两地提交不同报表	伪造银行页面、伪造银行汇款通知单；夸大收入；向中美两地提交不同报表	是
绿诺科技	收入披露不真实	财务造假	是
西安宝润	财务数据披露不真实	财务造假；向中美提交不同报表	是
多元环球水务	伪造审计报告，信息不真实；募集资金使用披露不充分	内部控制存在严重缺陷；缺乏编制报表的合理基础	是

（续表）

公司名称	做空机构揭露的信息披露问题	集体诉讼的起诉内容	是否遭遇被动退市
普大煤业	公司隐瞒董事长通过违规股票交易将可变利益实体（VIE，也称协议控制）控制权转入自己名下的重大事项	指控董事长违规交易行为	是
东南融通	利润、现金披露不真实；隐瞒关联交易	财务造假	是
中国高速传媒	经营范围与业务披露不真实；虚构巴士数量；虚构服务影响范围；虚构经营业务	网络内巴士数量虚高；商业性质和范围虚假陈述；财务信息夸大	是
中国阀门	并购信息披露不完整；并购Able Delight公司存在内幕	与被收购方实为关联方；并购对价支付给管理层的关联方	否
中国绿色农业	财务信息披露不真实；向中美两地提交不同报表	财务造假；向中美两地提交不同报表	否
中国教育集团	财务信息披露不真实；向中美两地提交不同报表	财务造假；向中美两地提交不同报表	是
艾瑞泰克	经营业务状况披露不真实：未进行生产活动；没有产品的生产许可	夸大生产能力；不拥有生产设备；没有产品生产许可；生产和销量信息虚假	是

资料来源：笔者根据相关做空报告和网络公开资料整理所得。

可见，通过准确揭露信息披露问题进行做空，能够有效驱逐市场上的问题股，使股价回归至合理水平，起到资本市场"清道夫"的作用，促进资本市场信息披露水平的提高；同时，集体诉讼制度保护了资本市场上中小投资者的利益。

如何判断恶意做空

做空机构的性质决定其以"做空成功"作为赚取利润的基石。做空机构通常会采取预先卖空的方式，一旦股价没有按照预期下跌或者下跌幅度不够大，就会使得做空机构无法获得预期利益。实际上，做空机构在调查公司并发布做空报告时面临巨大的利益冲突，对做空机构的激励效应是扭曲的。

学术界使用"做空的扭曲"（short and distort）①称呼这一现象。在这种扭曲的激励下，做空机构很可能为了获取高额利润而故意利用错误的数据来操纵做空报告（Pollock，2006），将信息披露无问题公司歪曲为有问题公司。在这个歪曲的过程中，做空机构利用空仓获利，而无辜的公司却要遭受股价下跌、市值缩水、名誉受损的巨大损害。为了防止做空机构为了获利而发布虚假报告，Frenkel（2011）认为，如果做空报告被证明虚假不实，做空机构本身就应当承担民事及刑事责任，无辜遭受做空的公司则应该得到纠正和赔偿。

做空机构对我国赴美上市中概股公司的恶意做空主要体现在以下几方面：

质疑无事实依据，仅为胡乱揣测 对信息披露问题的揭露应该具备切实的证据，但为了达到拉低股价的目的，做空机构有时会基于表面现象进行推论，在没有深入分析的情形下就把某些小道消息、花边新闻当作结论。在2011年做空展讯通信（NASDAQ:SPRD）时，浑水的做空证据链条仅为"首席执行官和首席财务官在2009年辞职—公司在2010年营业收入接近翻倍—公司的财务数据一定披露不实、存在造假"，所提出的问题都没有事实依据。在展讯通信予以迅速的回击后，2011年7月1日即做空后的第四天，浑水创始人卡尔森不得不公开承认误读展讯通信财务报告。

调查过程草率，结论失实 做空报告是做空机构利用其专业性、对上市公司存在问题分析加工后的结果反馈，不严谨的调查分析必然导致做空结论的不准确，产生恶意做空的情况。在2011年做空奇虎360（NYSE:QIHU）时，香橼坚称奇虎360唯一成功的地方就是免费推广自身的软件，但对公司营业收入毫无助益（见表3-12），并在对比同类公司的营业收入情况后，质疑奇虎360收入造假。但事实上，奇虎360最核心的商业模式就是"免费+

---

① Investopedia. 2015. Short And Distort. [EB/01]. http://www.investopedia.com/terms/s/shortanddistort.asp

增值服务"，先通过免费的安全软件扩大用户基础，随后依靠增值服务赚取利润。香橼的做空结论被普遍认为"根本不懂互联网"，甚至导致创新工场创始人李开复联合 60 余名中国商界人士联名抗议香橼恶意做空。奇虎 360 随后发布了 2011 年经审计年报，披露全年营业收入高达 1.68 亿美元，同比增长 191.08%，并为市场所认可，股价稳步反弹。

表 3-12　奇虎 360 公司 2011 年第三季度收入　　单位：百万美元

项目	搜索推荐	互联网增值服务（游戏为主）	第三方杀毒	广告收入	首页广告收入占比（%）	首页广告收入总额	合计
收入	7.3	12.1	0.2	27.9	75	20.9	47.5

资料来源：香橼做空奇虎 360 报告。

缺乏对中国实际情况的了解，调查结论失实　由于中美两国的发展阶段、文化背景、社会水平存在较大差异，导致某些在中国看起来合理的事情在美国就无法理喻。因此，做空机构按照美国的商业思维发起的做空，很多时候是在中概股公司在中国运营良好之时，给其加上的莫须有罪名，其中最典型的就是 2012 年 7 月浑水做空新东方的例子。在做空报告中，浑水认为根据中国《民办教育促进法》，民间教育机构可以分为追求合理利润的学校与不追求合理利润的学校，而新东方为了尽快通过资格审批而选择以不追求合理利润的性质开办学校。对于不追求合理利润的学校，会计上要求将所得税计入"其他费用"，但新东方的其他费用不到营业收入的 1%（见表 3-13），由此，浑水认定新东方的运营模式与财务都存在严重问题。但现实中，关于民办学校的规定，目前中国的政策存在很多模糊地带，像新东方这样事实上是盈利性培训学校但又划入不追求合理利润的民办学校的，刚好处于政策的"灰色地带"，在实际操作中往往由所有者根据现况自行判断。这种"两可之间"的行为并不影响公司本身的正常运营，也不属于财务造假的范畴。2012 年 10 月，美国证券交易委员会在调查后宣布新东方财务报告数据无误，证实新东方遭遇浑水的恶意做空。

表 3-13 新东方 2009—2011 年相关财务数据　　　　单位：千元

项目	2011 年	2010 年	2009 年
营业收入	1 333 200	1 000 241	742 241
营业成本	700 682	518 618	337 167
费用	293 779	217 371	109 714
投资收益	5 257	3 584	1 908
其他费用	1 596	930	563
其他费用占收入比例（%）	0.120	0.093	0.076

资料来源：浑水做空新东方报告。

04　香橼做空东南融通：来自美股市场的经验

东南融通事件背景

公司简介

东南融通于 1996 年在厦门成立，是中国领先的金融信息技术综合服务提供商，为银行、保险、基金、证券等金融行业及大型企业财务公司提供整体解决方案和软件产品，业务范围涵盖规划咨询、软件开发实施、技术服务、信息技术外包与运营服务、系统集成与系统维护服务等，是中国金融机构重要的信息技术综合服务提供商和战略合作伙伴。

截至 2011 年 5 月，东南融通在全球拥有近 7 000 名员工，在中国内地设有 1 个企业博士后科研工作站、3 个软件研发中心、6 个软件交付中心、90 多个服务机构，并分别与北京大学、国防科技大学和厦门大学联合成立了金融风险实验室、先进软件技术联合实验室与金融工程研究中心。同时，东南融通在美国、加拿大、新加坡和中国香港均设有分支机构，以拓展海外业务。东南融通主要为中国金融机构提供渠道、业务、管理和商业智能等软件及解决方案，服务涵盖中国金融机构对信息技术需求的主要类别。东南融通提供与客户现有的信息技术软硬件基础设施匹配的客户定制软件开发和标准化软件解决方案,并向客户提供包括 ATM 维护、系统集成和其他与信息技术相关的服务。

2007 年 10 月 24 日,东南融通以首次公开募股方式在纽约证券交易所挂牌,上市公司注册地为开曼群岛,交易代码为 LFT,是第一家登陆纽交所的中国软件公司。首次公开募股发行价为 ADS 17.5 美元(1 ADS = 1 普通股),融资 1.826 亿美元,高盛和德意志银行为主承销商。

在曝出造假丑闻前,东南融通对外发布的财务数据颇具吸引力:截至 2010 年 3 月 31 日,财年营业收入达 1.7 亿美元,利润为 0.6 亿美元,同比增幅分别高达 59% 和 36%。而最近一期季报显示,2010 年第四季度收入达 7 693 万美元,净利润为 2 976 万美元,比上年同期增长分别达 41% 和 15%。

事件回顾

事件的起因是 2011 年 4 月香橼针对东南融通的公开质疑,事件的发展过程如下:

4 月 26 日,东南融通因利润率远高于竞争对手而被香橼质疑涉嫌财务造假,随即东南融通股价开始暴跌。香橼的报告主要质疑以下几点:毛利率高乎寻常;通过关联企业雇用大部分的员工,掩盖公司真正的人力资源成本;东南融通高管的出身有违法不良记录;东南融通董事长在公司上市 4 年后,宣布把 70% 的股权赠与公司员工和好友的交易不透明,存在可疑之处。当日,东南融通股价大跌 12.92%。

4 月 28 日,东南融通宣布将股票回购规模增至 1 亿美元,较之前所宣布的规模增大 1 倍;同时,公司召开电话会议,回应香橼的质疑和相关谣言。针对香橼的质疑,东南融通分别回应如下:毛利率高的原因为费用控制良好,标准化软件的收入较高且毛利率达到 90%;目前,80% 的员工已经直接与东南融通签署雇用协议;在涉及高管的诉讼案件中,法院驳回原告的大部分控诉;董事长是一个慷慨的人士,股票赠与完全透明、公开。当日,东南融通股价回升 10.89%。

4 月 29 日,高盛发布研究报告表示:高盛维持之前对东南融通的评级和

目标价不变,即维持"买入"评级,目标价为 45 美元/股。 当日,东南融通股价大涨 14.75%。

5 月 4 日,罗森律师事务所(Rosen Law Firm)宣布对东南融通欺诈事件展开调查。 全球各大知名投资银行力挺东南融通,高盛、德意志银行、法国巴黎银行和加拿大蒙特利尔银行等全球知名投资银行纷纷发布研究报告,力挺东南融通,驳斥香橼的报告。

5 月 9 日,香橼再次发布报告,就东南融通的人力资源管理及其与厦门东南融通人力资源服务公司的关系提出质疑;同时,OLP Global 也加入质疑行列,对东南融通与厦门东南融通人力资源服务公司及其人力资源外包是否存在掩盖成本、提高利润的意图等提出质疑。 当日,东南融通股价再次大跌 8.26%。

5 月 10 日,东南融通针对 OLP Global 和香橼发布的质疑研究报告做出回应,发表文章驳斥 OLP Global 与香橼的指控,并解释公司与东南融通人力资源服务公司的关系和其他质疑。 由于公司的迅速回应,东南融通股价再次回涨 7.87%。

5 月 17 日,东南融通被临时停牌。 公告显示停牌原因为 T1——有重大消息将公布,东南融通当前股价为 18.93 美元/股。

5 月 18 日,东南融通宣布推迟原定于 5 月 23 日递交的 2011 财年第四季度和整个财年的财务报告。 公司称将另行宣布发布季报的时间,但是尚未确定具体日期。

5 月 19 日,东南融通首席财务官 Derek Palaschuk 向董事会递交了辞呈。 高盛暂停对东南融通发布评级和目标价。 加拿大蒙特利尔银行曾在质疑报告后维持东南融通"跑赢大盘"评级和 50 美元的目标价,但当日,该银行将东南融通目标价由 50 美元/股下调至 25 美元/股。

5 月 20 日,高盛宣布暂停对东南融通发布评级和目标价,并表示暂停对东南融通的评级是因为当前缺失对该公司足够的研究基础。 高盛还表示,此前给予东南融通的评级、目标价和业绩预期不再适用;同时,高盛将继续评估东南融通的基础面,并监控东南融通停牌和财务报告推迟公布的相关动态。

5月22日，东南融通的独立注册会计师事务所——德勤华永会计师事务所通过信件提出不再担任该公司的审计师，请辞的三大理由是：最近发现公司的财务虚假信息，涉及银行现金和贷款余额记录以及可能的销售收入造假；东南融通管理层部分成员人为干扰德勤的审计过程；非法扣留德勤的审计文件。

5月23日，美国证券交易委员会对东南融通展开调查。

7月1日，东南融通独立董事兼审计委员会主席Thomas Gurnee、独立董事兼审计委员会成员薛祖云和沈艺峰以电子邮件方式提出辞职。东南融通公司董事会在试图劝留未果之后，最终批准他们的辞职。

8月17日，在东南融通股价以18.93美元/股被冰封3个月后，美国证券交易委员会强制启动退市，东南融通被退至粉单市场（垃圾股交易市场）。

东南融通舞弊行为解析

虚增利润

根据香橼的质疑报告，东南融通的财务报告公布的利润率高得惊人，远远高于中国的同行业其他公司。Andrew Left说："如果某些故事太动听，它就不太可能是真的。"

在中国的软件与服务行业，东南融通的主要竞争对手有文思信息（NYSE：VIT）、柯莱特（NYSE：CIS）、软通动力（NYSE：ISS）、海辉软件（NASDAQ：HSFT）、宇信易诚（NASDAQ：YTEC）等一批在美上市公司，还有东软集团、中国软件和神州数码等一批在A股与港股市场上市的企业。面对这个充分竞争的市场，这些企业在各自的细分领域内具有自己的特色，并且大多与一些较大型企业有着较紧密的合作关系，但它们的主要业务较为相似，都涉及软件开发与维护、企业解决方案、业务流程外包等服务。

为了更好地了解香橼所言之东南融通利润率造假的情况，我们选取同样在美国纽交所上市且市值与东南融通较为接近的文思信息、柯莱特、软通动力进行对比分析。

由于东南融通是以每年 3 月 31 日作为会计报表截止日期，而不是自然年度，为了更好地进行对比，这里特别将东南融通年报财务数据转化成自然年度数据。此外，由于东南融通自财务舞弊被揭发后至今没有披露 2011 财年的年报，下文分析只能基于截至 2010 财年的年报和 2011 财年前三个季度的季报数据进行。从图 3-8 可以看到，四家公司的营业收入无论是从规模还是增长趋势来看都较为接近。

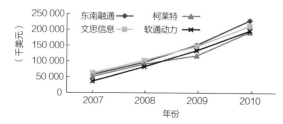

图 3-8 营业收入对比

资料来源：笔者根据东南融通、文思信息、柯莱特、软通动力 2007—2010 年年报整理。

首先，从四家公司的主要盈利指标对比看到（见图 3-9），在几乎相同的营业收入规模下，东南融通的利润率却远远高于同行业的其他三家公司。2007—2010 年，文思信息、柯莱特、软通动力三家公司的平均毛利率为 32.5%—35.2%，而东南融通公布的毛利率却达到 51.2%—72.6%，几乎是同行业的两倍。在相同的行业背景、类似的业务、相近的收入水平下，东南融通的利润率如此之高，足以引起投资者的怀疑。

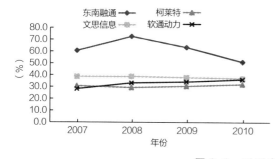

图 3-9 毛利率对比

资料来源：笔者根据东南融通、文思信息、柯莱特、软通动力 2007—2010 年年报整理。

实际上，东南融通一直以60%的毛利率高居世界同行榜首，甚至IBM公司（年毛利率达46%）这种同样是做软件产品和服务的巨型战舰都得靠边站。尽管东南融通声称，公司很大一部分业务来自通用软件产品和定制软件产品，毛利率高。但是业内人士都知道，东南融通最大的业务是去客户现场提供个性化产品和服务，这些项目的结算方式参照人员派遣（staffing）模式，毛利率绝不可能超过50%。同样做软件产品和服务、以电信行业为主的亚信联创的毛利率也不过46%。

使用这么苍白的解释掩饰其不可思议的高收入，东南融通的心虚由此可见一斑。

其次，从净利率分析可见（见图3-10），文思信息和柯莱特的净利率十分平稳，而东南融通2007年的净利率远低于文思信息和柯莱特，2008年和2009年却又远高于另外三家，到2010年又变为净亏损，排名最末。

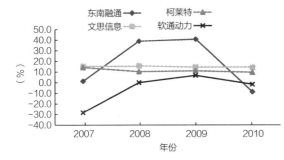

年份	东南融通	文思信息	柯莱特	软通动力
2007	1.3	15.3	14.2	-28.3
2008	38.9	15.7	10.3	0.0
2009	40.8	14.5	11.0	6.7
2010	-8.7	14.1	9.6	-1.6

图3-10 净利率对比

资料来源：笔者根据东南融通、文思信息、柯莱特、软通动力2007—2010年年报整理。

利润率波动如此剧烈，我们不能不怀疑，公司财务的稳定性或盈利能力是否受到威胁？

自2008年开始，东南融通的毛利率直线下滑，净利率在2010年也发生陡降，在这样的情形下，极有可能诱发公司管理当局进行财务舞弊以维持投资者和机构股东的信心。

关联交易

根据东南融通的年报，公司一直采用人力资源外包的员工雇用模式，且大部分员工外包给一家叫做厦门东南融通人力资源服务公司的企业，这家企业成立于 2007 年 5 月，注册资本为 50 万元，除服务东南融通外没有其他实际业务存在。

2007 年 6 月颁布的《中华人民共和国劳动合同法》第五章第二节关于劳务派遣特别规定的第六十七条规定：用人单位不得设立劳务派遣单位向本单位或者所属单位派遣劳动者。立法意图即用人单位不得通过关联方设立劳务派遣公司向本单位或所属单位派遣劳动者。虽然东南融通坚称与东南融通人力资源服务公司没有关系，但香橼的研究报告提示了以下几点：

其一，东南融通人力资源服务公司与其唯一的客户（东南融通）拥有相同的名称。

其二，东南融通人力资源服务公司成立于 2007 年 5 月，即东南融通首次公开募股前几个月。

其三，作为最大的项目支出，东南融通直至 2008 年 7 月提交的年报文件才提及东南融通人力资源服务公司。

其四，东南融通人力资源服务公司没有网站，似乎也没有招揽客户的意图。

其五，东南融通没有任何长期合同，也没有因与东南融通人力资源服务公司的关系而支付罚金。

其六，东南融通人力资源服务公司和东南融通使用相同的电子邮件服务器，在它们的招聘广告中，与应聘者联系的是 longtop.com 的电子邮箱。例如，东南融通人力资源服务公司 2009 年的人力资源见习生招聘广告中使用了 longtop.com 的电子邮件地址。

从以上六点来看，我们有理由认为厦门东南融通人力资源服务公司与东南融通实质上具有关联方关系。而年报显示，自上市以来，东南融通将高达 76%—90% 的员工外包给了东南融通人力资源服务公司（见图 3-11）。

显然，在以人力资源为主要成本的软件外包行业，将大笔人力资源成本与具有关联关系的公司进行交易，极可能导致信息不透明、财务数据失真。

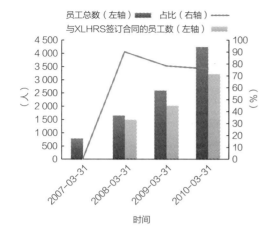

图 3-11　东南融通 2007—2010 年员工状况

注：XLHRS 指东南融通人力资源服务公司。

资料来源：笔者根据东南融通 2007—2010 年年报整理。

然而，对于如此重大的潜在关联交易，东南融通并没有在年报中披露这一关系，从而使得东南融通人力资源服务公司能够为东南融通隐瞒员工成本，进而夸大利润。

现金造假

舞弊被揭发后，内部财务人员透露，东南融通实际现金存量不足 2 000 万美元。 2011 年 8 月 31 日，东南融通发布公告称，"目前公司现金流出现严重问题，已经无法正常发放 8 月份的工资"。

然而，根据东南融通截至 2010 年 12 月 31 日的季报，账面显示现金余额为 4.2 亿美元。 如此巨额的现金存款在短短几个月后竟不翼而飞，我们有理由推测东南融通的现金存在造假。

事实上，东南融通在 2011 年 5 月 23 日递交美国证券交易委员会的 6-K 文件中披露了德勤的辞职信。

德勤指出："在对公司截至 2011 年 3 月 31 日财务报表的审计中，我们采用银行现场调查的方式确认银行存款。 我们于近期执行这一审计程序，并发现一系列严重的缺陷，包括：银行职工声明公司所指的部分交易在银行并没有记录；之前的银行对账单是伪造的；银行记录的存款余额与之前对账单的金额及公司的账面金额存在严重差异；银行记录的大量借款在之前的对账单及公司的账簿中没有被提及。"

鉴于此，德勤于 5 月 17 日启动第二轮正式的银行确认。但在数小时之内，东南融通包括首席执行官在内的高管对审计工作进行了种种干预：他们给银行打电话声称德勤不是公司审计师；公司职员将第二轮相关的银行确认文件扣留在银行；威胁德勤职员交出审计文档，否则不许离开公司；扣留德勤的审计工作底稿。在事态发展严重的情形下，德勤只好终止了这一审计程序。

紧接着，5 月 20 日，东南融通董事长贾晓工打电话给德勤的经理合伙人 Mr. Paul Sin，并告诉他，"由于过去的收入信息有误，因此账簿上的现金记录有误"。当问及这些差异的程度和持续的时间时，贾晓工并没有回答；当问及有谁参与时，贾晓工回答"高级管理层"。

基于以上原因，德勤无法继续施行审计程序以证明东南融通 2011 年财报的真实性，从而递交了辞职信。

从德勤辞职的原因可以知道，东南融通伪造收入以虚增现金，并伪造银行对账单逃避审计师的审查。由于审计师在审查客户的银行对账单时，往往无须经由银行提供，而是由企业自行提供，从而给公司制作虚假对账单、伪造虚假的现金收入创造了机会。

香橼做空手法透视

动机分析

相比外部治理环节中投资银行、审计师、证券分析师等监管角色存在的利益冲突，做空机构不存在这一问题。由于揭发上市公司存在的种种不正当行为反而能够使做空者获得盈利，因而相对于前者，做空机构更具自发性和积极性。

无论是香橼研究的创始人莱福特还是浑水的创始人布洛克，从来不掩饰自己可能从做空报告公司的股价下跌中获得利益。他们通常在研究报告开头的免责声明中表示自己只是揭露真相，不构成投资建议，请读者独自判断，同时披露自己已做空该股。布洛克曾公开表示，浑水通过做空盈利，且所做的调研工作成本很高，如果不做空的话就没有收入来源，也就无法揭露更多的不正当行为。莱福特也承认，做空是其重要收入来源，做空和做多收入比大概是2∶8。

我们收集并整理了东南融通自上市之日起到退市以来的所有卖空仓位数据和股价数据，利用卖空仓位的变动量和半月平均股价（纽交所的个股卖空仓位每半月披露一次）估算每个半月时点的卖空收入/平仓成本（当卖空仓位增加时视为卖空股票获得收入，反之则视为买进股票平仓付出成本），再将收入、成本数据累加起来便得到做空的收益变化（见图3-12）注意：尽管成本还应包括证券公司收取的借股票利息、佣金等费用，但由于数额较小，此处不予考虑。

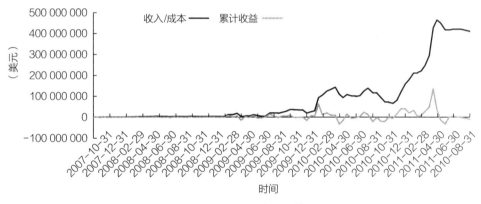

图3-12 做空收益估算

资料来源：笔者根据WallStreetCourier.com（WSC）网站披露的卖空仓位数据和股价数据计算整理。

从图3-12可以看到，东南融通自2007年10月上市到2009年年底，其卖空收益均保持在低位，而自2010年起开始有了较大增长，并于2011年4月29日达到峰值。此时，由于香橼刚刚发布研究报告引起市场看空，卖空交易量达到峰值，累计收益也达到极值。而随着股价下跌，部分做空者逐步买入股票平仓，直至东南融通退至粉单市场交易时，股价降至1美元/股以下，做空者以极低的价格买回股票填平卖空仓位，至此获得的卖空总收益高达4亿美元。

可以理解，在如此巨大利益的驱使下，做空机构完全有动力去寻找资本市场上股价虚高的公司，通过调研等手段揭露其真实面貌。尽管调研要花费一定的成本，但做空收益足以弥补这一成本，使得做空机制能够顺利、自发地运行，进而在客观上发挥了外部监管的效用。

做空流程

寻找问题公司 做空者并不是盲目做空的。与做多相同，做空也需要调研，只是方法不同。做多是"证实"，优点和缺点都要考虑；做空则是"证伪"，先要找到财务、经营可能存在问题的公司，再去寻找证据，一经证实，即可作为做空的理由。

对于如何寻找问题公司，莱福特在一次访谈中说道："无论是中概股公司还是美国公司，一些方法是通用的。比如，与公司的竞争对手交谈、阅读公开的资料，或者找出公司的瑕疵开始求证……而对于中概股公司，由于我不具有信息优势，更多的是基于常识。"

从香橼的研究报告可以看出，查阅资料和实地调研相结合是寻找一家问题公司前必做的功课。在"猎杀"东南融通时，香橼主要采用公司基本面分析，包括财务分析、行业比较、用工模式、关联交易、管理层背景等。

也许发现一家公司是否存在舞弊只需 20 分钟，但是找到有力的证据是相当不容易的！不过从理论上讲，"信息元"不会孤立存在，必然与别的节点有关联。对于造假的公司来说，想要编造一个天衣无缝的谎言，疏通与之有关联的所有"信息元"。但这么做的成本非常高！所以造假的公司只会掩盖最明显的漏洞，心怀侥幸心理，无暇顾及其他漏洞。只要延伸信息的搜索范围，就可以找到逻辑上可能存在矛盾的地方，为下一阶段的调研打下基础。

在选定攻击对象后，香橼详细研读东南融通的各种公开资料，包括招股说明书、年报、临时公告、官方网站、媒体报道等，时间跨度往往很长。比如在调查高管背景时，香橼甚至找到了 1997 年的法院判决书。而在查证东南融通人力资源服务有限公司与东南融通的关系时，还查阅了往年的国家工商总局的文件。

借入股票做空 在确定问题公司后，做空机构便着手撰写质疑报告，同时向证券经纪商借入股票卖空，等待股价大幅下跌时再买回股票，以便归还给借出股票的经纪商，从而赚取股票买卖差价。

美国各股票交易所在每月15日以后和月底会更新并披露各股票的卖空仓位，表明某股票有多少股已被卖空但还没有被重新买入。我们根据该指标查到东南融通的卖空仓位数据如图3-13所示。自2011年3月起，东南融通的卖空仓位急剧上升，直至卖空形势布局完成，香橼就可以出具质疑报告；此时，又有更多的对冲基金加入卖空行列，纽约证券交易所2011年4月29日披露的东南融通卖空量竟然达到1 500万股。

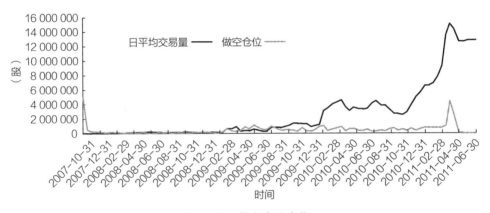

图3-13　做空仓位变化

资料来源：笔者根据WallStreetCourier.com（WSC）网站披露的卖空仓位数据和日交易额数据整理。

在美国资本市场上，卖空仓位是一个能够反映市场预期的强有力的信号。如此大量的卖空仓位无疑会使广大投资者对公司产生强烈疑问，并且以"落袋为安"的心态在市场上进行恐慌性抛售。抛售的结果便是：股价迅速下跌，卖空者得以低价平仓，从而获利而归。

后续惩罚机制　随着东南融通股价的急剧下跌，美国多家律师事务所对东南融通展开调查和提起集体诉讼，要求公司为财报违规问题给予巨额赔偿。

5月4日，罗森律师事务所宣布对东南融通欺诈事件展开调查。5月24日，Howard G. Smith律师事务所声称，就东南融通可能触犯《联邦证券法》

的行为,它们代表所有在 2009 年 7 月 29 日至 2011 年 4 月 25 日买入东南融通证券的个人或者实体正在展开潜在的索赔调查。 6 月 7 日,Izard Nobel 律师事务所代表在 2009 年 5 月 14 日至 2011 年 5 月 17 日买入东南融通股票的投资者,向美国加利福尼亚地方法院提交集体诉讼,诉讼主体还包括在 2009 年 11 月 18 日通过二级市场买入东南融通股票的投资者。 6 月 22 日,Glancy Binkow & Goldberg 对东南融通提起集体诉讼。 6 月 27 日,Cohen Milstein Sellers & Toll PLLC 宣布,对东南融通及其部分高管是否有虚假及误导性陈述行为展开调查。

律师事务所在代理类似案件之前,一般也会进行调查,以对赔偿金额和案件胜诉的可能性做出一个大致的预期;否则,美国胜诉收费制度不允许其随意听信空头的猎杀,贸然代理集体诉讼并垫付大额诉讼费用。 如果公司披露虚假财报或误导性陈述的证据确凿,大量的律师事务所就会群起而攻之,让公司为造假行为付出惨痛的代价。

市场反应

在东南融通遭遇做空后,市场交易量剧增,公司股票价格出现剧烈波动,这体现了做空的价格发现机制正在发挥作用。 为了研究做空机制对东南融通股票价格的影响,我们采用事件研究法。

事件研究法是目前研究经济事件对公司价值影响的一般方法。 事件研究法描述了一种经验财务研究技术,运用这种技术可以使观察者评估某一事件对一家公司股价的影响。 事件研究法原理是:根据研究目的,选择某一特定事件,研究该事件发生前后样本股票收益率的变化,进而解释特定事件对样本股票价格变动和收益率的影响。 经过学者们数十年的努力,事件研究法在学术领域逐渐成为研究股价变化与特定事件信息披露之间关系的成熟方法。

第一步 事件窗口的选择 本案例主要研究做空机制对公司的影响。 在上文的事件回顾中,我们可以看到事件的起因是 2011 年 4 月 26 日香橼在其网站上发布对东南融通的研究报告。 随后,东南融通股价发生剧烈波动,即市场开始接收该事件相关信息的时点为 4 月 26 日,因此我们将该日期设定为事件基准日 t_0。 考虑到时间过短难以保证市场接收到全部信息,时间过长又容易受到其他事件的影响,这里选择在 t_0 的基础上前溯 5 个交易日、后推 5 个交易日作为检验窗口期 $[t_0-5, t_0+5]$。

第二步 估计窗口的选择 现有文献在以日报酬率建立估计模型时,估计期间通常设定为 100—300 天。Campbell et al.(1997)指出,对于 $[-30,+30]$ 或以内的事件窗口,估计窗口可以是 120 天或更长。因此,我们选取 $[-205,-5]$ 共 200 个交易日作为估计窗口。

第三步 正常报酬率的计算 我们采用市场模型估算股票的正常报酬率。股票报酬率的市场模型为:

$$R_t = \alpha + \beta RM_t + \varepsilon$$

其中,R_t 为股票在 t 日的实际报酬率,RM_t 为 t 日的市场报酬率,α、β 为回归参数,ε 为随机误差。在这里,RM_t 采用 i 美股中概 30 指数(ICS30)[①]计算,将估计窗口的 R_t 和 RM_t 数据用 SPSS 软件进行回归,得到正常报酬率公式为:

$$R_t = -0.003 + 0.434 RM_t$$

第四步 非正常报酬率的计算 根据正常报酬率公式计算股票在 t 日的非正常报酬率 $AR_t = R_t - E(R_t)$,累计非正常报酬率 $CAR_t = \sum AR_t$,结果如表 3-14 所示。

表 3-14 卖空报告日前后 5 个交易日的 AR 和 CAR

t	AR	CAR
−5	−0.0153	−0.1118
−4	−0.0279	−0.1397
−3	−0.0074	−0.1471
−2	−0.0301	−0.1771
−1	−0.0211	−0.1982
0	−0.1233	−0.3215

---

① i 美股中概 30 指数(ICS30)是雪球财经 i 美股网站从美国纳斯达克交易所和纽交所上市股票中选取 30 只具有代表性的中国概念股作为成分股编制而成的股票价格指数,总市值覆盖了在美上市的 240 多只中国概念股总市值的 2/3。

（续表）

t	AR	CAR
1	−0.1954	−0.5169
2	0.1086	−0.4083
3	0.1441	−0.2642
4	−0.0023	−0.2664
5	−0.0430	−0.3095

资料来源：笔者利用东南融通历史股价和 i 美股中概 30 指数计算整理。

由图 3-14 可以看出，自卖空报告日前 5 日开始，东南融通累计非正常报酬率负向缓慢增加，这可能是由于事件发生日前已有投资者在网络上讨论东南融通利润率问题，市场部分地吸收了负面消息，使非正常报酬率保持为负值。而在卖空报告发布的当日及后第一天，影响达到极值，可见市场迅速吸收了做空机构的研究报告信息，并做出了强烈的负向市场反应；在事件日后第二天，由于东南融通针对做空机构的质疑做出了正面回应，使股票非正常报酬率变为正值，累计非正常报酬率有所上升；然而，随后几天市场更多地吸收了做空机构的负面信息，累计非正常报酬率继续呈向下趋势。总体来看，在整个窗口期内，累计非正常报酬率表现出明显的负向反应，均分布在均值 0 以下。

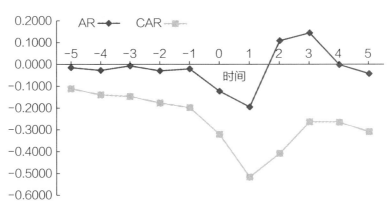

图 3-14 卖空报告日前后 AR 和 CAR 的走势

从表 3-15 的检验结果也可以看出，窗口期内累计非正常报酬率表现出负向的显著性，做空机构的质疑报告给东南融通股价带来了显著负向的市场反应。这证明东南融通之前的股价是被高估的,做空的效用使得股票价格迅速向接近在价值。最终,做空机制通过资本市场更为主动的"用脚投票",有效地履行其价格发现功能,发挥了外部市场监督作用。

表 3-15 单样本 T 检验

	检验值=0				差分95%置信区间	
	T	df	Sig.(双侧)	均值	下限	上限
AR	−0.692	10	0.504	−0.019	−0.082	0.043
CAR	−6.947	10	0.000***	−0.260	−0.343	−0.177

资料来源:笔者利用 SPSS 软件计算整理。

05　烽火做空科通芯城:来自港股市场的经验

科通芯城事件背景

公司简介

科通芯城全称为科通芯城集团公司,成立于 2012 年 12 月 1 日,注册地为开曼群岛,是中国领先的专注于服务电子制造业的电商公司。根据公司官方网站更新至 2013 年的数据,以总商品交易额计算,科通芯城经营着中国最大的集成电路及其他电子元器件交易型电商平台,通过直接销售平台进行产品交易获得绝大部分的销售收入,这一平台也是 2011—2013 年主要产品交易渠道。2013 年,科通芯城完成的订单总交易额高达约 39 亿元。科通芯城通过电商平台、直销平台、线上市集,以及专责的技术顾问和专业销售代表团队,在售前、售中及售后阶段为客户提供周全的线上和线下服务。此外,科通芯城还通过第三方商户在平台出售产品和服务来获取佣金收入。

2011—2013 年,中小企业分别占科通芯城客户总数约 97.9%、96.5% 和 96.5%,因而公司客户的一般采购量较多,且价值较高,公司的平均交易价值也远高于传统的 B2C(商对客)电商公司。2013 年,科通芯城每宗直销订单的平均交易价值（总商品交易额除以总发货量）约为 147 000 元，故公司能够将每份订单的物流成本维持在低水平上。

除线上交易集成电路和其他电子元器件交易平台外，科通芯城同时创办了互动在线社区"硬蛋"，包括微信互动社区和网站。"硬蛋"是一个垂直于硬件创新领域的"线下+线上"平台，为硬件创新创业者提供硬件创新资讯、供应链知识、供应链需求对接，是以供应链为核心的一站式硬件创新创业平台。"硬蛋"的创办宗旨在于举办产品发布会和科技讨论区等新媒体营销活动，促进中国电子工程师和技术专家的理念与知识交流。科通芯城称"硬蛋"是中国最大的智能硬件创新商业平台。

2014 年 7 月 18 日，科通芯城在香港交易所上市，成为港交所电子元件电商第一股，首次公开募股发行价格为 4 港元/股，发行数量为 3.438 亿股，募集资金超过 13 亿港元，瑞银（香港）为主承销商。自上市以来，科通芯城的收入持续高速增长，2014—2016 年分别为 68.48 亿元、94.53 亿元、129.33 亿元，对应的净利润分别为 2.1 亿元、3.7 亿元、5.1 亿元。

事件回顾

2017 年 5 月 22 日，一家名为烽火研究（Blazing Research）的做空机构发布题为"横跨 10 年的世纪骗案"的做空报告，长达 58 页，是烽火的首篇做空报告。该报告声称，港股上市公司科通芯城存在夸大收入及净利润等七项劣行：一是线上平台从不更新、无法浏览且流量接近于 0；二是工商档案与披露数字存在重大差异；三是财务表现远超行业，增长率和回报率也是同行望尘莫及的；四是净利润与现金流存在 19 亿元的差距；五是可疑的股本回购，回购的股份大多来自数个账户；六是在美国上市但恶名昭彰的前身 Cogo Group；七是无产业投资者问津的配售。烽火认为，科通芯城是一家不折不扣的造假公司，并给出"强烈沽售"建议，目标股价为 0.58 港元/股，相较于彼时 10 港元/股左右的股价存在 95% 的下跌空间。

5 月 22 日 14 时左右，科通芯城股价闻声大跌，由 10 港元/股跌至最低 7.3 港元/股，40 分钟内最大跌幅超过 25%；同时，成交量急剧放大，14 时 50 分，科通芯城以 22% 的跌幅停牌。

5月29日，科通芯城发布澄清公告，对烽火的指控予以驳斥并澄清。科通芯城及公司董事指出，"烽火在做空报告中的指控是有偏见、有选择性、不准确、不完整、有欺诈性及误导性的，而做空报告的出具是鲁莽及大意的"。科通芯城认为烽火旨在通过做空来获取巨额收益，在出具做空报告前也未与公司沟通及咨询。有鉴于此，科通芯城在澄清报告中指出，公司已经向深圳警方报案，并愿意邀请烽火及其调研总监前往公司参观，以更好地了解公司战略、业务布局和经营状况。在澄清公告中，科通芯城逐一驳斥烽火的指控：其一，关于线上平台流量及更新，公司引用第三方公开数据进行了驳斥，并指出网站是持续更新的；其二，关于工商档案与披露数字的差异，公司指出烽火仅使用部分数据，以偏概全，而公司来自香港地区的收入占总收入的绝大部分，且不论数据不属实，仅依据内地工商部门的数据质疑公司经营是不具说服力的；其三，关于财务表现远超同行，公司指出这是基于公司"社交+O2O（线上到线下）"的独特业务模式；其四，关于净利润与现金流的差距，公司指出烽火做空报告的数据引用不实；其五，可疑的股本回购且回购的股份大多来自数个账户，公司指出各次回购均符合上市公司规则适用的所有规定，并反击烽火质疑回购问题存在阴谋毫无根据；其六，关于在美国上市的前身 Cogo Group，公司回应称将本公司与前身实体相对比是没有意义的；其七，关于股份配售认购不足且无产业投资者认购，公司回应称该项配售仅针对若干大型独立机构投资者，而非产业相关投资者。

5月30日，烽火再发布报告，进一步反驳科通芯城的澄清报告。报告中指出：一是最大的集成电路电商平台却有着最小的流量，并在报告中分别对科通芯城的微信平台、网络平台等进行了测试，认为测试结果与科通芯城的澄清事实不符；二是工商档案与披露数字的重大差异，科通芯城回应超过90%的收入来自香港地区，同时承认客户主体是中小型企业，烽火认为这一澄清自相矛盾，因为显而易见，中小型客户更可能在中国内地完成交易；三是关于表现远超行业，同行望尘莫及，烽火将科通芯城与时捷集团进行对比，认为科通芯城的收入和净利润的增长是极不合理的；四是消失的19亿元，烽火认为科通芯城在澄清过程中闪烁其词，并罗列了详细的计算过程，进一步质疑 19 亿元的差异；五是神秘的股份回购，烽火承认这一质疑是根据中央结算与交收系统的可疑变动推论所得，但仍然认为这一回购过程是可疑的；六是 Cogo Group 不堪入目的美国上市历史，烽火认为科通芯城在澄清报告中只是重复招股说明书中的内容，并未对科通芯城与 Cogo Group 的关联做出说明；七是一个保底但没有产业投资者问津的配售，烽火认为在多家承销商共同努力 20 多天且配售由公司股东提供保底补偿安排的情形下，仍然只售出 60%，说明市场对科通芯城并不认可。

5 月 31 日，科通芯城股票复牌交易，然而股价全天持续下行，最后收于 5.98 港元/股，跌幅达 23.33%。

6 月 1 日，股价再跌 26.92%，收于 4.37 港元/股，相较于做空当日开盘价，跌幅近 60%。

截至 8 月末，科通芯城股价一直徘徊于 3.54—5.83 港元/股，较做空前仍有 50%的跌幅。

烽火做空手法透视

科通芯城与烽火经历了质疑—澄清—再质疑的过程，双方均对彼此进行了有针对性的、逐一的、详尽的反驳与回应。

然而，最终究竟孰是孰非，仍然没有定论。

在本节，我们分别从双方交战所围绕的七个质疑点，展开深入的分析与探索。

质疑一　平台流量及网站更新

烽火在首次做空报告中指出，科通芯城号称"中国以总商品交易额（GMV）计算最大的集成电路及其他电子元器件交易型电商平台"，那么由此可推断，科通芯城的电商平台应该具有较高的流量。烽火通过两大流量统计网站 SimilarWeb 和 Alexa 获取了科通芯城的流量，部分结果摘录如表 3-16 所示。

表 3-16 科通芯城及部分竞争对手的流量估算与排名

（按月流量排序）

名称	产品种类	平台类型	每月人次（万人）	2016 年收入（亿元）	招股书披露的 2013 年份额（%）
云汉芯城	电子	自营	12.89	10	无
万联芯城	电子	自营	7.90	1	无
科通芯城	电子	自营	5.40	129	55.10

资料来源：烽火做空报告；https://www.blazing-research.com/。

在如此低流量的情形下，科通芯城仍然获得远超同行的收入，不免令人生疑。随后，科通芯城在澄清报告中指出：科通芯城的互联网"社交＋O2O"模式与传统电商不同，并给出销售体系（见图 3-15）。

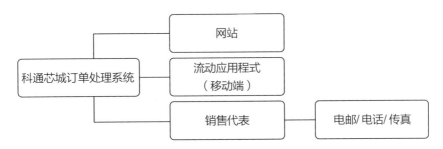

图 3-15 科通芯城销售体系构成

资料来源：科通芯城澄清公告。

科通芯城回应，网站只是公司服务平台较小的一部分，即便如此，网站的流量仍然并非做空机构所说的那样不堪。科通芯城引用另一流量统计网站的数据，并通过与万联芯城、硬之城两家同类公司的对比，对烽火进行了驳斥；科通芯城同时指出，其网站仍然在更新，仅首页变化不大。

随后，烽火再次发布报告予以攻击。烽火进一步指出，且不争论哪个流量统计网站更为权威，即便是采用科通芯城所提供的网站，其流量仍然位于同行业末端。更为可笑的是，在澄清过程中，科通芯城将万联芯城与硬之城两家同类公司的网站搞错了！再者，烽火在首份做空报告中也并未提及硬之城；同时，经对比测算，科通芯城旗下微信平台"芯云"的访问量也极小。烽火由此推断，唯一可以解释科通芯城高增长的原因是线下销售。但科通芯城在 2014 年和 2016 年的年报中指出，收入的增长主要是线上平台的一站式服务带动集成电路及其他电子元器件的销售进一步增长；但这与科通芯城线上平台流量不佳的现状及科通芯城的澄清内容是直接矛盾的。

可见，双方争议的焦点主要存在于平台流量是否充足。

做空机构引用流量数据及与同行业公司的对比，发现流量数据不足以支持科通芯城收入的高增长。在澄清过程中，科通芯城指出线上平台只是销售收入产生来源的一小部分，但并未指出有多大比例的收入来自线下；同时，科通芯城在年度报告中强调线上平台的带动作用是收入高增长的主要原因，存在前后矛盾之嫌。此外，科通芯城在澄清过程中的低级错误也极大地削弱了澄清报告的说服力。整体而言，在针对第一点质疑的回应上，科通芯城未能拿出令人信服的证据。

质疑二　工商档案与披露数字的差异

烽火列举了科通芯城旗下六家公司的销售额。这六家公司在 2015 年的工商申报销售额与年报披露销售总额相差 24 倍（见表 3-17），即便是将销售总额中的 90% 归入香港地区的销售（香港地区收入主要是内地公司为节约交易成本，在香港交易再运回内地，关于这一点，科通芯城与做空机构并无分歧），两者的差异仍然十分巨大，因而存在虚构收入之嫌。

表 3-17　科通芯城工商申报数据与年报披露数字值差异　　单位：万元

负责销售电子产品的子公司	2015 年销售额
科通数字技术（深圳）有限公司	9 980.09
亿维讯通信技术（深圳）有限公司	5 105.92
上海科姆特电子技术有限公司	6 249.96
上海忆特斯自动化控制技术有限公司	1 793.00
前海科通芯城通信技术（深圳）有限公司	15 409.91
科通无线科技（深圳）有限公司	16.56
工商申报销售额总计	38 555.00
年报披露总销售额	945 339.00

资料来源：烽火做空报告。

对此，科通芯城回应称，公司90%以上的交易确实在香港进行并以美元结算，因而向内地工商部门申报的销售额远远低于年报披露数额；同时，公司旗下在内地拥有11家运营附属公司，仅引用其中6家的数据具有误导性。

然而烽火回应：他们早已料到科通芯城会以大量收入来自香港为由进行辩解。烽火推断科通芯城的香港地区收入占比不可能如此之高，因为同类公司——云汉芯城同期的内地销售额占比约为66%，另一家没有网上平台的传统线下集成电路分销商——时捷集团的内地占比为4%，虽然后者与科通芯城占比接近，但两者存在根本性不同。时捷集团专注于蓝筹客户，而蓝筹客户有能力在香港交易并将产品运回内地。正如科通芯城在年报中所指出的，公司60%以上均为中小客户，与云汉芯城类似，这类客户恐怕不具备在香港交易的能力，因而如果90%的香港收入占比为真，那么科通芯城所说的60%以上的中小客户恐怕是不存在的。此外，云汉芯城与时捷集团在内地工商部门申报的销售额与年报披露总销售额的比例均接近于内地销售占比，而科通芯城的工商申报销售额与年报披露总销售额的比例却远远低于内地销售占比。据此，烽火认为科通芯城所谓的中小客户可能并不存在，公司的收入和净利润可能存在造假。

双方在这一环节的较量中各有胜负。

> 对于烽火，根据税务申报情况倒推公司可能存在的收入造假问题可谓棋高一着，但这其中可能忽略的一个问题是：基于公司自身原因或公司与税务机关之间的沟通，税务申报的数据可能并不完全与收入成比例。虽然烽火具有中国背景，但未提及这一问题。也就是说，烽火报告中的证据可能证明的是科通芯城的纳税问题而非收入问题。

> 对于科通芯城，虽然在澄清报告中指出烽火引用数据有误，但并未给出正确数据，难以令人信服，这是否因为可能的税务问题导致公司讳莫如深？值得玩味。

质疑三 表现远超同行

为了证明科通芯城的业绩远远超过同类公司，烽火运用瑞银分析报告中的可比公司，对科通芯城的业绩进行了深入分析。作为科通芯城2014年上市的独家保荐人，瑞银于2017年3月8日发布针对科通芯城的首次分析报告，并给予买入评级。在这一报告中，瑞银列出科通芯城的15家可比公司，烽火从中筛选出与科通芯城业务最为接近的集成电路分销商公司，对比了净资产收益率、收入增长率及净利润增长率。三个指标的分析结果均显示，科通芯城的盈利能力远超同类公司，而同类公司之间均比较接近。其中，净资产收益率较同类公司高出近1倍，收入增长率及净利润增长率在2014年更是数倍于同类公司。承接质疑一中的分析，烽火认为高得离谱的增长情况很可能存在问题。

科通芯城的回应只有寥寥数行，表示这种高增长受益于公司"社交+O2O"独特的业务模式，但并未就这一业务模式做出深入解读。

烽火在第二份报告中进一步指出，结合质疑一，科通芯城的线上平台根本就是一个虚增估值的包装，其公司客户和供应商均表示"大部分交易来自线下"。因而，烽火进一步将科通芯城与专做线下交易的时捷集团进行对比，结果发现科通芯城的收入和利润增长均远远高于时捷集团。

> 在这一环节，烽火对比了科通芯城与同类公司的盈利能力，发现科通芯城的盈利能力高得离谱，而其他公司均比较接近。科通芯城在回应中并未质疑同类公司的选取是否恰当，这可能是因为这些同类公司来自其承销商瑞银的分析报告。由此科通芯城哑巴吃黄连，只能草草通过"社交+O2O"的独特业务模式来应对。

质疑四　消失的19亿元

为了进一步检验科通芯城的净利润质量，烽火比较了其净利润和营运净现金流的情况。理论上，净利润和营运净现金流较为相近则表明公司运营良好，而净利润长期高于现金流则表明公司的回款变现能力存在问题。科通芯城净利润多年高速上涨，那么营运现金流应该呈现相同的趋势。烽火统计了科通芯城净利润与经营活动现金流的差异（见表3-18）。

表 3-18　科通芯城的净利润与经营活动现金流净额的差距　　　单位：千元

年份	净利润	经营活动现金流净额	调整后现金流净额	净利润与调整后现金流净额差异
2016	509 607	-569 525	-467 946	977 553
2015	366 481	349 671	-120 472	486 953
2014	209 970	231 868	78 539	131 431
2013	86 565	-26 269	15 748	70 817
2012	33 813	-406 369	-72 442	106 255
2011	26 824	-56 335	-99 101	125 925
合计	1 233 260	-476 959	-665 674	1 898 934

注：调整方法为剔除应收及应付关联方款项、供应链融资业务相关，因为这两项业务不是经营活动。

资料来源：烽火做空报告、科通芯城年度报告及招股说明书。

结果显示，在 6 年的时间里，科通芯城在净利润连年增长的情形下，经营活动现金流调整后净额有 4 年为负值，6 年间两者的合计差异高达近 19 亿元。为了探究 19 亿元现金的去向，烽火进行了分析，结果发现贸易及其他应收款项 6 年间增加了 20.58 亿元、存货增加了 12.79 亿元，调整其他差异后，结果恰好接近 19 亿元。由此，烽火认为现金消失的主要原因是应收款和存货的增加。

巧合的是，烽火进一步挖掘科通芯城前身——纳斯达克上市公司 Cogo Group 的财务状况，结果发现当年 Cogo Group 采用相似的方式隐匿高达 9.9 亿元的现金，而 Cogo Group 和科通芯城的实际控制人均为康敬伟。Cogo Group 于 2004 年在纳斯达克借壳上市，近年被清理至粉单市场，期间从未分红，实际控制人康敬伟同期则持续减持。由此，烽火抛出一系列疑问：

为何科通芯城的贸易及其他应收款的增长如此快速？

谁是这些贸易及其他应收款的借款人？

这些贸易及其他应收款是否来自关联方的销售，而这些关联方不想向公司注入现金？

这些借款人与公司控制人康敬伟之间是何关系？

面对如此犀利的质疑，科通芯城的澄清却并不深入。科通芯城指出，按照香港地区会计准则，2014年、2015年度经营现金流净额均为正，2016年为负；但如果采用非一般公认会计准则，2016年经营现金流净额也为正。科通芯城同时指出，供应链融资业务是公司的一项重要经营活动，因而现金流量的计算应包括供应链融资业务。关于应收款项和存货问题，科通芯城未予以分析，仅表示应收款项和存货周转仍然保持良好。

在第二份报告中，烽火对科通芯城的供应链融资业务进行了分析，根据年度报告披露数据计算出的供应链融资利率约为0.14%，因而高度怀疑所谓的供应链融资业务的存在性，并推断供应链融资的金额实际上是将应收账款重分类得到的。

烽火的这一攻击似乎击中了科通芯城的软肋。在澄清报告中，科通芯城着力解释了供应链融资业务，但对于为何应收款和存货异常增长、现金流状况与前身Cogo Group惊人雷同两个核心质疑点却未加以有效解释。这难免令人生疑：

是否公司以存货和应收款增加之名，行转移现金之实？

质疑五 神秘的股份回购

烽火认为科通芯城净资产收益率奇高、增速奇快、应收账款和存货不断增加、公司从未派息是非常值得怀疑的，虽然没有明确地指明，但在质疑四中，已经透露出烽火怀疑控股股东康敬伟在掏空上市公司。烽火在第一份报告中指出，如果质疑上市公司盈利的真实性和股价的高估，上市公司必然会以股份回购计划为理由进行回击。由此，烽火索性先下手为强，直接分析股份回购。

科通芯城的实际控制人康敬伟自公司上市后从未减持，且一直进行股份回购，并以回购行为作为不派息的理由。然而，烽火分析港交所中央结算与交收系统（CCASS）的持股记录、科通芯城股价与交易量表现、科通芯城公告后发现：

在科通芯城的众多股东中，存在一个神秘人投资者X，该投资者可以在利好消息公布前精准地转移股份，且在利好消息公布之后迅速减持。此外，科通芯城自上市以来进行了多次股份回购，累计使用金额高达 5.71 亿港元，其中投资者 X 在历次回购中减持了逾 2 006 万股，所得款项约 2.4 亿港元，在 2016 年下半年的回购中，投资者 X 一人的减持额就占总回购额的 2/3。更为蹊跷的是，科通芯城于 2016 年 9 月配售新股，获得约 20 亿港元资金，随后便重启股份回购，分别于 10 月、11 月、12 月及次年 1 月、2 月实施了多次回购，回购价格与配售价格均为 12.5 港元/股。

一边配售新股，一边回购股份，着实令人不解。相比于进行如此蹊跷的回购，公司为何不直接派息呢？

烽火推断，如此操作的目的实际上是回购特定对象的股份，向其输送利益，将公司的资金转移。

科通芯城对此无实质性回应，仅表明历次回购均符合规定且经过股东大会一致同意，烽火的指控毫无根据。

烽火在第一份和第二份报告中均指出，这一质疑是基于交易数据的推断，但多次提请香港证监会对此展开调查，并期望科通芯城公开回购信息。

不得不说，烽火的分析虽然是立足于数据的推断，但其中的巧合仍让人大跌眼镜！

如果烽火所言属实，那么这就是一个典型的掏空上市公司、向特定对象输送利益的行为。

质疑六　前身 Cogo Group

烽火将科通芯城前身 Cogo Group 称为"臭名远播的、具有黑历史的上市公司"。Cogo Group 于 2004 年 7 月通过借壳上市登录纳斯达克，期间经过多次更名及注册地变更，最终于 2015 年自纳斯达克退市，转至粉单市场，股价不足 0.1 美元/股。

烽火指出，Cogo Group 在纳斯达克上市期间具有多段黑历史：一是借壳上市后，Cogo Group 股价节节攀升，康敬伟多次在二级市场上大额减持，持股比例从 2004 年的 72.6%降至 2007 年的 26.4%；二是 Cogo Group 自 2006 年起，进行了不少于 7 次并购，每次并购均确认了巨额的商誉或无形资产；三是 2004 年 12 月，Cogo Group 与 Broadwell Group 签订协议，成立合资公司 Comtech Broadband，前者持股 55%、后者持股 45%，双方共计出资 100 万港元。烽火发现后者的联系人是邓先生，故事就此围绕邓先生展开：

> 2007 年 8 月，Cogo Group 从 Broadwell Group 收购 Comtech Broadband 剩余的 45% 股份，支付对价 1.13 亿元。三年后，Cogo Group 公告将 Comtech Broadband 的 30% 股份以股权激励的名义免费赠与一名员工。然而令人惊讶的是，在科通芯城的招股说明书中发现，上述 30% 的股份仍然由邓先生通过一家第三方公司持有。也就是说，Cogo Group 以 1.13 亿元从邓先生手中购买 Comtech Broadband 45% 的股权，随后又将其中的 30% 免费赠与邓先生。目前，邓先生仍然为科通芯城的副总裁，而 Comtech Broadband 已经是科通芯城的子公司，邓先生仍持有其 30% 股份。

由此，烽火认为科通芯城与其前身 Cogo Group "一脉相承"，在同一管理层的带领下，通过吹嘘新兴概念、利用应收款项与存货隐匿现金、零派息政策、神速增长来实施欺诈，并从中渔利。

科通芯城对此未予以直接的正面回应，仅仅重复了招股说明书中的内容，承认公司从 Cogo Group 继承了部分资产，但一再强调将科通芯城与 Cogo Group 相比没有意义，但对 Cogo Group 的问题只字未提。

烽火在第二份报告中进一步揭露 Cogo Group 的黑历史：

> 2015 年 5 月 12 日，Cogo Group 公告计划以 7 000 万美元的对价将公司几乎所有的资产出售于 Blueberry Capital 公司，除了注册地址，相关公告未进一步提及 Blueberry Capital 公司的身份，也未披露是否与其存在关联关系。

烽火深入挖掘发现，Blueberry Capital 公司联系地址为香港皇后大道中 183 号新纪元广场中远大厦 10 楼。经查证，该地址是一家名为柏莱会计师事务所有限公司的香港会计师事务所的地址，巧合的是，这家事务所恰好是科通芯城旗下显刚注册公司的审计师。而 Blueberry Capital 公司与科通芯城的另一层关系是科通芯城上市的三名基石投资者之一，但科通芯城在披露另外两家基石投资者的相关信息时，对于 Blueberry Capital 公司的进一步信息却只字未提。

科通芯城在澄清报告中，承认与 Cogo Group 的关系，但拒绝对此做出任何解释。鉴于 Cogo Group 的黑历史，而科通芯城不仅继承了 Cogo Group 的大量资产，其管理团队中还保留了"前朝元老"。

由此，在两者资本运营手法、经营方式如出一辙的情形下，科通芯城是否存在造假，确实大有嫌疑。

质疑七　无产业投资者问津的配售

科通芯城于 2016 年进行了一次大规模的配售，拟向不少于六名独立承配人配售最多 270 466 900 股新股，占发行后股本的 16.67%。2016 年 9 月 22 日，包括大成、国家退休金服务、Korea Development Bank、Korea Teacher's Credit Union、Korea Post、中国再保险、中国人民保险、新华资产管理和重庆高新创投两江品牌汽车产业投资中心（有限合伙）等在内的投资者，以 12.5 港元/股的价格获成功配售 160 420 232 股，为原定配售规模的 60%。同时，科通芯城董事长康敬伟承诺，若公司股价在配售完成三年后当日低于 12.88 港元/股，则其将以个人名义补偿所有承配人；而且，如果投资者在该日前六个月在市场上售卖科通芯城的股票，康敬伟应补偿 12.88 港元/股与售出价之间的差价。烽火认为，这种配售看似是毫无风险的，但没有任何与科技产业相关的投资者参与本次配售，一定程度地体现了行内专业人士对科通芯城的看法；况且，本次配售只完成了 60%，可见被市场预期冷落。

对此，科通芯城回应，公司已经在配售报告中说明，原配售额为最高配售额度，并非应完成额度，而烽火认为的没有产业投资者获配体现了对公司的不看好，但忽略了两个基本的事实：一方面，已获配的机构均为声誉卓著的专业投资者；另一方面，有些公司可能并不希望潜在的竞争人士成为股东。同时，康敬伟的补偿承诺体现了对公司未来业绩表现的充分信心。

烽火在第二份报告中未再提出新的证据驳斥科通芯城的澄清。在配售这一环节，并未发现任何涉嫌造假或欺诈的证据。但科通芯城董事长康敬伟以个人名义提出为配售保本、兜底的承诺，确实美得让人生疑。

> 结合质疑五中的股份回购问题来看，前脚配售后脚回购，且两者订立的价格完全相同，那么配售的意义又何在呢？

我们尝试在公司的配售报告中寻找证据，但其中并未提及配售股份的目的。

> 由此，我们怀疑，这是否又一场"庞氏骗局"呢？

烽火做空手法评述

动机分析

烽火是做空行业的新秀，官方网站的注册时间显示为 2017 年 5 月 20 日，随即在 5 月 22 日便发布了针对科通芯城的首份做空报告——烽火的"处子秀"。根据烽火在官方网站的陈述，烽火的基地设于新加坡，人员构成主要是一群退休人士，这些人以往曾担任不同的职位，包括监管机构人员、基金经理、投资银行家、律师和审计师。

我们在做空流程与产业链中已经陈述，做空机构通过售卖做空报告及参与做空获利，这也是在过去十几年时间中，做空机构最直接的动机。然而，我们在烽火官方网站首页及其介绍中发现了这样两段话：

> 烽火并不是传统的沽空机构。我们成立的目的是为公众打击金融罪案和揭发造假企业。或许，我们会沽空我们所涉及的公司，但获得的利润仅为日常运营之用。我们并没有运营任何基金，也不接受任何投资。我们欢迎你的捐款！我们痛恨一切的造假企业及所谓的财务专家在市场上通过骗取无辜投资者的金钱来牟取暴利。如果监管机构不行动，我们便会发起行动。我们在此正式警告所有的造假企业。你，已经被盯上！
>
> ……
>
> 就像蝙蝠的眼睛对日光的闪耀不甚敏锐一样，市场对性质昭然若揭的造假企业也时常分辨不清。造假企业于美国、新加坡、中国香港、中国内地等市场屡见不鲜，市场却对它们视若无睹，以至于这些造假企业

的大股东与同谋的"财务专家"在市场上巧取豪夺，犹如吸血鬼般掠夺无辜投资者的金钱。烽火的成立目的便是犹如漆黑中的烽火，为大众照明这些造假企业的真面目，揭发这些金融罪犯的罪行。

由此来看，似乎烽火所扮演的角色是资本市场的"蝙蝠侠"，然而事实是否如其所言呢？

在做空科通芯城的案例中，我们尝试描绘科通芯城的做空收益—成本（见图3-16），借以分析烽火是否参与做空。若有，其获利情况如何？

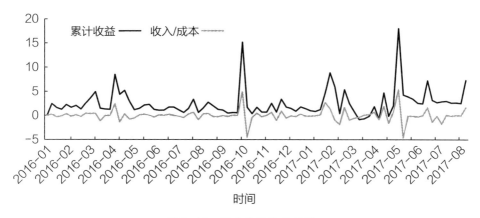

图3-16 烽火做空收益估算

资料来源：笔者根据交易数据自行计算。

我们采用香橼做空东南融通案例中的方法计算自2016年起的累计收益，不同的是，科通芯城最大做空累计收益的日期发生在2017年5月18日，相较于做空报告的发布日期早了四天。根据交易所提供的数据（见图3-17），科通芯城5月17日沽空股数约140万股，5月18日陡增至约1 800万股，5月19日回落到约150万股。由于沽空数据为盘后数据，因而5月18日沽空仓位应当在当日及翌日已平仓，结合股价与交易量（科通芯城股价当日收跌6.02%，但盘中最大跌幅近30%），我们认为在当日或已平仓绝大部分仓位。而在5月19日至6月中旬涵盖做空期间的时间段内，尽管股价几近腰斩，成交量成倍放大，但科通芯城的沽空仓位相较于平日并无明显异常。由此可以推断，在做空当日及其后的一段时间，并无较大量做空资金获利。

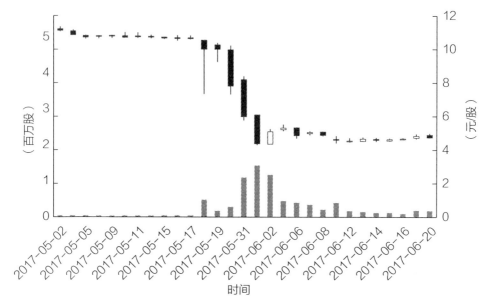

图 3-17 科通芯城被做空期间股价与成交量

资料来源：笔者根据交易数据绘制。

有鉴于此，虽然我们无法判断烽火的做空目的是否如其所言——为公众打击金融罪案和揭发造假企业，但从收益来看，且不论烽火是否参与了做空，即便是参与了做空科通芯城，其收益也远远低于其他做空案例。就目前的情况看，烽火与其他做空机构确实不同。另一起有趣的事件也对烽火自称的目的予以了有力的证明：

> 2017年8月22日，烽火发布了题为"叶剑波导演的另一个骗局"的做空报告，做空对象为御峰集团。有趣的是，御峰集团于2017年4月才向港交所递交上市申请，截至做空报告发布尚未上市交易，因而做空收益也就无从谈起。

难道做空市场确实出了一位"蝙蝠侠"？
我们拭目以待！

市场反应

我们计算了科通芯城在做空前后时间窗口内的异常报酬率 AR 和累计非正常报酬率 CAR。

本案例做空发生于 2017 年 5 月 22 日,我们将这一天定义为事件基准日 t_0。同理,我们前溯 5 个交易日、后推 5 个交易日作为检验的窗口期 $[t_0-5, t_0+5]$。同样,我们选取 $[-205, -5]$ 共 200 个交易日作为估计窗口。我们选用恒生指数①计算市场报酬率,正常报酬率公式为:

$$R_t = -0.0013 + 0.6546\, RM_t$$

根据正常报酬率公式计算股票在 t 日的非正常报酬率 $AR_t = R_t - E(R_t)$,和累计非正常报酬率 $CAR_t = \sum AR_t$,结果如表 3-19 所示。

表 3-19 做空报告日前后 5 个交易日的 AR 和 CAR

t	AR	CAR
-5	-0.0099	-0.0132
-4	0.0003	-0.0128
-3	0.0024	-0.0105
-2	-0.0548	-0.0653
-1	0.0003	-0.0650
0	-0.2244	-0.2894
1	-0.2310	-0.5204
2	-0.2717	-0.7921
3	0.1631	-0.6290
4	0.0460	-0.5830
5	-0.0869	-0.6698

资料来源:笔者利用科通芯城历史股价及恒生指数计算整理。

图 3-18 显示,在做空报告前 5 日,科通芯城的非正常日报酬率趋近于 0,累计非正常日报酬率同样趋近于 0,表明此期间内科通芯城股价波动趋近于恒生指数波动。在做空当日,非正常报酬率超过 -20%,做空下一交易日及其后交易日的非正常报酬率均超过 -20%,期间科通芯城发布的澄清公告未能有效地抑制这一趋势。对应于累计非正常报酬率,做空当日及其后两日的累计非正常报酬率逐渐达到极值,接近 -80%,随后在 -60% 上下波动。整体而言,这表明窗口期内,尤其是做空当日及其后的两个交易日,市场呈现显著的负向反应。

---

① 尽管科通芯城并非恒生指数成分股,但恒生指数于港股市场而言具有较高代表性。

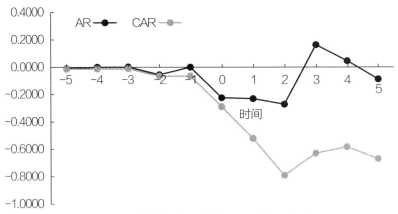

图 3-18　做空报告日前后 AR 和 CAR 走势

表 3-20 的检验结果也显示,窗口期内累计非正常报酬率表现出负向的显著性,烽火做空威力之大由此可见一斑;而期间科通芯城发布的澄清公告有如石沉大海,并未能抑制市场的负向反应。截至 8 月底,科通芯城的股价仍然徘徊在 4—5 港元/股,相较于做空前股价,跌去近 60%。截至目前,虽然科通芯城是否存在财务舞弊尚没有官方定论,但从股价的表现来看,市场似乎已经给出了判断。

表 3-20　单样本 T 检验

	检验值=0					
	T	df	Sig.(双侧)	均值	差分95%置信区间	
					下限	上限
AR	−1.5128	10	0.0806	−0.0606	−0.1499	0.0287
CAR	−3.5457	10	0.0027***	−0.3319	−0.5404	−0.1233

资料来源:笔者利用 SPSS 软件计算整理。

结　语

本篇对做空手法展开了分析与探讨。做空机构的出现,掀起了数次做空风潮。这一风潮最初针对在美国上市的中概股公司;近年来,做空机构转战中国香港市场,进入 2016 年,更是密集做空港股,被做空对象的规模不断增大、做空频率加快、做空机构与被做空公司的交战越发激烈。在辉煌的做空战绩背后，做空俨然成为一个产业，做空手法更加专业化、做空流程更加标准化，在巨大利益的诱惑面前，更多的市场参与者加入做空队伍中，期望从中分一杯羹。

做空，甚至形成了一条完整的产业链！

做空流程回顾

我们分析了做空流程，并通过嵌入各个流程的其他市场参与者，分析了做空产业链。从以往的绝大部分案例来看，获利是做空机构的根本目的，做空报告则是其主要的武器。在这一背景下，**整个做空流程涵盖"对象选取—分析调查—建立空仓—发布报告—博弈平仓"等环节。**

在对象选取环节，做空机构的信息来源是极其广泛的，任何可疑的线索都可能成为做空机构的切入点。但苍蝇不叮无缝的蛋，投资银行忽悠公司带病上市、审计师未能发现问题，都在一定程度上使公司成为做空机构的猎物。

在分析调查环节，实地调研、相关方、专业人士等都是做空机构取证、咨询的对象，由于"证伪"的工作特性，做空机构可以采取的措施远远超过分析师等的"证实"工作。

在建仓和发布报告环节，不同于以往单枪匹马式的作战，做空机构往往联合其他投资机构共同做空、共同获利，进一步放大了做空的威力，双方可谓"互惠互利"。

在最后的平仓环节，也就是胜负的焦点所在，做空机构往往需要与被做空公司进行数个回合的博弈，即便是确实存在问题的公司，也不会轻而易举地束手就擒。

此后，在以美国为代表的集体诉讼制度下，被做空公司可能面临墙倒众人推的局面，律师事务所代理投资者提起集体诉讼，被做空公司，甚至连同其审计师，都可能面临巨额的赔偿。

梳理做空手法

由于在市场上所获知的绝大部分公司信息来自公司信息披露，而做空机构作为市场参与者，对信息的获取也贯穿于整个做空流程，因此我们从信息披露的视角透视做空手法。无论是财务信息还是非财务信息,真实性和完整性应当是市场对信息的最基本需求。在这一视角下,**公司的资产负债项目、利润项目、关联交易项目、并购项目等的真实与完整就成为做空机构质疑的焦点。**

此外,**审计报告、工商税务材料也可能成为做空的切入点。**

除了真实性和完整性,信息披露的及时性、中立性也可能成为做空机构诟病的因素。

理性认识做空

从过去的做空经验来看,**做空机构的根本目的在于获利。** 如果做空机构的准确做空是"勤劳致富",那些歪曲事实、蓄意中伤的恶意做空就可谓"为富不仁"。做空机构精准而真实地揭露上市公司存在的问题,从中获得利益似乎无可厚非,同时,这一行为能够帮助投资者有效甄别市场上的问题公司,促进价值回归,起到资本市场"清道夫"的作用,同时也促进了资本市场信息披露水平的提高;相反,恶意做空则是以公司、其他投资者乃至整个市场利益为代价满足一己私利,这样的行为扭曲了市场价格,严重地干扰了正常的市场秩序。对于准确做空,我们应当抱以理性的态度;而对于恶意做空,不仅应当被抵制,相关当事者更应承担相应的法律责任。

现实做空再认识

我们通过两个案例,分别以美股市场和港股市场为背景,直观而具体地展示了做空机构采用的手法。在美国上市的东南融通遭到香橼做空之后,被查证存在舞弊行为,自做空起不到 5 个月的时间内被退至粉单市场;而在中国香港上市的科通芯城遭到烽火做空之后,股价至今停留在做空前 40% 上下,科通芯城是否如烽火所述存在舞弊问题,至今尚无官方定论。

一个有趣的现象是,香橼在做空东南融通的过程中获利颇丰,而烽火在官网指出其目的并不在于获利,我们分析烽火在做空科通芯城过程中的获益情况,在一定程度上对此予以验证。

然而,究竟是做空市场出现了"蝙蝠侠",还是做空手法和获利手段变得更为隐蔽?这实在值得玩味!

参考文献

[1] 巴曙松,矫静.上市公司如何提高市值溢价[J].新财经,2007,1:41—42.

[2] 边智群,杨耀峰.上市公司如何进行市值管理[J].湖北经济学院学报,2007,5(6):52—55.

[3] 蔡周蒲.浅析中国概念股频遭做空的原因——以浑水公司做空新东方为切入点[J].对外经贸,2013,7:72—75.

[4] 曹中红.我国上市公司信息披露中存在的问题及对策[J].北京理工大学学报(社会科学版),2006,8:51—54.

[5] 陈胜蓝,魏明海.投资者保护与财务会计信息质量[J].会计研究,2006,10:28—35.

[6] 黄超,黄俊.卖空机制,诉讼风险与审计收费[J].财经研究,2016,5:7.

[7] 句媛媛.卖空机制的VaR方法及其实证分析[J].云南师范大学学报(自然科学版),2010,30(2):38—44.

[8] 李翔.会计信息披露需求:来自证券研究结构的分析[J].会计研究,2006,3:6—13.

[9] 廖士光,杨朝军.卖空交易机制对股价的影响——来自台湾股市的经验证据[J].金融研究,2005,10:131—140.

[10] 廖士光,杨朝军.证券市场中卖空交易机制基本功能研究[J].证券市场导报,2005,3:75—76.

[11] 廖士光,张宗新.新兴市场引入卖空机制对股市的冲击效应——来自香港证券市场的经验证据[J].财经研究,2005:42—52.

[12] 刘婷.我国上市公司信息披露问题研究[D].大连:东北财经大学,2004.

[13] 施光耀,刘国芳,梁彦军.中国上市公司市值管理评价研究[J].管理学报,2008,1:78—87.

[14] 苏志.我国上市公司信息披露问题研究[J].财会月刊,2004,8:52—53.

[15] 孙飞.上市公司会计信息披露问题研究[D].大连:东北财经大学,2006.

[16] 汤仁征.我国上市公司信息披露问题研究[D].北京:财政部财政科学研究所,2013.

[17] 唐琴.浅析我国上市公司信息披露存在瑕疵的原因及对策[J].经济研究导刊,2011,8:170—171.

[18] 唐现杰,温旭伟.后股权分置时代上市公司绩效评价的核心——资产市值[J].商业会计,2007,11:23—25.

［19］万芹.中概股做空危机研究——从香橼做空恒大谈起［J］.现代商贸工业，2013，7：107—108.

［20］王丽容，郑思因.我国证券市场信用交易制度之检讨［R］.台湾证券交易所研究报告，2001.

［21］王鹏.投资者保护，代理成本与公司绩效［J］.经济研究，2008，2：68—82.

［22］王诗才.我国上市公司募集资金投向变更的成因分析与治理［J］.财经理论与实践，2002：S1：70—72.

［23］王兆同.上市公司如何应对"做空"［N］.经济参考报，2012-01-04.

［24］魏琼琼，张庆雷.纳斯达克中国概念股危机及其对中国创业板的启示［J］.商业时代，2013，3：83—84.

［25］吴联生.当代会计前沿问题研究［M］.北京：北京大学出版社，2005.

［26］吴淑琨，廖士光.融资融券交易的市场冲击效应研究：台湾的经验与启示［R］.海通证券研究报告，2007.

［27］伍华林.我国上市公司市值管理问题研究［J］.经济周刊，2007，11：37—38.

［28］夏丹，邓梅.融资融券对沪深股市影响的实证分析［J］.商业时代，2011，22：60—61.

［29］肖宇.中国概念股在美国被做空探因及对我国证券注册制改革的启示［J］.暨南学报（哲学社会科学版），2014，4：36—49.

［30］徐海涛.限制卖空对证券市场收益偏度和波动性影响的实证研究［J］.辽宁工学院学报，2005，3：202—204.

［31］徐艳.卖空机制对中国股票市场定价效率的影响研究［D］.哈尔滨：哈尔滨工业大学，2016.

［32］许年行，吴世农.我国中小投资者法律保护影响股权集中度的变化吗？［J］经济学（季刊），2006，5(3)：893—922.

［33］于孝建.融资融券交易对中国股市流动性和波动性的影响——以沪市为例［J］.华南理工大学（社会科学版），2012，14(2)：1—7.

［34］占蕙颖.卖空交易机制对股市波动性与流动性影响的实证分析［J］.商业时代，2010，30：71—72.

［35］张力上.上市公司信息披露［D］.成都：西南财经大学，2005.

［36］张林昌.中国股票市场引入卖空机制研究［D］.厦门：厦门大学，2007.

［37］张歆.倒在美国做空机构猎杀下的中国概念股——基于绿诺科技退市的案例分析［J］.商业文化，2012，11：175—176.

［38］张曾莲.双重上市公司境内外风险信息披露一致性及其影响因素［J］.财经理论与实践（双月刊），2014，4：85—90.

［39］Andersen, T. G., Bollerslev, T. and Diebold, F. X. Modeling and forecasting realized volatility［J］. *Econometrica*, 2003, 71(2)：579—625.

[40] Boehmer, E., Jones, C. M. and Zhang, X. Which shorts are informed？[J]. *Journal of Finance*, 2008, 63(2)：491—527.

[41] Nelson, M. W., Elliott, J. A. and Tarp ley, R. L. Evidence from auditors about managers' and auditors' earnings management decisions[J]. *The Accounting Review*, 2002, 77(5)：75—202.

[42] Biggs, B. *Hedge Hogging*[M]. John Wiley & Sons, 2011.

[43] Boehmer, E. and Wu, J. Short selling and the price discovery process[J]. *Review of Financial Studies*, 2013, 26(2)：287—322.

[44] Chang, E. C., Cheng, J. W. and Yu, A. Short-sales constraints and price discovery：Evidence from the Hong Kong market[J]. *Journal of Finance*, 2007, 62(5)：2097—2121.

[45] Charoenrook, A. and Daouk, H. The world price of short selling[Z]. SSRN, 2003.

[46] Conrad, J., Cornell, B. and Landsman, W. R. When is bad news really bad news？[J] *Journal of Finance*, 2002, 57(6)：2507—2532.

[47] Darrough, M., Huang, R. and Zhao, S. The spillover effect of fraud allegations against Chinese reverse mergers[Z]. SSRN, 2013.

[48] Dechow, P. M., Hutton, A. P., Meulbroek, L. and Sloan, R. G. Short-sellers, fundamental analysis and stock returns[J]. *Journal of Financial Economics*, 2001, 61(1)：77—106.

[49] Diamond, D. W. and Verrecchia, R. E. Constraints on short-selling and asset price adjustment to private information[J]. *Journal of Financial Economics*, 1987, 18(2)：277—311.

[50] Don, M. A., Thomas, J. B. and Marcus, V. B. Failures to deliver, short sale constraints, and stock overvaluation[C]. AFA Chicago Meetings Paper, 2012.

[51] Dyck, A., Morse, A. and Zingales, L. Who blows the whistle on corporate fraud[J]？ *Journal of Finance*, 2010, 6：2213—2253.

[52] Jarrow, R. Heterogeneous expectations, restrictions on short sales and equilibrium asset prices[J]. *Journal of Finance*, 1980, 35：1105—1113.

[53] McGee, R. W. and Yuan, X. L. How timely is financial reporting in China[Z]. Florida International University, Working Paper, 2008.

[54] Miller, E. Risk, uncertainty, and divergence of opinion[J]. *Journal of Finance*, 1977, 32：1151—1168.

[55] Pollock, A. J. Financial interest disclosures can protect markets from short & distort manipulators[R]. Washington Legal Foundation, 2016.

[56] Young, M. G. *The Complete Guide to Selling Stocks Short：Everything You Need to Know Explained Simply*[M]. Atlantic Publishing Group Inc., 2010.

第 4 篇

信息披露与做空

反做空策略与案例解构

概要

第 4 篇主要讨论信息披露视角下的反做空方法。首先，我们分析在应对质疑上市公司信息披露的做空时所采取的对策与步骤，包括紧急应对、补充应对、联合外部应对与后续应对；其次，我们介绍反做空有效性的要求；最后，我们通过网秦应对浑水、展讯通信应对浑水、恒大应对香橼三个反做空案例，详细介绍具体的反做空过程和后续发展。

引 言

在中概股公司赴美上市的初期，大部分公司缺乏在国际市场上的自我保护意识，而且由于中国内地缺失相应的做空机制，中概股公司也欠缺反做空的经验和能力，因此在面对做空机构的攻击时，大多数中概股公司无法有效地展开沟通和回应，最终只能应声而倒。但在积累了一定的市场经验后，一些优秀的中概股公司开始能够在短时间内做出反应，通过有效的回应予以迅速反击。揭露信息披露问题是做空机构进行攻击的核心，因此中概股公司针对做空指控或质疑的回应，实际上就是证明自身信息披露不存在问题的过程。

对于赴海外上市的公司来说，除做好日常信息披露工作、"身正不怕影子歪"之外，还要勇于回击不符合事实真相的恶意做空。在做空机构发布报告之初，市场的反应是迅速的，因此上市公司的澄清具有很高的时效性要求。

在紧急应对中，上市公司通常可采取哪些手段对做空机构予以反击？

在后续的发展过程中，如何进一步地补充信息披露，以市场交易方式稳定公司股价？

在反做空的过程中，上市公司并不是孤军作战的，应当联合一切可联合的力量，包括市场中介、政府、行业协会、商业伙伴等。

除此之外，很多人觉得上市公司一旦遭到做空成功，似乎就会陷入僵局，从而万劫不复。实际上，上市只是公司发展的融资渠道之一，当市场价格不再合理时，公司同样可以根据自身情况选择私有化，以继续维持日常运营。随着国内资本市场的不断发展,一些海外退市公司还可以转向A股上市。对于恶意做空的机构,公司也应当充分运用法律手段,经由法律途径保障自身的合法权利。

对于上市公司而言,更值得关注的是:

在运用上述手段的过程中,如何保证对做空机构的反击更加有效?

在反做空的过程中,应当遵循哪些原则,才能使得公司的应对更加有效?

01 反做空策略与步骤

在赴美上市的初期，国内大部分公司缺乏在国际市场上的自我保护意识（蔡周蒲，2013），而且由于中国内地没有相应的做空机制，中概股公司缺乏反做空的经验和能力，因此在面对做空机构的攻击时，大多数中概股公司无法有效地进行沟通和应对，最终只能应声而倒。但在积累了一定的市场经验后，一些优秀的中概股公司开始能够在短时间内做出反应，通过有效的回应予以迅速反击。由前文可知，揭露信息披露问题是做空机构进行攻击的核心。因此，中概股公司对做空指控的回应，实际上就是证明自身信息披露不存在问题的过程。

"做空潮"中有5家中概股公司采取一系列措施有力地回击了做空机构，可以作为反做空策略的有力借鉴。这5家公司分别为奇虎360、新东方、展讯通信、分众传媒和泰富电气。其中，奇虎360和新东方遭遇做空后通过反击使股价回升，泰富电气、展讯通信和分众传媒则均以高于做空前的股价完成私有化退市（见表4-1）。

表4-1 反做空成功公司概况　　　　　　　　　　　单位：美元/股

公司名称	泰富电气	展讯通信	奇虎360	分众传媒	新东方
做空时间	2010-11-23	2011-06-28	2011-11-01	2011-11-21	2012-07-19
做空结果	私有化退市	私有化退市	股价回升	私有化退市	股价回升
做空前股价	19.36	13.17	—	23.00	—
退市时股价	23.30	30.93	—	27.42	—

资料来源：笔者根据网络公开资料整理。

经分析，上述5家公司的反做空在时间与方法上具有较大的共性，具体表现为在做空事件发生后与投资者进行紧急沟通、以股票回购方式遏制股票下跌、及时召开电话会议或发布澄清报告、联合外部利益相关者发声、寻求独立机构开展调查等。本篇将这一系列措施的紧急性与重要性进行归纳，提炼出反做空的四个基本步骤，分别为紧急应对、补充应对、联合外部应对与后续应对。

紧急应对

紧急应对主要指在做空报告发出的当日或次日采取的紧急措施。在做空报告发布后，市场上一瞬间充斥了大量负面信息、谣言四起。投资者在做空消息的单方影响下，只能选择"用脚投票"，而投资者间的"羊群效应"更会引发大量的股票抛售。因此，中概股公司在做空后的第一时间必须采取有效的紧急应对措施，以挽回投资者信心并遏制股价下跌。通常，紧急回应包括以下三个步骤：召开电话会议、发布澄清报告与大股东增持或回购股票。

召开电话会议

电话会议通常由中概股公司高管组织召开，邀请证券分析师等进行连线提问，高管在当场予以解答。分析师会围绕做空攻击问题进行发问，公司在解答问题的过程中向外界传递真实信息，在市场吸收更多的负面信息之前向投资者证明自身并不存在被指控的问题。电话会议一般是与投资者沟通的第一道桥梁，公司必须及时召开且真实回应，为后续应对奠定良好基础。

2011年6月29日，在浑水对展讯通信进行攻击后，展讯通信在6月29日当晚就召开了电话会议。公司首席执行官李力游通过电话会议向分析师澄清营业收入增长是由引进新产品和国内外市场的增长所导致、首席财务官离职是出于个人原因、收购子公司是看中其未来发展前景等。由于电话会议召开及时且对问题阐述清楚，展讯通信股价次日即反弹45.4%。

发布澄清报告

澄清报告是指针对做空机构攻击内容的书面回应，紧密围绕做空机构所提到的信息披露问题展开，内容通常包括对做空攻击错误之处的指正、对真实情况的披露，以及更多相关信息的披露等。澄清报告是对做空内容进行回应的最主要的载体，中概股公司必须保证能对做空质疑问题进行有针对性的、真实且全面的回应；否则，就可能令投资者认为未回答的问题是公司刻意隐瞒的，这样即使其他问题应对得当，也无法取得投资者的信任。此外，公司可以披露更多做空机构未直接质疑的问题，进一步增强市场信心。为了提高澄清报告的真实可信性，中概股公司通常可以采取的方法包括：

其一，披露更多定量数据，不要仅仅进行定性描述；

其二，公布照片、扫描件等相关直接证据；

其三，报告清楚易懂，不存在模棱两可或答非所问的情况；

其四，将自身情况与做空机构的指控进行对比说明，提高应对质疑的直观性；

其五，引用中文资料的同时提供翻译资料，并保证翻译的准确性。

在 2011 年 11 月 1 日香橼做空奇虎 360 的案例中，做空的第二日奇虎 360 就发布了做空报告反驳香橼的恶意做空。奇虎 360 的报告不仅发布及时，而且有真实数据的支撑，同时还指出香橼在计算方法上的错误，做到了"知己知彼"（见表 4-2），使得澄清报告的可信度大大上升，有效地挽回了投资者的信心，实现了股价 V 形反转。

表 4-2　奇虎 360 回应香橼的澄清报告内容节选

回应方式	回应内容
披露真实数据	导航页面有 125—130 个付费广告链 未加入追踪 URL 的付费广告链接约为 40 个 导航页面上每个付费广告链接均价为 32 万—35 万元 首页广告收入约占所有广告链接收入的 75% 每月的平均每付费用户收入约为 380 元
指出香橼的不合理之处	使用 360 浏览器不会安装 Alexa 插件，使用 Alexa 插件计算流量不合理 360 的用户大多使用桌面软件而非导航页，利用导航页估计流量不合理 使用 Adplanner 计算流量不合理，其目标是跟踪目标广告，不能准确追踪 360 的流量

资料来源：奇虎 360 回应香橼的澄清报告。

大股东增持或回购股票

除了保持与投资者的有效沟通，遏制股价下跌也是中概股公司应采取的紧急应对措施。最直接、有效的方法就是大股东增持股份或者公司回购股份，不仅能够支撑股价上升，还有助于维护公司形象、树立投资者信心。

新东方在遭浑水做空后，管理层于第二天就宣布股票回购计划，具体为董事会主席兼首席执行官俞敏洪、首席财务官谢东萤、董事周成刚等核心管理人员宣布将在未来三个月内使用个人资金回购价值 5 000 万美元的 ADS（美国存托股份）。消息宣布后，新东方股价第二天即高开 11%，并以涨幅超 15% 的表现收盘。

补充应对

在第一步的紧急应对之后，中概股公司通常还可以采取一些补充应对措施，进一步挽回公司形象和投资者信心。补充应对主要发生在遭遇做空后的一周之内，公司通常会宣布尽快成立独立调查委员会，针对做空机构的指控展开调查，确认指控是否属实；公司高管则往往会利用媒体平台（如微博、财经类新闻媒体等）及时表达对做空质疑的回应以及对公司的支持。

聘请独立机构调查

独立机构既包括具有行业权威性的专业机构，也包括公司自行邀请组建的独立调查委员会。由于中概股公司已被质疑存在信息披露问题，独立机构的权威性调查将成为有效的信用"背书"。

独立调查委员会通常由审计委员会牵头成立，邀请国际知名律师事务所和会计师事务所参与调查。律师事务所和会计师事务所根据做空机构揭露的信息披露问题对中概股公司展开专业、细致的调查，并发布调查报告。在调查的过程中，律师事务所和会计师事务所是以第三方的身份实施调查，具备独立性；鉴于两者拥有极强的专业性和声誉，其发布的调查报告可信度极高，能够成为投资者的"强心剂"。

2011年11月21日，浑水发布针对分众传媒的做空报告，指责分众传媒的LCD（液晶显示器）屏幕数量造假。基于此，分众传媒特别聘请全球第五大、中国最大的市场研究公司益普索（Ipsos）针对LCD屏幕数量展开调查。2012年1月6日，益普索公布调查结果，证实分众传媒对LCD屏幕数量披露真实，浑水指控不成立（见表4-3）。

表4-3 对LCD屏幕数量的独立调查结果　　　　　　　　　　单位：个

机构	LCD屏幕数量
分众传媒披露	178 382
浑水质疑	116 026
益普索独立调查	185 174

资料来源：笔者根据网络公开资料整理。

利用媒体平台应对

由于媒体平台传播消息速度快、影响范围广，因此有助于中概股公司及时发布澄清信息并扩散，也常被公司董事、高管等关键人员用作表达观点、声援公司的渠道。但由于其观点不具有官方性，因此仅可以作为中概股公司的选用方式。例如，在上述的分众传媒LCD屏幕数量问题中，分众传媒副总裁嵇海荣在遭遇做空的第二天立即发微博指责浑水混淆LCD显示屏和LCD楼宇显示屏的概念，恶意谎报屏幕数量。公司首席执行官江南春也表达对浑水的不满，并呼吁投资者保持理性，不要相信谣言。

虽然微博等平台并不是官方的媒介，但由于在社会公众中受关注度极高，有助于中概股公司快速传递信息。值得注意的是，正是由于互联网媒体的受众面广，公司在发布信息时更要注意真实性和准确性，一旦出现不实信息，负面影响将不可计数。

联合外部应对

除自身的措施外，中概股公司还可以借助外部力量，组建公司的外部声援网络,通过多方口径来证明自身并不存在做空质疑的问题。个体的能力是有限的,但群体的支持将成为反做空的强大力量。

投资银行维持评级

投资银行对股票的评级是资本市场的风向标,在市场上具有较高的权威性。若在遭遇做空后,投资银行仍维持相关中概股评级,就能够大幅提高市场信心,帮助中概股公司反做空。通常,作为公司上市承销商的投资银行出于利益的联结,会发声维持公司的"买入"评级。

展讯通信在遭遇做空的当日,其承销商投资银行 Piper Jaffray 与 Needham 就重申维持展讯通信的"买入"评级;随后,另外两家投资银行也表达对展讯通信的信心(见表4-4)。

表4-4 展讯通信遭遇做空后的投资银行评级

时间	投资银行	评级
6月29日	Piper Jaffray(承销商)	买入
6月29日	Needham(承销商)	买入
6月29日	Bank Of America	买入
6月29日	Quinn Bolton	买入

资料来源:笔者根据网络公开资料整理。

合作伙伴力挺

作为公司的利益相关者,合作伙伴往往会为被做空公司发声,支持公司业绩及财务信息披露的真实性。具体而言,在被质疑收入不真实时,公司可以联系客户证明销量和价格属实;在被质疑经营规模不实时,公司可以联系渠道商证明销售渠道属实;在被质疑产品质量低下或功能不实时,公司可以联系供应商或技术提供者证明产品原料有保障、技术合格等。

例如,香橼在做空奇虎360时,指责360导航页的广告价格为22.5万元,广告链接数量为60—70个,根本不可能实现2 090万美元/季度的收入。做空消息发出后,360的广告链接大客户、国内知名电商当当网的首席执行官李国庆立即发布微博声援,证明当当网每月支付的广告链接费用远高于 22.5 万元,香橼的质疑信息明显有误。

政府和行业协会

政府和行业协会是常常被忽视的利益相关者,然而被做空公司如果能够获得政府或行业协会的支持,即便只是给予公司部分的肯定,其本身具有的权威性也会大幅提升市场对公司的信心,投资者更愿意相信公司能够度过困难时期。

2017 年 3 月,艾默生发表做空报告,针对山东魏桥创业集团进行做空,做空行为直接导致中国宏桥和魏桥纺织 2006 年年度报告延迟发布。资料显示,在做空机构发布报告后,魏桥集团向中国有色金属工业协会递交了紧急报告,指出做空行为是对魏桥集团在港上市两家公司的"绞杀",如果让对方得逞,将影响国家在市场上的定价权,甚至引发系统金融风险,希望得到相关部门的支持。中国有色金属工业协会随后将该报告转呈工信部,随即,工信部在 4 月展开对魏桥集团的调研,调研的陪同人员包括政府部门相关领导。获得相关部门的支持大大地增强了魏桥集团的信心,并在之后对做空机构予以还击。

债权人

做空机构常常质疑公司资金的真实性,认为被做空公司偿债压力较大,甚至面临债务违约。如果公司能够得到债权人的支持,不仅能够减轻偿债压力,还能够从侧面反映重要利益相关者对公司资金流转的认可。进一步地,如果公司能够部分偿债,也能够一定程度地打消投资者的质疑。

浑水做空辉山乳业时认为其偿债压力较大,辉山乳业发布澄清报告指出当前债务压力已经得到缓解,并且积极寻求债务重组。辉山乳业递交了债务重组方案,以体系内外的全部资产抵债并由债权人组成新公司,使得境内外债权人的清偿率达到 14%—20%。这一方案得到了多数债权人的支持。债务重组计划有利于应对当前投资人不足的局面,以尽可能保障大多数相关方利益的方式扭转公司当前的困境。

后续应对

私有化退市与回归 A 股

如果上述步骤无法扭转股价下跌的颓势,公司价值仍被严重低估,那么中概股公司还有最后一个选择——私有化退市。选择私有化退市不仅能够切实维护公司价值和股东利益,还可以摆脱作为公开上市公司所受到的各种监管束缚,有助于中概股公司调整战略规划、重新完善生产经营。

泰富电气(NASDAQ:HRBN)是第一家在美国成功退市的中概股,其在 2010 年 6 月遭到香橼做空,半个月内股价下跌超过 20%。在做空力量的猛烈攻击下,泰富电气应对不暇,继而在磐石基金(Abax Global Capital)的推动下展开了私有化退市进程,最后以高于做空价 20% 完成了私有化,扭转了公司价值被低估的境况(见表 4-5)。

表 4-5 泰富电气遭遇做空前后股价　　　　　　　　单位:美元/股

	股价
做空前股价	19.36
遭遇做空后最高股价	25.05
遭遇做空后最低股价	5.82
私有化要约价	23.30

资料来源:新浪财经。

然而,私有化退市同样存在程序复杂、潜在诉讼等风险,很可能给上市公司带来高昂的成本。因此,遭遇做空的中概股公司必须结合自身实际情况并搜集多方信息,对是否私有化退市做出切实的评估和选择,合理制订私有化方案。

此外,一些退市后的中概股公司选择回归 A 股市场,期望在 A 股市场上改变价值被低估的现状,并从 A 股市场上获得新的融资。当前,A 股市场的投资吸引力逐渐增强,对于海外上市的中概股公司而言,公司被市场价值做空后遭到严重低估，私有化后回归 A 股重振雄风不失为一种好的选择。当然，回归 A 股市场意味着冗长的上市等待过程和不同的监管要求，还要考虑如何解决回归过程的融资问题。因此，公司必须进行多方面利弊的权衡。

诉讼

公司被做空后往往引起股价迅速下滑，针对做空机构可能披露公司存在的虚假披露问题、质疑公司未来的持续经营能力，使公司容易受到投资者的诉讼。海外证券市场的监管更加严格，中概股公司潜在的披露问题更可能被放大。一旦陷入诉讼过程，不仅费用高昂，公司形象也会受到重创。东南融通被做空机构公开质疑后，股价迅速下跌，导致多家律师事务所对其展开调查和提起集体诉讼，诉讼主体还包括主要的投资者，要求公司为财务报告违规问题给予巨额赔偿。最终，法庭判决东南融通的总赔偿额超过 10 亿美元，创下中概股公司赔偿的最高历史纪录。海外市场对投资者保护的强调，使得集体诉讼成为投资者保护自身利益的利器，中概股公司在被做空后应该及时做出应对，充分披露相关信息或回购股票，表明公司自身的价值和对投资者利益的保护。

被做空公司也可能主动寻求法律手段，对做空机构予以还击。在遭到恶意做空时，中概股公司会试图通过法律途径维护公司利益，如报警、发出警告函、向法院提起诉讼等。虽然做空报告可能存在误导投资者、污蔑公司的情况，但由于美国法律侧重于维护投资者利益，而做空机构又深谙美国法律，在开展做空调查时不会留下相关证据，因此起诉做空机构往往被目标公司当作一件"费力不讨好"的事。在选择法律手段时，中概股公司应该合理评估费用和结果，做出一个综合的选择。2012 年 6 月 21 日，香橼发布做空报告称恒大地产存在欺诈和报表虚假披露等问题，以及利用会计手段掩盖资不抵债的事实。恒大地产迅速发布澄清报告，通过新闻发布会驳回香橼在做空报告中的质疑，并表示要采取法律手段维护自身利益。当年 7 月，恒大地产前往香港特区警务处报案；2014 年，香港特区证监会发起针对香橼及其创始人莱福特的诉讼，最终判处莱福特针对恒大地产的研究报告存在披露虚假或具误导性的资料以诱使他人进行交易的市场失当行为，并判归还做空恒大地产交易过程中获利的 160 万港元利润。由此，恒大地产起诉香橼成为通过后续起诉应对做空机构的成功案例。

此外，由于做空机构通常是连续几轮发布做空报告，因而中概股公司与其也往往是多次"交锋"，循环使用上述步骤。

小　结

综上所述，在遭到做空机构的攻击后，中概股公司可以采取四个步骤反做空：

第一步是紧急应对，在遭遇做空后第一时间挽回投资者信心、遏制股价下跌；

第二步是补充应对，在紧急应对效果不佳的情形下进行辅助应对；

第三步是联合外部应对，形成系统的应对网络，提升反做空的广度和深度；

第四步是后续应对，当上述步骤失效时，公司可以考虑进行私有化退市或者以法律手段解决问题。

基于此，我们构建了中概股公司反做空的基本步骤流程，以期对实务界有所借鉴（见图 4-1）。

02　反做空有效性的要求

虽然我们构建了反做空的基本对策与步骤，但需要明确的是，这些步骤必须遵循一定的关键原则才能有效地发挥作用。一些形式上的步骤（如回购股票等）虽然能够有效地遏制股价下跌，减弱做空对公司的影响，但在短期拉动股价的利好消息过去后，投资者很可能再度选择"用脚投票"。因此，如果想真正挽回投资者的信心，在反做空时，中概股公司就必须把握几个关键要素。

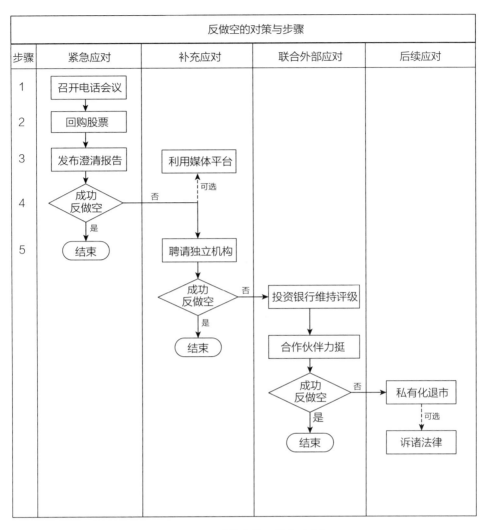

图 4-1 反做空的对策与步骤

资料来源：笔者自行构建。

真实性与全面性

在反做空时，真实性是最根本和最重要的原则，也是所有反做空措施的核心。在反驳做空机构的指控时，真实性要求必须言之有据，根据公司的客观情况披露真实的信息。不论采取何种具体措施，真实性都是前提要求：召开电话会议和发布澄清报告要求基于真实信息与投资者沟通；利用媒体平台要求发布真实的信息；也只有真实的信息，才能请到合作伙伴为自己发声、争取到投资银行的"买入"评级。

全面性则指针对做空机构的指控应全面作答，否则会令人质疑隐瞒关键信息。如果澄清报告只是回答某几个问题，其对投资者的说服力就会大大降低。

及时回应

做空攻击通常没有预兆，而是在盘中突然发布，公司股价随即暴跌、市值缩水。鉴于这种突然性，中概股公司根本无法提前准备，因此及时筹划应对措施、回应外界对中概股公司是一个极大的挑战。但这种挑战又是必须面对的，一旦错过做空之初的最佳时间点，就很可能失去投资者的支持，无法挽回股价一泻千里的局面。

系统运作

系统运作是指企业在借助外部力量时，系统化地组织各方的支持，组建统一的应对阵营。例如，在收入遭到质疑时，公司可以联系客户、供应商、渠道商等予以发声，形成较为完整的证据链条。

权威证实

权威证实主要体现在独立机构的调查与投资银行的评级上。中概股公司为了反做空所聘请的独立机构或者倚靠的投资银行，其本身的资质应该具有权威性。聘请不具有权威性的机构作为证明，并不会令投资者信服。

综上所述，中概股公司在反做空时应把握真实性与全面性、及时回应、系统运作和权威证实四个关键要素，才能在反做空时积极主动，迅速且有效地证明自身信息披露无误，打击做空者的阴谋，重新赢回投资者。

03 失措与遗憾：网秦应对浑水

网秦事件背景

公司简介

基本情况 网秦全称北京网秦天下科技有限公司，创立于2005年，业务覆盖移动搜索、广告平台、手机游戏平台、企业移动化、个人与家庭移动安全等领域，主要产品包括手机卫士、通信管家、Niceday、网秦空间等，以"打造全方位的移动互联网平台"为目标。网秦设立两个总部，分别位于美国达拉斯与中国北京，拥有约400名员工。2011年，网秦被达沃斯论坛评选为"全球科技先锋"，其商业模式与创新能力可谓世界瞩目。[①]

2011年5月5日，网秦以首次公开募股方式在纽约证券交易所挂牌，交易代码为NQ，是第一家登陆纽交所的中国移动互联网公司。首次公开募股发行775万ADS（1ADS=5普通股），发行价为11.50美元/股，融资8 912.5万美元，主承销商为美国投资银行Piper Jaffray。

公司股权结构分析 与大部分赴美上市的中概股科技公司类似，网秦选择VIE结构[②]（见图4-2）在美国上市。网秦移动是在开曼设立的公司，由网秦创始人林宇、史文勇、周旭通过BVI公司控制，是网秦在美国上市的主体。网秦移动通过在中国香港设立的壳公司设置在中国内地的全资子公司（Wholly Foreign Owned Enterprise，WFOE），即网秦移动（北京）有限公司。通过网秦移动（北京）与北京网秦天下（VIE）之间的一系列协议，网秦移动（开曼）实现了对北京网秦天下的控制。至此，VIE结构基本建立。网秦移动（开曼）享有VIE权益，与中国内地实体北京网秦天下共担盈亏。

财务状况分析 遭遇浑水做空之前，网秦对外发布的财务信息格外具有吸引力。

---

① 根据网秦官方网站整理，网址：http://cn.nq.com/。
② VIE结构也称协议控制结构，即美国壳公司通过一系列协议实现对中国境内实体公司的控制，使境外投资者能够对受限制或禁止的领域进行间接投资，实现海外上市。

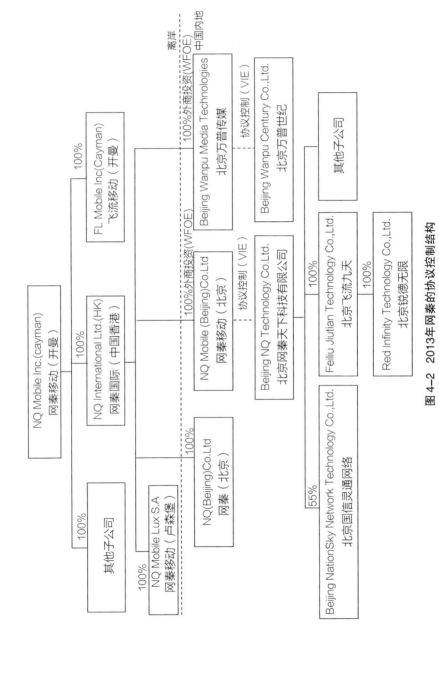

图4-2 2013年网秦的协议控制结构

资料来源：笔者根据网秦2013年年报整理。

从资产规模来看，网秦上市之初的资产仅为 1 325 万美元，在业绩提高和首次公开募股融资的影响下，资产规模在 2010—2011 年惊人爆发，两年间翻了 16 倍。2012 年资产增长速度放缓，但也达到 54.4% 的增长速度。2013 年的资产增长主要来自现金的增加，以及并购带来的投资收益和商誉（见图 4-3）。

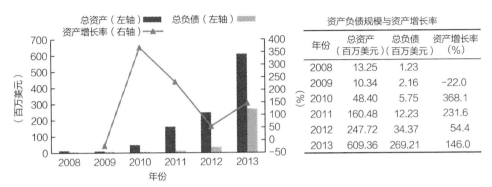

图 4-3　网秦 2008—2013 年资产负债规模与资产增长率

资料来源：CSMAR 数据库。

从盈利能力来看，网秦的收入逐年稳步增长，毛利率也逐年上升（见图 4-4）。2011 年，首次公开募股融资使网秦获得大笔外币汇兑收益，净利润扭亏为盈。2012 年，网秦的毛利率与净利率有所下降，但毛利率仍在逾 70% 的高水平上。在遭到做空后，网秦的 2013 年第四季度收入大幅减少，利润下降。

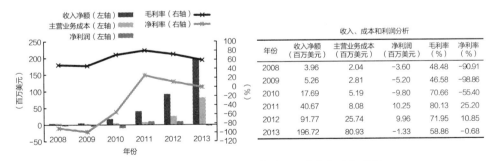

图 4-4　网秦 2008—2013 年收入、成本和利润分析

资料来源：CSMAR 数据库。

从收入结构来看,网秦的主要收入来自手机增值服务,包括杀毒软件和手机游戏平台等。约27%的收入来自为企业移动化所提供的产品和服务,约18%的收入来自广告(见图4-5)。

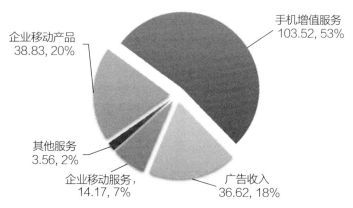

图4-5 网秦2013年收入结构分析(单位:百万美元)

资料来源:网秦2013年年报。

事件回顾

2013年10月,在完成做空布局后(见图4-6),美国著名中概股做空机构浑水正式发布针对网秦的做空报告,对其存在的严重信息披露问题提出公开质疑。

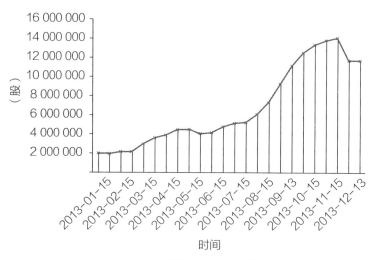

图4-6 网秦卖空仓位变化

资料来源:笔者根据WallStreetCourier.com(WSC)网站公布的卖空仓位信息整理。

做空发展过程如下:

2013 年 10 月 24 日,浑水质疑网秦涉嫌财务造假,称整个公司就是一个"大骗局"。当日,网秦股价从 22.88 美元/股跌至 12.09 美元/股,暴跌 47.16%。

10 月 25 日,网秦召开电话会议并发布官方声明,否认浑水对其夸大应收款项的指控,同时宣布成立包括顶级投资银行及会计师事务所在内的独立调查委员会。投资银行 Piper Jaffray 发布投资分析报告,维持网秦"增持"评级及 27 美元/股的目标股价。当日,网秦股价继续下跌 12.08%,两天累计下跌近 60%。

10 月 29 日,网秦针对浑水的质疑公布长达 97 页的澄清报告,逐一回应做空攻击问题。澄清报告发出后,网秦股票连续大涨 3 天,由 8.80 美元/股回升至 14.40 美元/股。同日,浑水针对网秦的澄清再次发布报告,称澄清报告中存在 10 处"谎言"等。

10 月 30 日,网秦的合作伙伴宣布力挺网秦,中国移动还宣布旗下的咪咕音乐平台将整合网秦的音频文件搜索技术。随即,浑水发布报告质疑网秦与华为、中兴等公司合作的真实性,并引用 4 篇中国内地的报道,但并没有提出新的证据。

11 月 5 日,Biper Jaffray 宣布暂停对网秦发布评级、目标股价及业绩预期。

同年 12 月,网秦发布主题为"扛得住,世界就是你的"的一组平面广告,并在微博上掀起"扛得住大赛"的互动活动,意在向公众展示自身顶住浑水做空压力的决心。

2014 年 4 月 11 日,网秦发布截至 12 月 31 日的 2013 财年未经审计年报,不但发布时间较 2012 年晚了近一个月,而且利润同比转亏。财报显示,2013 年网秦净亏损达 520 万美元,且亏损主要来自第四季度。报告发布当日,网秦股价暴跌近 20%。

4 月 13 日,浑水继续发力,发布一份题为"网秦,你不可能一直欺骗所有人"的报告,指责网秦延期发布财报、为保股价虚增收入、分析师电话会议不透明、聘请独立调查委员会调查结果毫无价值等行为。网秦股价继续跳水近 13%,收盘于 11.05 美元/股。

6月4日，在历时 7 个月之后，网秦聘请的独立调查委员会发布调查结果，德勤会计师事务所和谢尔曼律师事务所认为"网秦并不具有浑水所指控的造假行为"。同日，浑水继续发布报告质疑调查结果，但投资者并未受浑水影响，网秦股价大涨近 31%。但普华永道并不认可调查报告结果，坚持扩大审计范围，导致 2013 年审计报告迟迟无法提交。

7月3日，网秦内部审计委员会主席韩英宣布离职。虽然网秦表示此次离职是出于韩英的个人原因，与公司所处现状无关，但投资者并不买账。当日，股价又暴跌 32%，收盘价跌至 4.62 美元/股。

7月18日，网秦与普华永道解约，并重新聘请麦楷博平（MBP）作为新的外部审计师，审计网秦 2013 年财务报告。当日，网秦股价上涨逾 15%。

8月15日，网秦首席财务官 KB Teo 宣布离职，导致股价开盘即大跌 12%，进一步将网秦拉入更深的谜团中。

10月29日，网秦终于发布了迟到半年的 2013 年年度报告，在经过第三方审计机构进行独立审计后，其财务数据与之前披露的未经审计的数据一致。但浑水创始人卡森·布洛克仍质疑网秦新的外部审计有失偏颇，拉锯战仍在继续。同日，网秦宣布拒绝野牛资本于 7 月 30 日发出的私有化要约。当天网秦股价下跌逾 15%，收于 8 美元/股。

2014 年 12 月 31 日，网秦的收盘价仅为 3.9 美元/股。在遭遇做空后的一年多时间里，网秦股价由 22.88 美元/股暴跌近 83%，与浑水之间上演了一场惨烈的激战。

浑水做空手法透视

在长达 81 页的做空报告中，浑水列举了网秦存在严重信息披露问题的多项"罪证"，集中指控了网秦的信息披露不真实、不完整与不及时。

质疑信息披露不真实

质疑国内收入不真实　浑水认为，网秦的中国内地收入来源包括三个渠道——运营商计费（包括直接运营商和增值服务提供商、通过第三方支付平台和预付卡），来自这三个渠道的收入都存在严重的不实问题。

其一，针对运营商计费的质疑。运营商计费是网秦的主要收入模式，而来自增值服务提供商——天津易达通科技发展有限公司的收入贡献高达 20%以上（见表 4-6）。易达通是基于运营商（如中移动）的增值服务提供商——作为通道连接运营商与网秦，使运营商客户能够使用网秦所提供的服务。浑水认为，在中国会计准则的要求下，易达通应将来自运营商的收入作为主营业务收入，将支付给网秦的服务费作为主营业务成本。但从表 4-6 可以看出，2012 年易达通本身的收入只有 290 万美元，根本不可能支付给网秦 2 018.9 万美元。

表 4-6 网秦来自易达通的收入分析

	来自易达通的收入（千美元）	占总收入比例（%）
2010 年	3 716	21
2011 年	10 574	26
2012 年	20 189	22
2012 年易达通本身的收入	2 900	

资料来源：网秦年报及浑水做空网秦报告。

其二，针对第三方支付平台的质疑。浑水尝试通过网秦支付网站上的第三方支付入口（如支付宝、财付通等）付费，但尝试了 59 次均以失败告终。据此，浑水认为网秦的第三方支付平台并不具备实际功能，该渠道无法成为收入来源。

其三，针对预付卡的质疑。浑水实地走访了北京和广州的网秦预付卡销售网点，对销售人员进行访谈，而销售人员印证了网秦预付卡的销量极少，现有库存还是两年前出产的。

质疑国外收入不真实 除了来自中国内地的收入，网秦宣称其 2012 年来自除中国内地以外的国际收入达到 3 650 万美元，而浑水认为这一数字实属夸大。

其一，浑水根据知名手机应用分析平台 Distimo[①] 的调查数据，将网秦与同类 APP 进行了对比。数据显示，网秦的日均收入少于 Lookout[②]（见图 4-7），

---

① 荷兰手机应用商店分析机构，官方网址为：http://www.distimo.com。
② 著名智能手机安全公司，官方网址为：https://www.lookout.com。

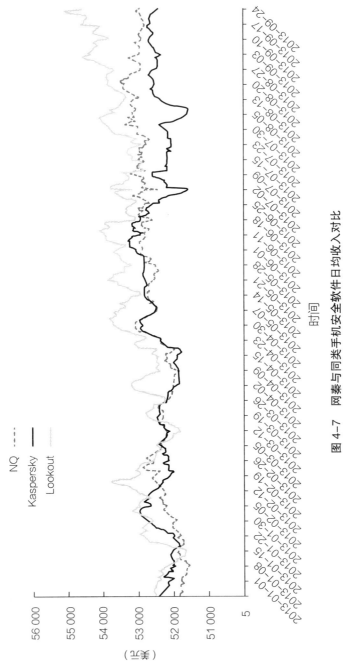

图 4-7 网秦与同类手机安全软件日均收入对比

资料来源：浑水做空网秦报告。

而 Lookout 披露的年收入还不足 1 000 万美元，因而网秦宣称的 3 650 万美元看起来如同天方夜谭。

其二，2013 年第二季度末，网秦的财务报表显示其销售变现天数多达 172 天[①]（见表 4-7），远高于行业 30—45 天的平均时间，而网秦表示这是因为国际销售回款较慢。但浑水表示，其咨询的业内专家均无法对网秦这一现象给出合理性解释，网秦国际收入存在披露不实的问题。

表 4-7　网秦 2013 年第二季度销售变现天数

期末应收账款（千美元）	销售收入（千美元）	销售变现天数（天）
70 850	74 636	171.82

资料来源：网秦 2013 年第二季度季报。

质疑现金余额不真实　网秦资产负债表的现金一栏十分引人注目，其价值 6 951 万美元的现金及现金等价物与 5 856 万美元的定期存款在 2011 年年报中尚属于一级资产，而 2012 年则在无理由的情形下被划分为二级资产（见表 4-8）。根据美国信息披露要求，在活跃市场上有公开报价的资产可划分为一级资产，没有公开报价但可以通过其他渠道得知价格的资产可划分为二级资产。浑水认为，现金及现金等价物满足一级资产的要求，也从未有其他公司将现金划分为二级资产，网秦的会计处理极不合理，其现金状况存在严重的披露不实。

表 4-8　网秦 2011 年与 2012 年现金分类　　　　　　　　　单位：千美元

项目	2012 年 12 月 31 日	一级资产	二级资产	三级资产
现金及现金等价物	18 862	–	18 862	–
定期存单	101 503	–	101 503	–
短期投资	7 573	–	7 573	–
合计	127 938	–	127 938	–
	2011 年 12 月 31 日	一级资产	二级资产	三级资产
现金及现金等价物	69 510	–	69 510	–
定期存单	58 563	–	58 563	–
合计	128 073	–	128 073	–

资料来源：网秦 2012 年年报。

---

① 销售变现天数＝期末应收账款当期销售收入×当期天数。

质疑应交税金不真实 浑水针对网秦应缴税金的质疑主要集中在营业税与所得税上。

其一,针对营业税的质疑。网秦宣称在 2011 年应按营业收入的 3%或 5%缴纳营业税。浑水认为,网秦 2011 年的中国内地营业收入为 1.1 亿元,但营业税仅缴纳 8 000 元,存在严重的收入与税收不符。

其二,针对所得税的质疑。网秦宣称在 2008—2010 年负担正常的 25%企业所得税税率,但在 2011 年又宣布符合国家税务总局关于软件行业"两免三减半"的税收优惠政策①,即"2009—2011 年"不需缴纳企业所得税。浑水认为,一般企业会尽量选择所得税税收优惠,而网秦直到 2011 年才意识到自身可以享受税收优惠,这实在反常,说明其收入存在造假行为。

质疑审计报告不真实 对外部审计的质疑也是浑水做空网秦的重点部分。在报告中,浑水认为网秦的审计师普华永道的审计工作十分草率,对网秦财务报表上的不合理之处并未履行应尽的审计程序,出具的审计报告也存在多处问题。网秦的质疑主要包括:

其一,针对网秦在无理由的情况下将现金及现金等价物划分为二级资产的行为,普华永道并未要求网秦披露更多关于现金余额的信息。

其二,网秦在 2012 年提取 2 454 万美元作为股份支付,并将其中的 2 053万美元计入管理费用;然而,网秦不是将这笔费用计入母公司——网秦移动的管理费用,而是计入其 VIE 实体——北京网秦天下及境内 WFOE——网秦移动(北京)的财务报表(见图 4-8)。浑水认为,股份支付主要授予美国的管理层,母公司应该归集更多的管理费用,而普华永道并未对网秦这一错误归集提出质疑。

其三,天津易达通与网秦约定的结算期为 1 个自然月,但实际的销售变现天数长达 4 个月,远高于行业平均水平,但普华永道并未要求网秦披露更多的信息。

---

① 我国财税〔2008〕第 001 号规定,"我国境内新办软件生产企业经认定后,自获利年度起,第一年和第二年免征企业所得税,第三年至第五年减半征收企业所得税"。

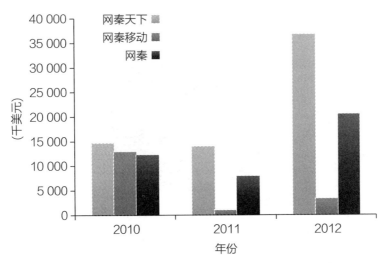

图 4-8　网秦 2010—2012 年计入管理费用的股份支付

资料来源：网秦 2012 年年报。

质疑市场占有率不真实　除质疑网秦的财务信息披露存在问题外，浑水还认为网秦的非财务问题也存在严重的不实，首当其冲的就是网秦严重虚高自身的市场占有率。网秦宣称其在中国的市场占有率高达 55%，而浑水通过一系列的调查，将这一数值锐减为 1.4%，并推测网秦在中国的付费用户数小于 25 万。

为了调查网秦的市场占有率，浑水在北京、上海、深圳、宁波、湖州五个城市开展了相关问卷调查，问题项包括"你是否使用手机安全软件""你通常使用哪种手机安全软件""你采用哪种方式安装手机软件"等。浑水回收 800 多份问卷，结果显示网秦在中国市场上的占有率仅为 1.4%（见图 4-9），远低于"360 安全卫士"[①]的 73%。

此外，只有 6% 的受访者表示使用网秦所青睐的软件预装方式（见图 4-10）。浑水还走访了手机零售店并调查了 113 部手机，结果显示，在受调查的五个城市中，手机预装软件的方式几乎绝迹。

---

① 中国知名手机安全软件商，由奇虎 360 开发。

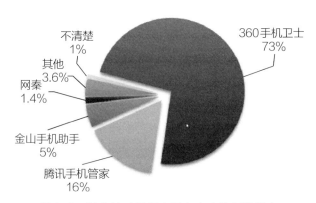

图 4-9　浑水针对网秦市场占有率的问卷调查

资料来源：浑水做空网秦报告。

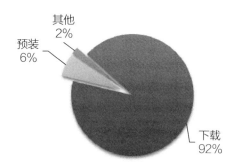

图 4-10　浑水针对网秦市场占有率的问卷调查

资料来源：浑水做空网秦报告。

除了实地调查，浑水还对"91助手"与"豌豆荚"①平台的下载量进行了分析。结果显示，网秦在"91助手"的手机安全下载量中仅占1%，在"豌豆荚"中仅占0.42%，而且用户在下载使用网秦后的评论多为负面的。

质疑虚假宣传产品功能　浑水认为很严重的另一个非财务问题是网秦手机安全软件本身的功能。浑水聘请技术专家，针对网秦软件的技术代码等进行了深入分析。结果显示，网秦宣称的保护手机安全的功能不仅不存在，还将客户信息上传至政府服务器，甚至为黑客留了后门。浑水称，央

---

①　"91助手"与"豌豆荚"均为中国知名的手机APP下载平台。

视3·15晚会曾经曝光网秦吸费且"留后门种病毒"就是对网秦虚假宣传产品功能最好的证明。

此外,浑水还指责网秦伪造知名手机厂商域名,利用虚假链接骗取搜索点击,企业道德存疑。

质疑信息披露不完整

质疑隐瞒关联方交易 浑水认为,网秦与第一大客户天津易达通实为关联关系,即网秦的主要交易均为隐瞒的关联交易。浑水在做空报告中以大量篇幅描述这一问题,甚至认为易达通实际就是网秦。

其一,浑水认为天津易达通的大股东徐荣与网秦有着密切的关联关系。网秦宣称,徐荣曾于2006年9月在网秦担任6个月的市场总监,但2007年已经离职。但根据浑水的调查,徐荣自2006年2月起就在网秦担任执行董事,而且直到2008年仍未离职;同时,徐荣还担任亿腾(Yiteng,音译)科技有限公司的董事,而亿腾拥有网秦25%的股份,且亿腾的另一位股东就是网秦的创始人周旭(见图4-11)。

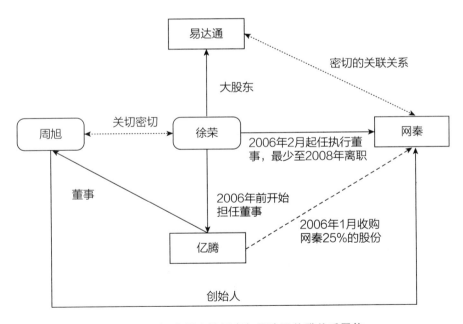

图4-11 浑水调查的网秦与易达通关联关系网络

资料来源:笔者根据浑水做空网秦报告整理。

其二,在对易达通进行实地调查后,浑水认为易达通其实就是网秦。浑水走访了易达通公开的 10 个办公地点,但走访结果表明这些办公地点要么没有运营迹象,要么就是"幽灵地址"①。调查证据还显示:中国移动广州分公司表示易达通与网秦的地址为网秦在北京的办公楼,而且联系人为同一人;易达通的邮件服务器与网秦一致;易达通留给工信部的客户服务号码正是网秦的客户服务号码;易达通和网秦留给浙江省政府登记处的联系人为同一人。

据此,浑水认为,在增值服务商逐渐退出市场、网秦还拥有自己的增值服务商的背景下,网秦选择易达通根本毫无意义,最大的可能就是通过隐瞒的关联交易为内部人牟利。

质疑隐瞒募集资金用途 网秦在招股说明书中披露会将首次公开募股所募集的 7 900 万美元投入扩大市场、开发新技术上。2012 年,网秦提交给工商局的文件说明将 4 700 万美元的募集资金注入 VIE 实体——北京网秦天下。但浑水认为资金注入并没有全部发生,网秦隐瞒了资金的真实用途,实际上是将资金用来维持造假骗局。

浑水追查了资金流入境内的过程,结果显示金额并不是网秦所称的 4 700 万美元。2012 年 1 月,网秦通过 WFOE 网秦移动(北京)将 2 000 万美元募集资金转入境内 VIE 实体——北京网秦天下。具体的方法是:首先,以增加注册资本的方式向境内 WFOE 网秦移动(北京)注入 2 000 万美元;其次,网秦移动(北京)向 VIE 实体——北京网秦天下的股东提供 4 000 万元无息贷款;最后,股东将贷款全部用于增加北京网秦天下的注册资本,实现资金从境外至境内的转移(见图 4-12)。

浑水认为,网秦向境内转移的资金与其声称转入的金额相差较大,最终只有 4 000 万元的资金进入 VIE 实体,其余资金的去向并没有对外披露;而且,网秦以向股东提供贷款的方式转移资金,本身也违反了中国外汇管理局的要求。

---

① 幽灵地址是指在实际中并不存在的地址,如某条街仅有 100 号,但企业地址却为 101 号。

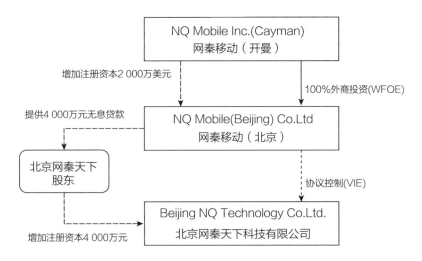

图 4-12　网秦首次公开募股募集资金从境外向境内的转移

资料来源：浑水做空网秦报告。

质疑隐瞒并购内幕　浑水认为网秦的并购存在问题，并将这些问题并购称为腐败并购（corrupt acquisition）。浑水的调查对象不仅包括网秦的子公司，还包括孙公司，调查范围包括股东情况、财务状况、运营情况等。浑水认为，网秦收购这些公司实际上是为了通过发行股票作为对价来获取它们的现金，以补充自身的财务造假网络，并掩盖向内部利益者转移利润的内幕。

其一，针对子公司飞流的并购。浑水指出，在网秦收购飞流前，网秦将原持有的 4.2% 飞流股份赠与 6 名新自然人股东。在 6 名新股东中，谢宇腾（Xie Yuteng，音译）来自广西某小城市，仅有初中学历；钟亮（Zhong Liang，音译）来自江西某小城市，看似仅为普通村民。浑水质疑这 6 名股东并不具备成为股东的背景和资历，实际上均为内部人伪装的虚假股东。

其二，针对孙公司锐德无限的并购。上述飞流的 6 名新股东有 4 名来自北京锐德无限，在网秦收购飞流时，这些股东获得了 2 520 万美元的补偿。锐德无限在 2012 年的资产仅为 8 万美元，而净亏损达 26 万美元，公司运营不尽如人意，浑水认为，网秦收购锐德无限的理由十分牵强，其最终的目的还是通过并购完善内部关系网，向内部人转移利益。

质疑隐瞒内幕交易　浑水在发布第一份做空报告后，又连续追加了后续报告。在第七次追加报告中，浑水认为网秦存在严重的内幕交易行为。

在 2014 年 7 月 3 日网秦审计委员会主席韩英宣布辞职之前，网秦股票在 6 月 25—27 日出现了大量的低价抛售。6 月 25 日，网秦的股票在没有征兆的情形下被以低于 24 日收盘价 5.3%的价格出售；6 月 26 日、27 日，价格又继续下降 4.5%、4.7%。股价在 3 日内从 7.04 美元/股跌至 6.07 美元/股，而 3 日的平均成交量高达 983 万股，远高于前 3 日日均 404 万股的成交量（见图 4-13）。浑水认为，网秦股票出现异动是网秦内部人早在 6 月 25 日就得知韩英要辞职的消息，并预见韩英的辞职将引起网秦股价大幅下跌，因此在消息公开前将手中股票套现以避免损失。7 月 3 日，韩英的辞职引起网秦股价暴跌 32%，股价低至 4.62 美元/股。根据异动的成交价格与成交量测算，网秦内部人至少避免了 3 000 万美元的损失。浑水认为，网秦允许内部人利用非公开消息抛售股票套现构成了内幕交易，严重地损害了投资者的利益。

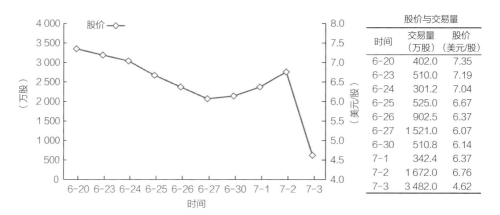

图 4-13　网秦股价和交易量的异常变动

资料来源：新浪财经美股专题。

质疑信息披露不及时

纽约证券交易所与美国证券交易委员会对信息披露的及时性均有严格要求。美国证券交易委员会要求国外发行者以 20-F 表格的形式提交年报；2008 年 8 月，美国证券交易委员会将提交 20-F 表格的截止时间提前至财务年度结束的 4 个月内。网秦的资产负债表日为 12 月 31 日，即应在每年的 4 月 30 日之前向美国证券交易委员会提交 20-F 表格。

由于浑水在 2013 年 10 月针对网秦展开做空，网秦两度宣布推迟提交

2013年年报。 2014年4月30日，在提交20-F表格的截止日期前，网秦宣布因需等待针对浑水做空的独立调查结果，推迟15天发布2013年年报。 未如约发布年报的网秦又在5月15日再度宣布推迟年报发布时间。 最终，在更换会计师事务所后，网秦终于在10月29日发布审计后年报，比美国证券交易委员会要求的时间整整晚6个月（见图4-14）。

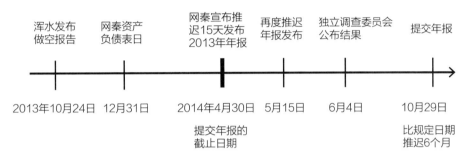

图4-14 网秦推迟发布2013年年报的过程

资料来源：笔者根据浑水做空报告和网络公开资料整理。

浑水在2014年7月6日的追加报告中严厉指责网秦拖延发布年报的行为，认为网秦的推迟理由无法成立，即网秦在2014年6月4日独立调查结果公布后仍未能发布年报。 浑水认为网秦严重违反信息披露的及时性原则，其一再地拖延实际上是为了掩盖财务造假的行为。

网秦反做空策略解析

在遭到浑水做空后，网秦股价受到重创，公司形象严重受损，而且失去大批投资者的支持。 如何反做空以重新挽回市场信心？ 这对网秦未来的发展具有至关重要的意义。 在浑水的汹汹来势下，网秦分四个步骤针对浑水展开全面的回应。

第一时间紧急应对

召开电话会议 2013年10月25日，在做空报告发布后的第二天，网秦召开电话会议，针对网秦的指控做出回应。 证券分析师围绕做空报告所涉及的收入、现金、应收账款、易达通的关联交易、业务范围、客户、管理层等情况逐项发问，网秦则逐项否认相关的做空指控，并指责浑水的做空不负责任且充满恶意误导。

在电话会议中，网秦主要做出以下回应：

> 网秦主要的销售模式不是网络下载，而是预装和销售预售卡；网秦的客户主要集中在广东、浙江及江苏等，第二、第三大客户为中国银联和联动优势，且从未披露市场占有率；将现金归为二级资产的做法是赴美上市公司的普遍做法，网秦目前现金充盈，银行存款也可以很快取出；徐荣在2008年离开网秦后成为易达通的大股东等。

批准股票回购计划　同样在2013年10月25日，网秦宣布在2013年第三季度财务报告提交、内部管制期结束后，将启动3 500万美元的股票回购计划，以振奋市场信心。

发布澄清报告　2013年10月29日，在做空报告发布的4天后，网秦发布针对浑水做空报告的澄清报告，全面回应浑水的质疑：

- 针对易达通收入小于支付给网秦成本问题的回应。易达通的收入只包括自己通过服务所获盈利的部分，主要是与网秦的合作费，并不包含运营商与网秦之间的中转收入；易达通并不是客户，而是渠道商。
- 针对第三方支付平台无法付款的回应。澄清报告中展示了通过第三方平台成功付款的画面截图，同时指责浑水测试的样本不足，结论下得过于草率。
- 针对预付卡销售网点少、销售量低的回应。报告公布了主要预付卡销售网点的地址（见表4-9），并披露了每月预付卡销售量为60万张。

表4-9　网秦的主要预付卡销售网点信息

零售后	省份	城市
北京海淀区中关村大街鼎好大厦B1108	北京	北京
北京海淀区中关村大街鼎好大厦B2178	北京	北京
北京海淀区中关村大街鼎好大厦B1112	北京	北京

(续表)

零售店	省份	城市
江西南昌冰冰手机店　南昌八一大道南滨2号	江西	南昌
江西南昌信息手机店　南昌市青云谱区迎宾大道675号	江西	南昌
江西南昌新天地手机城　南昌市青山湖区沈桥路1068号	江西	南昌
福建漳州南靖丰田王莉通讯	福建	漳州
福建漳州南靖龙山龙丰通讯	福建	漳州
福建漳州南靖山城达凯通讯	福建	漳州
广州越秀区大沙头四马路金海印广场首层C2-10档	广东	广州
广州越秀区大沙头四马路金海印广场首层E6柜	广东	广州
广州越秀区大沙头四马路金海印广场首层E6柜	广东	广州
福建三明将乐中博通讯	福建	三明
福建三明将乐领先通讯	福建	三明
福建三明市区浩天通讯	福建	三明

资料来源：网秦回应浑水的澄清报告。

- 针对日均收入不及Lookout但年收入高于Lookout的回应：网秦认为Distimo平台追踪手机应用收入的方法具有局限性，并不能准确反映网秦的收入，因此浑水的结论并不准确；网秦还用23页篇幅展示在国外销售的相关照片，以证明其在国外确实拥有广阔的销售渠道，国际收入不存在问题。
- 针对销售变现天数过长的质疑。网秦坚持认为其财务报表经过普华永道的审计，财务数据无问题。
- 针对将现金及现金等价物划分至二级资产的回应。网秦认为将现金划分为二级资产不违反美国一般公认会计原则的要求，并称赴美上市公司普遍采取这一做法；网秦进一步公开有关现金账户余额和定期存单的影印文件（见表4-10），以证明银行存款余额真实无误。

表 4-10　网秦公布的定期存单统计

银行名称	公司	金额（元）	利率（%）	定期存单类型	到期日
工商银行北京东单支行	北京网秦天下	44 700 000.00	2.50	1年期	10/29/2013
工商银行北京东单支行	北京网秦天下	90 000 000.00	3.30	1年期	11/9/2013
工商银行北京东单支行	北京网秦天下	85 000 000.00	3.30	1年期	1/24/2014
工商银行北京东单支行	北京网秦天下	31 000 000.00	3.30	1年期	3/8/2014
工商银行北京东单支行	北京网秦天下	40 000 000.00	3.30	1年期	4/17/2014
工商银行北京东单支行	北京网秦天下	90 000 000.00	3.50	1年期	4/18/2014
工商银行北京东单支行	北京网秦天下	40 000 000.00	3.30	1年期	5/6/2014
工商银行北京东单支行	北京网秦天下	55 300 000.00	3.575	1年期	6/28/2014
工商银行北京东单支行	北京网秦天下	44 700 000.00	3.575	1年期	6/28/2014
工商银行北京东单支行	北京网秦天下	57 300 000.00	3.30	1年期	7/19/2014
工商银行北京东单支行	北京网秦天下	100 000 000.00	3.30	1年期	9/16/2014
江苏银行西三环支行	北京网秦天下	30 000 000.00	3.30	1年期	6/21/2014
江苏银行西三环支行	北京网秦天下	50 000 000.00	3.30	1年期	10/9/2014
渣打银行香港分行	网秦移动	166 462 493.00*	0.36	1年期	11/18/2013
合计		289 915 262.00*			

注：*单位为美元，根据2013年10月31日的美元对人民币汇率6.14折算。

资料来源：网秦回应浑水的澄清报告。

- 针对应交税金不实的回应。网秦称年报已经披露清楚，其采取的所得税政策符合相关规定。
- 针对审计报告的回应。网秦称坚信普华永道的职业道德和审计水平。
- 针对市场占有率的回应。首先，网秦指责浑水市场调研的样本量过少，结论不具有代表性；其次，网秦指出APP平台并不是网秦产品销售的主要渠道，浑水的网上调查方式不科学。网秦称自己引用的是赛诺市场研究机构（Sino-MR）的数据，覆盖包括APP平台下载之外的其他渠道，结果更准确，并公开基于赛诺数据的调查报告，显示网秦的累计注册用户数占市场的53.3%（见图4-15）。

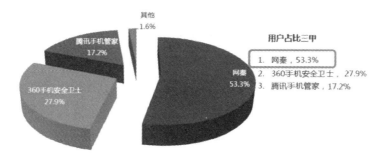

图4-15 SinoMR（赛诺）平台发布的手机安全软件使用率排名

注：累计注册用户数反映自该安全软件发行以来累计的所有注册用户数，不考虑流失率以及转换率。

资料来源：网秦回应浑水的澄清报告。

- 针对产品不安全的回应。网秦坚决否认这一指控，并分几点逐一回应：首先，网秦称产品通过独立实验室West Coast、AV Test的检验，在传送国外用户信息至中国时一直保持高度的谨慎性，并聘请专家给予技术支持；其次，网秦认为央视3·15晚会对自身的指责不实，称网秦安全软件提示的只是数据库里的最新病毒，并不是针对某台设备而提示病毒，不存在"留后门种病毒"，并称3·15晚会在第二天即撤回针对网秦的质疑；最后，网秦公布其通过中国官方技术检测的相关报告（见表4-11）。

表4-11 网秦产品送检情况统计

检测单位	时间	检验结果
计算机病毒防治产品检验中心 （天津市质量监督检验站第七十站）	2010年11月29日	产品为二级品
计算机病毒防治产品检验中心 （天津市质量监督检验站第七十站）	2011年5月19日	产品为合格品
国家信息中心软件测评中心	2010年11月29日	测试通过
公安部公共信息网络安全监察局	2011年9月2日	合格

资料来源：笔者根据网秦回应浑水的澄清报告整理。

- 针对隐瞒与易达通关联关系的回应。首先，网秦说明了自身与易达通合作的原因——通过易达通保留运营商计费渠道（渠道用户转化率较高），网秦自己的增值服务提供商集中于产品开发和客户管理领域，与易达通合作能够有效降低成本；其次，网秦公布了易达通的工作地址及办公室照片，以证实易达通是真实存在的公司。
- 针对隐瞒募集资金用途的回应。并无相关回应。
- 针对隐瞒并购内幕的回应。网秦公布了浑水质疑的2名虚假股东的身份。其中，钟亮是锐德无限的创始人，拥有计算机科学学士学位；谢宇腾是研发团队的早期成员，曾在5DS广告公司担任高级动画设计师；两人根本不是浑水所称的"村民"。进一步地，网秦抨击了浑水断章取义的人身攻击行为。

补充完善应对措施

宣布成立独立调查委员会 2013年10月25日，网秦成立独立调查委员会，包含四位董事——韩英、陶秀明、张峻和李铁为，韩英为委员会主席。独立调查委员会邀请国际知名律师事务所谢尔曼展开独立调查，谢尔曼又聘请德勤会计师事务所作为会计顾问协助调查。谢尔曼和德勤将以独立第三方的身份针对浑水的指控进行专业调查，如果结果证明网秦不存在被指控的信息披露问题，就能够极大地挽回投资者的信心。

组织微博活动 2013年12月，网秦在官方微博上举办了一场名为"扛得住大赛"的活动，号召网友讲述自己"扛得住某事"的故事并@网秦。该活动暗指网秦遭到浑水的恶意攻击，虽然承受了巨大的压力，但仍然能"扛得住"，意在向投资者和社会公众表达公司与浑水对抗的决心。

组建外部声援网络

投资银行维持评级 投资银行Piper Jaffray是网秦首次公开募股时的主承销商，与网秦利益联系紧密。在做空报告发布之初，Piper Jaffray表现出对网秦的坚决支持，称维持对网秦的"增持"评级及27美元/股的目标股价，试图提振市场对网秦的信心。除了Piper Jaffray，另有3家投资银行也认为网秦仍在移动安全行业中仍处于有利位置,纷纷维持对网秦的评级,为网秦挽回投资者信心起到有力的信用"背书"(见表4-12)。

表4-12 网秦遭做空后的投资银行评级

时间	投资银行	评级	目标价格(美元/股)
10月28日	Macquarie	优于大盘	26.0
10月29日	Piper Jaffray	增持	27.0
10月29日	Canaccord Genuity	买进	29.0
10月29日	Topeka	买进	33.5

资料来源:笔者根据网络公开资料整理。

合作伙伴力挺 网秦的合作伙伴主要包括手机厂商与运营商。网秦的澄清报告宣称自身的预装业务不存在任何问题,反击浑水指控不实。此后,联想、中兴和华为先后承认与网秦的合作关系。联想表示"网秦是一家供应商,但是不能提供详情";华为称"与网秦有预装业务合作,但不限于此";而中兴在最初否认与网秦有预装合作之后,又认可这一关系。

相较于手机厂商,运营商则表现出更积极的态度。不但中国移动宣布将网秦的音频文件搜索技术整合至咪咕音乐平台,而且中国联通将网秦的家庭安全产品纳入网上应用商店,美国运营商Vox Mobile也表示将继续维持与网秦的合作。

深思熟虑拒绝退市

2014年7月30日,网秦宣布收到野牛资本(Bison Capital Holding Company Limited)的私有化要约,以每ADS 9.8美元(相比网秦前一日收盘价6.9美元/股高出42%)的价格收购网秦。野牛资本的创始人徐沛欣认为,网秦的业务发展与财务状况相对较好,但当前股价被市场低估,由此给出42%的溢价。

私有化是解决股票被低估的有效行为,但是网秦并没有接受野牛资本抛出的橄榄枝。在经过三个月的深思熟虑后,网秦在2014年10月28日拒绝了私有化要约,认为作为一家上市公司更能保护股东的利益。

反做空有效性的解读

上文详尽地分析了浑水的做空攻击手法与网秦的反做空方式,阐述了浑水对网秦信息披露问题的质疑,也展示了网秦为自己辩白的过程。在双方各执一词的情形下,做空的结果依然没有定论。本节从网秦的应对措施入手,围绕"反做空有效性的要求",分析网秦反做空的有效性(见图4-16),探讨浑水做空的可能结果。

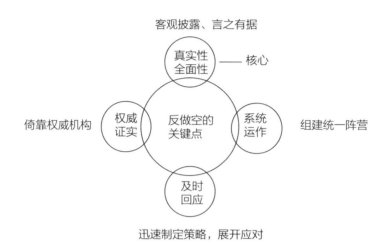

图4-16 反做空的关键点

资料来源:笔者自行构建。

真实性与全面性

真实性与全面性是评价反做空是否有效的最关键原则。本节致力于考察网秦的反做空措施是否具备真实性与全面性,主要围绕电话会议与澄清报告的回应内容展开。

对质疑境内收入不真实的回应 网秦声称,易达通作为增值服务提供商仅仅是渠道商而不是客户,却在年报的"需要关注的风险"中将易达通列为第一大客户。虽然网秦展示了第三方支付平台成功付款的截图,但没有进一步公布来自第三方支付平台的具体收入。同样,在预付卡销售方面,网秦公布的网点信息具有一定的说服力,但属于描述性信息,也没有关于收入的具体数据。

对质疑国际收入不真实的回应　在回应关于国际收入造假的问题上，网秦只在附件中罗列大量与国外销售相关的网络页面、广告等，试图证明公司在国外确实有很多销售渠道，但是并没有披露相关的价格、销售量等关键信息，导致回应看起来并不具有说服力。

而在回应销售变现天数的问题上，网秦在电话会议中采取"答非所问"的回应方式。分析师询问网秦如何看待浑水报告中有关销售变现天数的问题，网秦称"公司一直致力于改善销售变现天数的问题，整体上这个天数在下降"。此外，表4-13展示了针对网秦同类公司在2013年12月31日的销售变现天数的调查，结果显示网秦的数据远远超过行业平均水平。针对浑水的这一强力指控，网秦选择了尴尬的沉默。

表4-13　2013年网秦及其竞争对手的销售变现天数

公司	平均应收账款（美元）	销售收入（美元）	销售变现天数（天）
金山	25 861 311	356 273 607	26.13
奇虎360	39 095 000	671 088 000	20.97
腾讯	892 786 885	9 907 704 918	32.44
赛门铁克	1 019 000 000	6 676 000 000	54.95
网秦	68 192 000	196 702 000	124.80

资料来源：笔者根据各公司年报整理。

对质疑现金余额及分类不真实的回应　浑水认为网秦将现金及现金等价物划分为二级资产的做法违反美国一般公认会计原则的规定。在电话会议中，网秦表示"将现金及现金等价物划分至二级资产是赴美上市中概股公司的普遍做法，包括畅游、新浪和搜狐等"。但从表4-14可以看出，在12家与网秦类似的互联网公司中，仅畅游和搜狐将现金及现金等价物全部划分至二级资产，而畅游原本为搜狐的游戏事业部，后剥离出来独立上市。智联招聘与完美世界虽然也将部分现金及现金等价物划分至二级资产，但比例有限。实际上，只有1家公司采取与网秦完全相同的做法，这与网秦所宣称的"赴美上市中概股公司的普遍做法"相差甚远。

表 4-14　互联网公司现金及现金等价物分类情况

公司	2012 年 12 月 31 日资产负债表现金账面价值（单位：千美元）	是否将现金及现金等价物划分至二级资产	划分至二级资产的比例（%）
畅游（原搜狐游戏事业部）	178 059	是	100.00
搜狐	291 945	是	100.00
智联招聘*	410 544	是	52.05
完美世界	799 633	是	17.13
新浪	199 826	否	0
奇虎 360	380 664	否	0
优酷	265 783	否	0
百度	1 906 973	否	0
前程无忧	180 183	否	0
携程	549 194	否	0
去哪儿	23 629	否	0
唯品会	124 473	否	0
网秦	18 862	是	100.00

注：*智联招聘（NYSE：ZPIN）于 2014 年 6 月 12 日在纽交所上市，因无法获取其 2012 年 12 月 31 日信息，故采用 2013 年 6 月 30 日的现金及现金等价物账面价值代替。

资料来源：笔者根据各公司年报数据整理。

与此相对的是，网秦确实展示了在各大银行的定期存单余额及银行存单的扫描件，证实其账户确实拥有高达 289 万美元的现金。因此，网秦的现金余额与披露相符，但其对现金的处理方法存在严重问题，令人质疑未披露的首次公开募股募集资金已经通过定期存单的形式注入网秦。

对质疑应交税金不真实的回应　浑水称网秦在 2011 年仅缴纳 8 000 元营业税金及附加，与境内收入极不相符。但网秦表示已在年报中明确披露 2011 年的营业税金及附加约为 123 万美元，不知浑水的 8 000 元数据从何而来。

此外，浑水指责"网秦在 2008—2010 年负担正常的 25% 所得税税率，直至 2011 年才宣布符合'两免三减半'的政策，称 2009—2011 年无须缴纳所得税"。但网秦并未宣称其在 2008—2010 年负担正常的所得税税率，而是在招股说明书中披露北京网秦天下在 2008—2010 年处于免税期。此外，网秦在 2011 年披露的只是其高新技术企业资格复审通过、继续保留高新技术企业认定的事项①，因此可以继续享受高新技术企业的税收优惠至 2013 年，与"两免三减半"政策无关，网秦的年报已经披露得很清楚（见图 4-17），浑水的指控并不成立。但值得注意的是，网秦并没有对其 2008—2010 年处于免税期的理由做出解释。

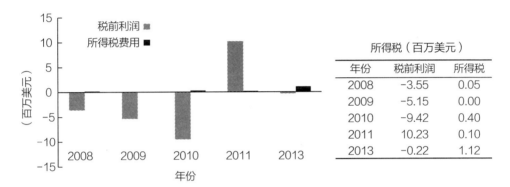

图 4-17　网秦 2008—2013 年的所得税

资料来源：CSMAR 数据库。

对质疑市场占有率不真实的回应　首先，网秦力邀联想、华为等手机厂商为自己正名的行为发挥了有效作用，但是其引用的赛诺市场调查机构的数据却存在严重问题。

网秦坚称自己采用的赛诺市场调查机构才是科学、全面的平台。网秦引用赛诺的调查结果称"截至 2013 年第二季度，网秦在累计注册用户规模上占比为 53.3%"，认为浑水所指控的 1.4% 占有率实属无稽之谈。但是，在赛诺报告的尾部标注这个"累计用户数"是反映自软件发行以来累计的所有注册用户数，不考虑流失率和转换率。由于网秦的销售渠道之一是手机预装，因

---

① 《高新技术企业认定管理办法》第十二条规定，高新技术企业资格自颁发证书之日起有效期为三年。企业应在期满前三个月内提出复审申请，不提出复审申请或复审不合格的，其高新技术企业资格到期自动失效。

此这里反映的用户数实际是捆绑了网秦软件的手机数量，而在不考虑流失率和转换率的情况下，根本无法测算手机用户是否持续使用网秦产品。网秦用这个指标偷换市场占有率概念，存在误导投资者的嫌疑。

对质疑产品安全性不真实的回应　在回应杀毒软件安全性问题时，网秦呈示了"公安部监制销售许可证"等有力证据。但针对"3·15晚会曝光网秦恶意收费"的问题却疑似虚假回应，网秦宣称3·15晚会在第二天撤回针对网秦的质疑，但其实3·15晚会从未做出撤回指控的类似声明，且晚会导演尹文期后仍在媒体采访中坚持"一切针对网秦的报道皆属实"。

此外，在对"伪造知名厂商域名"的回应中，网秦只是简单声称"这样做只是假设这些公司对将域名卖给网秦感兴趣，而且这种做法在行业中十分普遍"。这种回答既无根据也无可信度，更像是信口胡诌，令人啼笑皆非。

对质疑隐瞒关联交易的回应　浑水在做空报告中用大量篇幅抨击网秦隐瞒易达通关联方的问题，质疑易达通大股东徐荣与网秦具有密切的关联关系，并认为易达通实际就是网秦。

网秦虽然公布了易达通的工作地点的照片，试图证实易达通是真实存在的公司，但对最关键的徐荣却只字未提，也未对浑水曝光的共用资源情况做出回应，而只是强调已经在年报中披露与易达通的交易关系，并未披露更多的信息。此外，在电话会议中，网秦对于与徐荣关系的描述已由做空之前的"2007年离职"变为"2008年离职"，其信息的准确性令人质疑。

对质疑隐瞒并购内幕的回应　对质疑并购内幕的回应是网秦全篇澄清报告中最有力的。在质疑"腐败并购"时，浑水指控飞流的股东为虚假股东，并以股东之一钟亮为例，称钟亮是来自江西某小城市的村民。但钟亮实为锐德无限的创始人之一，于2009年与另外2名合伙人（王义勇和杨珂）共同创办锐德无限，钟亮主要负责产品研发，开发的游戏《龙之召唤》由飞流发行，在国内休闲类游戏中排在百名左右。[①] 浑水号称在中国拥有专业的调查人员，而飞流和锐德无限都是与网秦紧密相关的公司，很难相信浑水在调查

---

① 根据2015年"友盟指数"数据，《龙之召唤》在休闲游戏中排名约为117，近期下载量约为320万。

中没有发现钟亮是锐德无限创始人这一明显事实。由此，网秦在这一问题上联合钟亮本人一起痛批浑水人身攻击和地域歧视。

综上所述（见表4-15），虽然网秦在某些问题上提出了关键的证据，但总体回应欠缺应有的真实性，对部分问题的回答含糊，甚至存在严重的失实。对于诸如隐瞒募集资金使用、隐瞒内幕交易等问题，网秦更是选择了沉默，其背后存在的问题发人深省。

表4-15　网秦应对措施真实性和全面性的检验

项目	是否回应	回复是否有针对性	是否有定量数据	是否有图像等直接证据	回应是否有典型错误
境内收入不真实	是	否	是	是	否
国际收入不真实	是	否	否	是	是
现金余额及分类不真实准确	是	是	是	是	是
应交税金不真实	是	是	否	否	否
审计报告不真实	否	-	-	-	-
市场占有率不真实	是	是	否	是	是
产品功能不真实	是	是	否	否	是
隐瞒关联交易	是	否	否	是	是
隐瞒募集资金用途	否	-	-	-	-
隐瞒并购内幕	是	是	否	否	否
隐瞒内幕交易	否	-	-	-	-
披露不及时	否	-	-	-	-

资料来源：笔者自行整理。

及时有效性

及时有效性致力于考察网秦是否做到及时采取措施反做空。从表4-16可以看出，网秦整体的反应速度较快，但相较奇虎360、分众传媒、展讯通信等在做空第二日即发布澄清报告，网秦澄清报告的发布时间明显较晚。

表 4-16　网秦采取反做空措施的时间

做空后	后1日	后1日	后1日	后1日	后5日	后1个月	后2个月
时间*	10月25日	10月25日	10月25日	10月25日	10月29日	10—11月	12月9日
回应方式	召开电话会议	成立独立调查委员会	获得投资银行支持	宣布股票回购	发布澄清报告	获得合作伙伴力挺	利用媒体平台

注：*时间均发生于2013年。
资料来源：笔者根据网络公开资料整理。

澄清报告是上市公司反做空最直接的武器。网秦迟迟不发布澄清报告，使得宣布股票回购、成立调查委员会等回应方式的效力减弱，导致网秦股票在做空后两日接连下跌30%，直至澄清报告发出后才反弹。

系统运作性

系统运作性主要考察网秦在反做空时是否有效地联系外部力量，形成一致的反做空力量。

在联系供应商和运营商发声方面，网秦表现得相对较好。不论是联想和华为，还是中国移动和中国联通，都是国内声誉较好的知名企业，其证明与网秦的合作关系较有说服力。但值得注意的是，供应商对外界的声明依然显得保守，如联想仅表示"网秦是供应商，但无法提供详细信息"、华为称"有正常的预装合作，但不限于此"，并没有披露预装网秦软件的具体数量等信息。这表明网秦的外部合作性依然薄弱。

而网秦试图利用微博拉拢社会公众的行为更是以失败告终，最后演变成一场观众只有网秦自己的闹剧。网秦官方微博发起的"扛得住大赛"活动的首条微博有4 020个转发和263条评论，但绝大多数转发者和评论者是专门的营销号——专门为转发广告而存在，并不是真实的微博用户。随意点击评论排在前五位的微博，发现这些微博在近期都转发了关于"好时光北美保健药房""大众自创""美滋滋"等的广告微博，转发时间与转发内容几乎一模一样。这说明网秦为自己正名的这项活动根本没有为真实用户所关注，试图通过媒体平台发起的凝聚用户的活动以失败告终。

权威证实性

在反做空中邀请具有权威性的第三方为自己正名,将极大地提高做空的有效性;反之,若权威性机构否定公司的真实性,则该公司存在的问题可见一斑。

虽然投资银行 Piper Jaffray 在做空伊始维持网秦的"买入"评级,但仅在 10 天之后就暂停对网秦的评级。Piper Jaffray 表示,暂停评级是由于当前丧失针对网秦足够的研究基础,直到针对第三方对网秦的指控进行更深入的调查后才能够做出决定。Piper Jaffray 作为权威性的投资银行且为网秦上市的承销商,Piper Jaffray 态度的 180°转变令人难以相信网秦如自己所声称的那样清白。

此外,网秦宣布由审计委员会牵头成立独立调查委员会,并聘请谢尔曼和德勤参与深入调查。在调查委员会针对网秦的现金、并购、应收账款、合作伙伴等进行细致核查后,2014 年 6 月 4 日,独立调查委员会公布调查结果,认为做空报告所指控的欺诈行为均不存在,网秦的财务数据不存在异常情况。这对网秦而言无疑是重大利好消息,权威性机构的证实极大地增强了对浑水的回击强度。然而,一个月后,当初牵头成立独立调查委员会的审计委员会主席韩英宣布辞职,这一举动无疑为独立调查结果蒙上了阴影。

综合上述分析可以看出,网秦的反做空策略无法满足有效性要求:

> 首先,回答失真且不全面,不仅没有反击浑水,还进一步暴露了自身存在的信息披露问题,也导致其他应对措施从根本上失效;

> 其次,虽然大多数应对措施满足及时回应的要求,但最根本的澄清报告发布较晚,影响其他应对措施的效力;

> 再次,网秦试图借助供应商、运营商和客户的力量组建统一的应对阵营,但效果并不理想;

> 最后,网秦在做空效应的不断发酵中失去权威性机构的支持。

至此,网秦反做空措施可谓以全面失败告终(见图 4-18)。

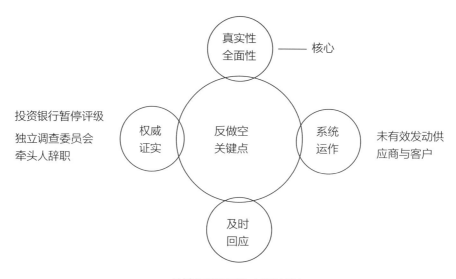

图 4-18　网秦反做空有效性的分析

资料来源：笔者自行整理。

网秦反做空措施的失效暴露了其在信息披露上存在的诸多问题，而市场的后续反应也恰恰印证了这一点。在投资银行 Piper Jaffray "变脸"后，审计师普华永道坚持扩大审计范围，甚至不认可独立调查委员会的调查结果，导致网秦的年报一再无法提交。最后以普华永道辞职、改聘新审计师麦楷博平为结果，网秦 2013 年年报才得以在迟到半年后交出。2014 年 7 月和 8 月，网秦的审计委员会主席与首席财务官司相继宣布辞职；2014 年 12 月，创始人、董事长兼首席执行官林宇突然辞职并失联。虽然网秦宣布他们都是出于个人原因而辞职，但市场对此并不买账。

公司核心人员在浑水做空的压力下辞职，网秦的财务问题可见一斑。

事实证明，浑水的做空并不是空穴来风，网秦确实存在严重的信息披露问题。网秦试图通过不实的应对挽回市场信心，最终只能是自揭其短、欲盖弥彰！

04　得当与私有化：展讯通信应对浑水

展讯通信事件背景

公司简介

展讯通信全称展讯通信有限公司，主要产品为智能手机、功能型手机和其他消费电子产品的芯片平台，并提供完整的平台方案。公司总部设在上海，在上海、北京、天津、苏州、杭州、成都、厦门，以及美国的圣迭戈和圣何塞、芬兰设有研发中心，在深圳设有技术支持中心，在中国台湾、印度和墨西哥设有支持办事处。公司业务范围遍布全球，客户涵盖全球及中国本土制造商。展讯通信是中国领先的手机芯片供应商之一，也是目前全球除高通、联发科以外的第三大手机芯片供应商，产品支持 2G、3G 和 4G 无线通信标准。展讯通信在芯片的无线宽带、信号处理、集成电路设计技术和软件开发领域具备较强的专业研发能力，可以为终端制造商提供基于无线终端的高集成度基带处理器、射频解决方案、协议软件和软件应用平台的全套产品。

2014 年 4 月，展讯通信有限公司成立于开曼；同时，全资子公司在美国加利福尼亚州成立。同年 7 月，展讯通信（上海）有限公司成立。在成立的首个五年，展讯通信完成了世界首颗 GSM/GPRS（2.5G）多媒体基带一体化单芯片、TD-SCDMA/GSM 双模基带单芯片的研发与量产，并于 2005 年在北京设立研发中心。至 2006 年 10 月，展讯通信芯片出货量已达 1 000 万颗。

2007 年 6 月 28 日，展讯通信正式登陆美国纳斯达克，股票代码 SPRD，成为中国 3G 概念在美上市第一股。公司发行价为 14 美元/股，融资额为 1.24 亿美元，上市当日涨幅为 13.93%。其主承销商为摩根斯坦利和雷曼兄弟，Needham & Co.和 Piper Jaffray 担任联合承销商。

事件回顾

美国东部时间 2011 年 6 月 28 日，纳斯达克股票市场交易盘中，著名做

空机构浑水在官方网站发布一封致展讯通信首席执行官的公开信，对展讯通信提出公开质疑，并直接承认已经针对展讯通信建立空仓。这份做空报告①以 7 页的篇幅对展讯通信提出共计 15 点质疑，认为展讯通信的财务报告存在重大错报。

报告发布后，展讯通信股价闻声大跌，由开盘的 13.17 美元/股跌至 8.59 美元/股，跌幅超过 30%。随后跌幅逐步收窄，最后报收于 12.49 美元/股，跌幅达 3.55%，全天成交量高达 3 610 万股，创上市以来最高纪录，较日均 231 万股的成交量陡增超过 10 倍。

同日下午，时任公司首席执行官李力游出面针对浑水的质疑予以了正面回应；随后在收盘前，展讯通信首席财务官也出面予以回应，表示浑水提出的问题"没有切实依据"，并且指出展讯通信相关财务数据已经国际"四大"之一的普华永道审计，而普华永道则对公司表示了强烈的支持。展讯通信同时宣布，将于 6 月 29 日召开电话会议，针对浑水的质疑予以回应。同时，曾任展讯通信联合承销商 Needham & Co.旗下的芯片行业分析师对展讯通信表示力挺，重申对展讯通信的"买入"评级，目标价为 30 美元/股。

美国东部时间 6 月 29 日上午 8 时，公司召开电话会议，会议共涉及两个主题：一是回应浑水的质疑，二是介绍首次季度派息详情。同时，展讯通信首席执行官李力游透露公司目前正在进行的股票回购计划，声称这项回购计划正在进行当中，并且已经收购 144 万股美国存托股份。

同日，展讯通信获得合作伙伴三星公司力挺，而 Needham 再度重申对展讯通信的"买入"评级，包括美国银行、杰富瑞（Jefferies）等在内的多家知名机构也重申对展讯通信的"买入"评级。当日，展讯通信股价大涨 10.17%，报收 13.76 美元/股。

美国东部时间 6 月 30 日，浑水创始人布洛克承认此前的公开信误将质疑当做危险信号，浑水对展讯通信的财务报告"存在误解"。这是浑水在"狙

---

① 据浑水创始人布洛克对媒体所言，这只是一封质疑信而不是做空报告。但其后再未发布任何相关的文件，因而我们将其视为做空报告。

击"十余家中国在美上市公司后首度承认"失手"。与此同时,截至 7 月 5 日,展讯通信股价一路飙升,最高触及 18.3 美元/股。

浑水做空手法透视

浑水在做空报告的 7 页篇幅中,分两部分对展讯通信提出质疑。第一部分罗列了展讯通信的 9 项潜在问题;第二部分则将这 9 项潜在问题所涉及的内容整理成 15 个具体问题,并指明希望得到展讯通信首席执行官的回答。我们先将这 9 项潜在问题进行分类整理,然后罗列浑水所提出的 15 个具体问题,据此对其做空手法进行评述。

质疑信息披露不真实

质疑收入造假 展讯通信在 2010 年年度报告中指出其营业收入增长 229%。浑水认为,相较于前三年平稳的营业状况,这种增长显得非常不真实,况且公司在 2009 年经历了高管离职潮,包括首席执行官武平、首席财务官 Richard Wei 在内的多位高管离职。此外,浑水还质疑首席执行官与首席财务官的离任理由,当时展迅通信正在进行一项金额为 4 400 万美元的融资,在融资进程中走马换将似乎不合常理。同时,展讯通信的报告显示,首席执行官离任是由于董事会对其失去信心。浑水进而质疑,为何会失去信心?

质疑市场份额造假 浑水指出,展讯通信竞争对手之一的联发科技在中国的市场份额从 2009 年的 90% 下滑至 2010 年的 70%,收入也减少 1.4%,另一家芯片厂商高通的收入也仅增长 5.5%。同时,2010 年中国对黑市芯片进行了整治,在这种境况下,只有在中国大芯片市场迅猛增长、展讯通信市场份额迅速扩大的情形下,才可能解释其收入的快速增长。由此,浑水质疑,展讯通信 2010 年度的市场占有率是否存在造假嫌疑?

质疑现金流项目造假 首先,公司在 2010 年年末的存货(见表 4-17)中,近半数被计入"递延成本",表明存货虽然已经发出,但尚未确认为收入,其次,如此会计处理的目的为何?2010 年年末的存货、预付款项、应付款项、预收款项等相较于以前年度发生了较大变动,原因何在?最后,上述两个问题,审计师是否关注到,采取了哪些方面的措施对其准确性提供合理保证?

表 4-17　质疑资产负债表和现金流量

项目	营运现金流相关账户		
	2008 年	2009 年	2010 年
存货	2 373 962	(17 158 015)	(108 686 598)
预付款、应收款和其他现金等价物	(2 883 815)	2 210 729	(13 493 771)
应付账款	(14 199 778)	6 032 345	73 285 809
预收款	(907 039)	14 355 732	88 046 631
应计费用和其他负债	(5 231 311)	7 207 433	21 531 228

资料来源：浑水对展讯通信做空报告。

质疑递延成本和预收款项　在展讯通信的财务报表中，浑水尤其对递延成本和预收款项质疑颇深。浑水指出，展讯通信账面上如此高额的递延成本和预收款项可能来自对新客户的一项政策：

> 展讯通信允许新客户对产品进行最长为期 90 天的检验和使用，因而已经发货的产品确认为递延成本，而已经收到的款项暂时无法确认收入。

浑水指出，这种针对新客户的政策可能伤及现有客户，导致展讯通信与现有客户的关系难以维系。同时，由于展讯通信与联发科技都是无晶元厂商，产品的问题更可能来自上游供应商 TSMC 的设计问题，而非本身的制造问题，但是联发科技账面上并无递延成本项目。由此，浑水质疑，递延成本和预收款项究竟从何而来？是否合理呢？

质疑信息披露不完整

质疑收入信息披露不完整　展讯通信在 2009 年的 20-F 文件中披露了关于射频收发器和基带半导体的销售数额，而在 2010 年的 20-F 文件中则未再提及上述两类产品，取而代之的是捆绑销售的半导体产品。浑水认为，年报信息的披露应当是具有延续性的，为何在 2010 年的销售情况中未提及上述两类产品？为何 2010 年开始销售新的产品？

质疑隐匿所得税　浑水发现展讯通信在 2010 年的财务报表中未披露现金税额。浑水还援引《中华人民共和国企业所得税法》，指出企业必须按月或者按季预缴所得税，并在 15 日内递交预缴税回执。由此，浑水质疑，当年展讯通信税前利润为 7 350 万美元，为何现金税额为 0？

质疑首席财务官、审计委员会成员及事务所变更　2009 年首席财务官 Richard Wei 离任后，David Wu 继任，但在 4 个月后再次离任。同时，审计委员会成员 Ken Lu 也从董事会辞任。到了 2009 年 9 月，展讯通信将负责审计的会计师事务所由德勤变更为普华永道。浑水怀疑上述情况可能意味着展讯通信存在财务舞弊行为，尤其是对变更审计师提出质疑。

质疑并购信息披露不完整　展讯通信斥资 3 258 万美元购买了 Mobile Peak48.44% 的股份，而根据 Mobile Peak 递交给工商部门的文件，该公司似乎面临财务困境，盈利能力差、经营现金流表现也不理想。展讯通信还宣称将在 2010 年第三季度结束之前再次购入 Mobile Peak 其余股份。浑水对展讯通信并购 Mobile Peak 的动机提出质疑。

质疑股票回购　浑水声称，展讯通信自上市之后，内部人就不断地减持公司股份，6 月初，展讯通信还公布了一份金额高达 1 亿美元的回购计划。浑水质疑，在内部人士不断减持公司股份的情形下，展讯通信还抛出回购计划实在是令人匪夷所思。这其中可能存在的一个问题是，展讯通信股东的资金被用于收购公司少数内部人的股份。

对质疑的概括与评述

浑水在做空报告的最后，很"人性化"地将上述质疑点提炼成 15 个具体问题，并期望展讯通信首席执行官李力游能够对此作答。我们通过这些问题，对浑水的质疑点进行概述：

问题（1）　董事会对首席执行官武平先生失去信心的原因是什么？

问题（2）　首席财务官 Richard Wei 是自愿辞任的吗？

问题（3）　如果问题（2）属实，那么 Richard Wei 为何会在融资完成前 1 个月离任呢？

问题（4）　2010 年展讯通信在中国的市场份额是如何提升的？

问题（5）　为什么没有在 2010 年披露关于 RF 收发器和基带半导体的销售数额，取而代之的是披露其他产品的销售状况？

问题（6）　　公司在 2010 年税前盈利的情形下，为何未缴纳现金税款？

问题（7）　　首席财务官、审计委员会成员及审计师的相继离任，是否说明展讯通信财务数据存在问题？

问题（8）　　如果问题（7）不属实，那么他们离任的理由是什么？

问题（9）　　为什么存货、预付款项等会计科目的数额在 2010 年异常增加？

问题（10）　审计师采取了哪些行动以保证前述会计科目的准确性？

问题（11）　预收款项和递延成本数额为何如此巨大？

问题（12）　展讯通信收购 Mobile Peak 是否因为急需流动资金？

问题（13）　为什么展讯通信会收购一家无法从现有投资者手中融资的公司？

问题（14）　如何保证 Mobile Peak 的收购相比之前收购 Quorum Systems 更成功？

问题（15）　展讯通信股东的钱是不是被拿来收购内部人减持的股份？

包括时任公司首席执行官和首席财务官均指责浑水的做空是"毫无根据""没有切实依据"的，我们分析浑水针对展讯通信的做空报告发现，浑水的这次质疑可谓一反常态，主要体现在以下几点：

其一，信息获取不足。美国当地时间 6 月 28 日下午，展讯通信联合承销商 Needham & Co.旗下的芯片行业分析师 Quinn Bolton 不仅重申对展讯通信的"买入"评级、目标价 30 美元/股，Quinn Bolton 还指出上述问题很多在两年前就已经被问过了。他针对性地对其中的 8 个问题进行了解答。

例如，问题（6）关于现金税款的问题，他指出是因为展讯通信在 2010 年获得一个免税期，因而无须缴纳现金税款；关于问题（5）的业务披露，是因为展讯通信在 2010 年对射频收发器业务的整合，该部分已经并入财务报告，导致财务报表上销售产品的披露类型发生了变化。

如果分析师在尚未参与公司电话会议的情形下就可以解答 15 个具体问题当中的 8 个（注意，公司电话会议召开于次日清晨），那么显而易见的是，浑水在质疑之前未能获取充分的信息以支撑其质疑。

其二，专业程度不足。不可否认的是，在做空展讯通信之前，浑水体现出相当高的专业水准，因而成功率颇高。然而，这次不知是否有些得意忘形，浑水的表现令人大跌眼镜。上文从内容的角度进行了评述，内容上的一些简单错误已经证明浑水此次"有失水准"，我们再从形式上考察，浑水在此次做空行动中又是如何的"不专业"？我们从浑水官网获取了截止至展讯通信之前的所有做空报告的相关信息，并统计了部分特征（见表4-18）。

表4-18 浑水做空信息

被做空公司	首次关注日期*	证据发布频次	证据内容	总页数	与上次做空间隔**
东方纸业（ONP）	2010年6月28日	8次	做空报告、反驳报告、媒体报道截图等	48页	—
绿诺科技（RINO）	2010年11月10日	1次	做空报告	30页	111天
中国高速频道（CCME）	2011年2月3日	2次	做空报告、进一步证据	58页	85天
多元环球水务（DGW）	2011年4月4日	1次	做空报告	21页	60天
嘉汉林业（0094）	2011年6月2日	6次	做空报告、工商税务材料截图、反驳报告等	65页	59天
展讯通信（SPRD）	2011年6月28日	1次	公开信	7页	8天

注：*以浑水所采用的美国当地时间为准；**对于公布多次证据的做空，我们认为最后一次公布证据的日期为本次做空结束日。

资料来源：浑水官方网站。

从表4-18来看，无论是从证据发布的频次、内容还是页数，相较于浑水之前的做空情况，对于展讯通信的质疑都显得非常单薄。我们以东方纸业为例，作为浑水做空中国概念股的成名之作，在做空东方纸业的过程中，浑水先后出具了8次证据，不仅包括做空报告，还包括后续针对管理层澄清的进一步质疑与反驳，甚至出具国内《21世纪经济报道》对东方纸业的报道作为做空证据。而在做空嘉汉林业的过程中,浑水还获取到嘉汉林业的工商税务资料作为证据。对照之下,做空展讯通信所出示的证据着实相形见绌!

其三,时间仓促。浑水创始人布洛克在媒体采访中曾提到,搜集一家公司舞弊的证据需要耗费大量的时间和精力。此外,由于做空机构也会实际参与做空,并通过做空获利,因而它们有动机去耗费人力和物力挖掘公司信息。

然而,此次做空展讯通信实则一反常态!从时间间隔上可以看到,浑水于2011年6月2日发布针对嘉汉林业的做空报告,同时还出具三份附件以佐证做空报告。此后的6月14日和6月20日,浑水先后发布两份报告,驳斥嘉汉林业的澄清与解释。因此,我们保守地认为在6月20日,浑水针对嘉汉林业的做空暂告一段落。但在这之后仅仅8天,浑水便马不停蹄地发布针对展讯通信的质疑,而在此之前,两次做空之间最短的时间间隔也长达59天。

短短一周时间内对展讯通信提出多项质疑,其可靠程度能不令人生疑?

展讯通信反做空策略解析

提前布局

展讯通信的反做空其实早在做空开始之前就已经有所布局。根据《福布斯》中文版2011年9月刊发一篇报道,早在做空开始前一个月,展讯通信股价就已经出现异常波动,公司时任首席执行官李力游为此专程飞赴欧洲、美国,了解到至少三家做空机构正在关注它们,涉及的资金可能高达20亿—30亿美元。

为了应对这一状况,公司首席执行官多次拜会投资者,在分析中国芯片市场和未来发展的同时,阐述展讯通信自身的优势,以此提振投资者信心,应对可能到来的做空。做空当日的股价表现一定程度地体现了这一提前布局的成效。我们截取报道中一段展讯通信首席执行官的朋友的言辞:

> Leo(指展讯通信首席执行官李力游),对不起,我买了100万股你

们的股票没有挡住他们，我又买了 150 万股还是没有挡住他们。做空的股票都借不到了，全被借光了，做空我们的人太多了。

我们相信如此的购买行为不完全是基于当事人与公司首席执行官之间的友谊，在面临被巨额做空的情形下能够如此果断地大规模购入公司股票，我们认为更多的是基于对公司价值的判断以及未来业绩的坚定信念。这表明早在做空之前，公司已经很有效地将信息传递给投资者。这也在一定程度上可以解释了为何在做空当日，展讯通信的股价可以在瞬间跌幅高达 30% 的情形下迅速收复失地。

要知道，当天展讯通信的收盘跌幅仅为 3.55%！

及时回应

做空报告发布后不久，公司首席执行官和首席财务官便先后发声，指出浑水对展讯通信的质疑是"不真实"和"缺乏依据的"，还指出公司审计师普华永道中天会计师事务所对公司予以力挺。首席执行官和首席财务官的回应发生于盘中，同时还援引审计师的支持，一定程度地提振了投资者的信心。

美国当地时间次日上午 8 时，展讯通信召开了电话会议。根据公司首席执行官李力游在媒体采访中的陈述，美国当地时间 6 月 29 日召开的电话会议是展讯通信历史上在线人数最多的一次，"虽然具体数字无法统计，但展讯全球的长线投资者基本上在线聆听了会议，其中还有很多媒体"。在这次会议上，展讯通信不仅对浑水的质疑进行了正面回应，还宣布进行现金股利分配。此外，公司首席执行官进一步表示，公司董事会早在 2011 年 6 月 11 日就批准一项自公开市场回购美国存托股票（ADSs）的计划，回购总额上限为 1 亿美元，截至当时已回购 144 万股，占流通股的 3%。

在电话会议上，展讯通信并未逐一回应浑水的 15 个具体问题，根据媒体对电话会议的记录[①]，展讯通信从以下三个方面做出回应：

- 浑水所指的财务上的各种"异动"主要来自公司的实际经营问题。展讯通信大方地承认，公司在 2008—2009 年经历了困难时期，主要原

---

① 我们未能获取公司 2011 年 6 月 29 日电话会议的官方记录，我们尝试联系展讯通信，但未得到回应。因此，我们根据当时会议结束后媒体的报道进行总结归纳。

因在于产品质量和公司内部的执行力。在2009年首个季度，公司客户大量流失，直接导致当年度的亏损。首席执行官李力游于2009年2月上任，展讯通信在客户支持上加大了投入、增加了员工，这也就解释了为何公司的预收款项和递延成本激增——公司希望给予客户一个查验期以便更好地吸引新客户，解决客户流失问题。随后的市场份额回升也证明了这一政策的有效性。此外，公司从2009年开始，设计完成并量产了新的产品平台，扩大了产品门类，并在低竞争、成本结构及质控项目产品合格率上形成了优势，这为后续市场份额的提升打下了良好的基础。

- 关于管理人员和审计师变动，展讯通信在电话会议上首先回顾了公司人员变动。时任首席执行官李力游于2008年5月加入展讯通信，同年12月被提拔为总裁，次年2月被任命为首席执行官，前任首席执行官武平担任董事会主席直至2010年6月。展讯通信的言外之意是，正是因为经营不善，公司才更换首席执行官，而前任首席执行官武平仍然是公司董事会主席。关于首席财务官在内的管理人员等的离职，展讯回应是出于个人原因或不适应工作，审计委员会成员离职则是个人职业发展的需要。我们可以看出，正是由于早前年度的经营问题及内部管理问题，展讯通信高管团队走马换将，这应该是公司变革的实际需要。展讯通信并未对变更审计师的原因做出解释，但指出无论是德勤还是普华永道，都是声誉卓著的国际"四大"之一；同时，两家会计师事务所都证实公司的财务报告是符合会计准则要求的。

- 关于收购问题，展讯通信回应，收购是为了填补WCDMA业务方面的空白。当时展讯通信考察了三家公司，最终选定Mobile Peak的原因是该公司技术最为先进，且与展讯通信的可整合性最强。

应当说，展讯通信此次回应是及时且有效的。不同于其他诸多被做空公司，展讯通信在整个过程中并未停牌，在一定程度上体现出展讯通信对自身财务状况及经营状况的自信。而无论是管理层的回应，还是电话会议的召开，时间选择也是恰到好处。做空当日，首席执行官与首席财务官的回应均在收盘前便通过媒体向市场传达，极大地助力了股价的反转。电话会议的召开则是在美国当地时间次日开盘之前，这一时间的选择本身已经向市场传递了展讯通信的立场之坚定。而如果像其他公司一般停牌数日方才迟迟回应，无疑会或多或少地使投资者的疑虑增多。

组织外部利益相关者力挺

在做空的全过程，除了展讯通信自身的回应，公司外部利益相关者的力挺也发挥了巨大的作用。在做空当日，展讯通信审计师普华永道便对公司财务数据的真实性予以力挺；同时，展讯通信联合承销商旗下分析师也公开对公司表示支持，还替公司解答浑水的部分质疑，甚至反过来质疑浑水未能很好地了解展讯通信。次日，包括 Needham、美国银行、杰富瑞等在内的多家知名机构再次重申对展讯通信的"买入"评级，展讯通信的合作商三星公司也出面力挺，这些都极有力地促进了投资者信心的快速恢复。

在多管齐下的回应之后，浑水承认对展讯通信的财务报告"理解有误"，承认做空失败。展讯通信股价也快速收复失地，甚至在做空之后数个交易日内迅速上涨，较做空前涨幅超过 30%。

可以说，展讯通信在这场做空战中"反狙击"成功，甚至借做空而一战成名，在其后的时间内收获了更多投资者的关注。

展讯通信在浑水做空前后进行了积极有效的反做空，但这些应对措施有效的一个重要前提是——打铁当需自身硬。

尽管展讯通信在 2008—2009 年遭遇严重困境，但新的管理团队高效地使公司重回正轨，凭借中国智能手机等行业的快速兴起与发展，在 2010 年便扭亏为盈，进入增长的快车道。而公司首席执行官李力游曾在美国生活二十多年，**对美国的制度、投资环境等有深入的了解，不仅保证了公司财务信息可靠、透明，还很好地维系了与利益相关者的关系，缓解了因文化差异、制度差异等而造成的信息不对称。**

这一点，也正是很多在美上市中概股公司被质疑的根源。

反观浑水，其创始人的中国经历使浑水在做空中概股公司的道路上顺风顺水，因而在关注到展讯通信财务报告中一些异动的数字后，便草率地公开质疑并做空展讯通信。然而事与愿违，虽然造成展讯通信股价短时间地暴跌，但公司的后续回应、市场的支持及股价表现让浑水措手不及，在发布质疑两天之后便承认解读"有误"，草草收场。

私有化反做空的解读

在上一节中，我们立足于事件本身，具体地分析了展讯通信的反做空手段。在本节，我们介绍展讯通信的私有化，是因为这次做空事件很大程度地推动了展讯通信两年后的私有化。从更为宏观的角度来讲，作为一家被错杀的优质上市公司，私有化成为展讯通信反做空的终极手段。

私有化动机

展讯通信私有化主要源自美国市场给予的低估值与集成电路设计行业迅猛发展之间的矛盾。此外，在低估值的情况下再度被做空，更进一步促进了展讯通信私有化的脚步。

2001年，展讯通信由一群"海龟"留学生在上海创立，凭借技术优势迅速发展。创立后仅仅两年，就研制成功亚洲范围内第一款拥有自主知识产权的2G/2.5G/GSM/GPRS手机核心芯片。到了2004年，公司又转型研发并量产国内首个拥有自主知识产权的TD-SCDMA国际移动通信标准芯片。凭借卓越的研发能力，展讯通信在2007年2月获得"国家科技进步一等奖"。随着国内互联网的进一步发展及移动互联网的兴起，集成电路设计行业迅猛扩张。为了寻求更大的资本支持，也囿于国内当时的首次公开募股状况，展讯通信选择前往美国纳斯达克上市。

然而，仅仅在上市一年之后，由于国内3G网络商业化姗姗来迟，加上公司的战略调整，客户在一年之内几乎流失殆尽，市场份额也被竞争对手大肆瓜分，股价也从上市之时的最高15.95美元/股重挫至不足1美元/股。2009年2月，时任展讯通信总裁李力游临危受命，接任首席执行官，经过一年强硬的改革之后，展讯通信凭借稳固的产品质量和高品质的服务重回正轨，2010年扭亏为盈并大幅盈利。

彼时，展讯通信已经是国内集成电路设计行业的龙头企业之一，全球尤其是国内集成电路设计行业也在迅猛增长。从图 4-19 可以看到，2007—2011 年四年多的时间里，集成电路设计行业市场规模已经翻番，且仍然保持高于 10% 的年增长速度。此时，对于坐拥技术优势及行业龙头地位的展讯通信而言，这是一个进一步扩大规模、提升市场份额的绝佳机会。

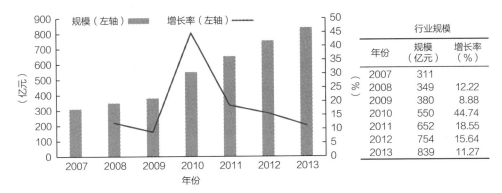

图 4-19　中国集成电路设计行业规模

资料来源：水清木华研究中心。

然而，理想很丰满，现实却很骨感。整个集成电路设计行业乃至半导体行业在纳斯达克并未被予以较高的估值，行业特性导致公司除业绩外并无其他亮点与想象空间，因而整个行业仅有 10 倍左右的市盈率。展讯通信在当时的市值也仅有 10 亿美元左右，公司继续融资的空间非常有限。反观国内集成电路设计行业却是另一番景象。我们根据中国半导体行业协会公布的集成电路设计公司名录，统计其中在 A 股上市公司的市盈率（见图 4-20），从展讯通信上市的 2007 年至其私有化退市的 2013 年，国内 A 股市场 IC 设计上市公司的平均市盈率始终保持在 50 以上。即使 A 股市场的市盈率普遍偏高，国内互联网及移动互联网的爆炸式发展在一定程度上也支持集成电路设计行业的高估值。

然而祸不单行，在整个行业整体低估值的情境下，展讯通信仍旧遭遇浑水的做空。除做空之外，由于并非本土公司，因此诸多美国投资者对于公司的实际运营状况的了解可能并不深入，甚至存在偏见，这在一定程度上也受到之前数十家因舞弊而被做空的中概股公司的影响。这种情形进一步地促进了展讯通信的私有化退市。

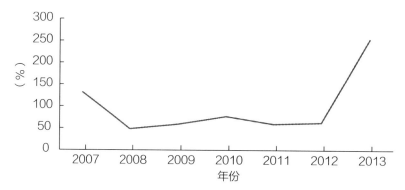

图 4-20　A 股集成电路设计上市公司平均市盈率

资料来源：中国半导体行业协会。

私有化过程

2013 年 6 月 20 日，清华控股旗下紫光集团向展讯通信发出现金收购要约，拟以 28.5 美元/股美国存托凭证价格收购展讯通信，收购总价为 14.8 亿美元。由于展讯通信公布了 2014 年第二季度的业绩并实现大幅增长，在双方随后的洽谈中进一步将并购对价抬高至 17.8 亿美元。

7 月 12 日，双方达成合并协议。

9 月 4 日，展讯通信股东大会投票通过 7 月 12 日达成的合并协议，紫光集团最终以美国存托股 31 美元/股、合计 17.8 亿美元的对价收购展讯通信所有流通股。

12 月 23 日，私有化工作正式完成，展讯通信从纳斯达克私有化退市。

后续表现

紫光集团并购展讯通信在当时并未被市场看好。无论是同行还是分析师，都认为紫光集团是芯片产业的"门外汉"，这笔交易也仅仅是紫光集团的一项财务投资，此次合作只是资本层面的合作。然而，在要约收购展讯通信之后，紫光集团在四个月的时间内便向国内另一家 IC 设计龙头——锐迪科发起收购并签订协议，最后也得以完成收购。在当时，华为旗下海思半导体已经坐上国内 IC 设计头把交椅，而展讯通信和锐迪科则分列第二、第三位。

展讯通信在私有化之时，市场普遍认为紫光集团的出价低于公允价值。一个有意思的问题是，展讯通信既然深知自身被低估，为何又会以 17.8 亿美元的估值将自己贱卖呢?

这个问题与 IC 设计行业的特性息息相关。

由于电子产品降价速度快,因而 IC 设计行业产品的成本、收入风险极高。同时,IC 设计行业高研发投入的特点,进一步加剧了公司面临的风险。控制这一风险的有效途径在于扩大规模、丰富产品线。因此在 IC 设计行业有这样一个说法:

> 1 亿美元年收入算是入行,10 亿美元年收入才可以存活,10 亿美元以下规模随时可能倒闭。

其原因正是在于:缺乏规模效应导致未能具备足够的风险抵抗能力。从这个角度而言,展讯科技彼时 10 亿美元出头的市值正是进入发展瓶颈期的时点。当时,国内 IC 设计公司遍地,但各自为战、不成规模。中国前 10 大 IC 设计公司的收入规模之和尚不足国际巨头高通的 1/3。因而,紫光集团的行为恰恰推动了行业整合,也正好解决了展讯通信所面临的燃眉之急。

图 4-21 描绘了展讯通信从上市、私有化到私有化完成之后的收入变化。2007—2013 年在纳斯达克上市期间,展讯通信的收入规模从 10 亿元增至 10.66 亿元;在 2013 年私有化之后,营业收入仍然保持年均 30% 左右的增长率;至 2016 年,收入额超过百亿元①。

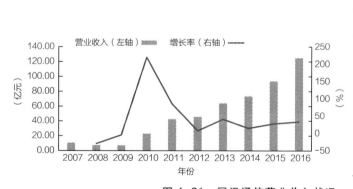

年份	营业收入（亿元）	增长率（%）
2007	10.66	
2008	7.52	-29.51
2009	7.17	-4.63
2010	22.91	219.61
2011	42.47	85.33
2012	45.57	7.30
2013	64.02	40.48
2014	73.43	14.70
2015	93.70	27.61
2016	125.00	33.40

图 4-21 展讯通信营业收入状况

资料来源:Compustat 数据库及中国半导体协会。

---

① 2016 年 2 月,紫光集团将展讯通信和锐迪科整合为清华紫光展锐,因此 2016 年为清华紫光展锐的收入额。

05 诉讼与完胜：恒大应对香橼

恒大事件背景

公司基本情况

恒大地产集团成立于 2006 年 6 月 26 日，是集房地产规划设计、开发建设、物业管理于一体的现代化大型房地产综合企业。公司于 2009 年 11 月 5 日在香港联交所主板上市，上市当日，公司股票收盘价较发行价溢价 34.28%，创下 705 亿港元总市值的纪录，成为起自内地、在港市值最大的内地房地产公司。恒大地产集团是中国地产行业领导者，多年占据中国房地产企业前列。目前，恒大集团已在广州等全国 24 个主要城市拥有恒大华府、恒大名都、恒大城、恒大绿洲、恒大集团金碧天下等系列项目共计 54 个。恒大地产集团在国际资本市场上累计募集资金多达 18 亿美元，是中国内地房地产企业走向国际市场的代表。

被做空前数据

2010 年，恒大地产集团投放市场的债券价值达到 27.5 亿美元，当年度的销售收入为 504 亿美元。2011 年，企业的全部资产达到 1 790 亿元，从房产在建面积和进入城市数量上都处于全国领先位置，公司品牌价值总额持续处于国内首位。可见，在被做空之前，恒大地产集团已经成为中国房地产企业的领头羊，在香港股市上也顺风顺水。

从表 4-19 可以看出，恒大地产 2006—2011 年经营处于平稳提升状态，净资产收益率与主营业务利润率在 2010 年和 2011 年波动很小且收益较高，资产负债率从 2009 年开始也稳定在 0.8 左右的水平。在 2012 年被做空之前，恒大地产的经营前景乐观。

表 4-19　恒大地产集团 2006—2011 年财务指标　　　　　　单位：%

财务指标	2006 年	2007 年	2008 年	2009 年	2010 年	2011 年
净资产收益率	-64.02	169.60	6.35	8.14	36.78	34.82
主营业务利润率	29.78	47.90	26.79	25.27	30.77	32.91
资产负债率	106.52	96.02	69.91	79.14	79.54	80.53

资料来源：同花顺财经。

做空事件回顾

2012 年 6 月 21 日，著名的做空机构香橼在门户网站上发布公告指出，恒大地产已经处于严重负债的处境，现金状况存在虚假披露，严重侵害了投资者的利益。

香橼发布公告当日，恒大地产股价以 4.48 港元/股开盘后，在上午 10 时之后大幅下跌，在短短一个多小时的时间里下挫 19.6%，市值蒸发约 132 亿港元。

午间休市时，恒大地产迅速发布澄清公告，并紧急召开全球电话会议，对香橼在报告中指控的内容展开反驳，暂时稳住恒大的股价。当日，恒大地产股价以 3.97 港元/股收盘，下跌达 11.4%，仅仅一天便蒸发了 77 亿港元的市值。

6 月 22 日，恒大地产在港交所发布第二份长达 9 页篇幅的澄清公告，针对香橼质疑的问题逐条反驳。恒大地产主席许家印赶到香港参加恒大全球投资者大会，会上强调"捍卫东方企业的尊严"。之后，包括花旗银行、德意志银行、摩根大通在内的多家投资银行相继发布追究报告以表示对恒大地产的支持。

6 月 26 日至 28 日，许家印以 3.956 港元/股至 4.066 港元/股的价格，共增持恒大 1 790 万股股份，出资总额近 7 200 万港元，进一步向投资者表明了信心。

7 月 4 日，恒大地产副主席赖立新携律师往香港警务处报案，认为香橼利用虚假信息操纵股市和金融秩序，并要求予以彻查。

7 月 6 日，恒大地产股价反弹至 4.39 港元/股，已接近做空前的价格。

做空手法 VS 反做空策略

香橼的做空攻击

香橼在做空报告中质疑恒大地产集团五方面的问题：

资产增长过快 香橼在报告中指出，恒大地产集团自2006年以来，资产增长了23倍，这比同行业公司的增长速度高了多达5倍。从图4-22中可以看出，恒大地产集团的增速明显高于包括中国海外、世茂股份、碧桂园等其他同行业公司。

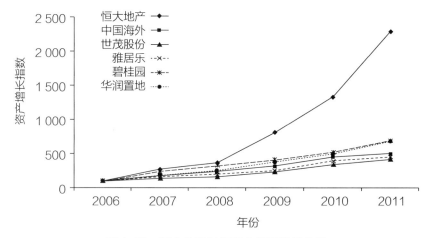

图4-22 恒大地产与同行业资产增速比较

资料来源：香橼做空恒大地产研究报告。

然而，报告指出，恒大地产的财务报表存在不少错报，包括表外负债收购、虚构银行存款余额、投资物业评估有误等问题，导致高估资产或低估负债，调整这些错报后当前350亿元的股本将变为-360亿元。

行贿获得低价原材料土地 报告认为，恒大地产以明显低于市场的价格获得原材料土地是向当地官员行贿的结果，根据中国的法律会被指控为非法获取土地，恒大地产会被处以巨额罚金并收回土地。

财务与经营风险 报告认为恒大存在一系列潜在的财务与经营风险，包括过度负债、现金流不足、高风险的信托融资，当前的一些项目也面临很强烈的反对声，并指称一些中国的媒体也报道其拖欠供应商款项。

董事长许家印学历造假 香橼称许家印的文凭系伪造，并且暗中通过资产交易为公司融资。

许家印追求"个人爱好"的项目投资 报告指出，许家印大量投资在足球俱乐部、排球和一些文化项目上。

恒大的反做空方式

受到香橼的做空攻击后，恒大地产股价立刻大幅下挫，投资者的信心受到极大影响。恒大地产在第一时间展开反做空，并通过多种方式重新获得投资者的信任。

发布澄清公告 在被做空的当天，恒大地产迅速组建一支分析师团队，主要由普华永道的会计师和一些律师事务所的人员组成，对57页的香橼报告进行逐条分析，拟定反驳意见。仅仅在当天中午，恒大就发布第一则澄清公告，声明香橼报告不属实，并表明将在之后进一步发布详细的澄清公告。

6月22日中午，恒大地产发布长达9页的澄清公告，针对香橼报告中的指责逐条予以详细反驳。恒大地产报告中的回应包括：

■ 针对香橼指责恒大地产在财务报表上的错报，恒大指出：

香橼对于恒大地产采用表外融资的方法进行公司收购的指责歪曲了实际的会计处理操作——这是基于错误的主观臆想与数据；

香橼认为银行存款余额虚构只采用笼统的方法推断得出——这未考虑存款在各月之间的变动，存放在香港的美元存款利率也远远低于内地的银行存款利率；

香橼声称集团过分多报足球、排球及文化产业项目价值——香橼在评估时采用的是集团内部往来抵消前的金额；

香橼推断投资物业收入评估值有误——这未考虑未来租金收入的提升，并且在计算投资物业成本时缺乏行业经验且基于不合理的假设；

结转的土地相关成本按照香港会计准则的要求、根据已交付物业所占土地面积分摊土地成本——这并不是香橼所说的简单地按期初、当期增加和期末面积及均价信息推断；

采用其他营业收入衡量其他应收款的周转天数——这是将完全不相关的项目混为一谈。

■ 香橼报告认为，恒大地产通过贿赂当地官员以大幅低于当时市价的价格获取土地储备。恒大地产指出：

> 集团率先进入二三线城市，购买的土地是在这些城市房价较低、有发展潜力的城乡结合部区域，所有项目均为依法、依规取得并获得相关许可证，从未有贿赂他人获取利益的行为。

■ 针对香橼报告认为的恒大地产存在潜在风险的证据，恒大地产的澄清说明指出：

> 仅仅依据预收账款没有变动而质疑合约销售的真实性是没有根据的——公司2011年合约销售为803亿元，实际回款为681亿元，回款率是理想的；
>
> 香橼将预收账款、递延税款、应付税款界定为借款，由此认为公司负债过大——这是不符合市场惯例的；
>
> 信托借款平均利率并未出现香橼所称的高利率，并且公司14%的信托借款也处于合理水平；
>
> 各月的合约销售额表明，编造预售的说法完全无依据；
>
> 楼盘价格的波动是正常现象，并不表明项目的吸引力下降；
>
> 所谓的裁员政策属于人力资源的整合，预售活动也符合相关规定。

■ 主席许家印的简介是完全属实的，上市前的融资活动在招股书中已有详尽披露。

■ 对足球、排球和相关文化项目的投资属于提升品牌价值的活动，而不能简单地认为是许家印的个人爱好，香橼所指出的投入数额更是无稽之谈。

召开电话会议　在被做空的当天下午，许家印在广州总部召开电话会议，超过50位香港、内地机构的投资经理参与，而恒大地产管理层全部出席。在电话会议召开前——恒大地产被做空后仅短短几个小时，恒大地产就完成对香港数十家投资银行的电话会议召集通知，由此可见恒大地产反应的迅速。在会议上，恒大地产向各机构澄清了相关事项。

获得投资银行支持　恒大在被做空后仅一天，便在香港的全球投资者大会上与众多投资银行见面，并进行了有效的沟通。花旗银行等投资银行陆续发表声明，表示对恒大地产的支持。花旗银行给出8.3港元/股的最高目标价，即便是最低目标价也达到 5.0 港元/股，明显高出当日收盘价格。惠誉评级则坚持先前对恒大地产的评级结果。高盛发布详细报告，驳斥香橼对恒大地产的质疑，认为香橼的假设存在违背逻辑以及不了解房地产行业等问题，坚信恒大地产的财力稳定，并继续执行 7.23 港元/股的目标价。

主席许家印增持　从 6 月 26 日开始——恒大地产被做空的 5 天后，许家印开始连续增持，不断提升自身持股比例，以增强投资者的信心，公司股价逐渐平稳。

图 4-23 显示恒大地产被做空期间的股价与成交量变化。从图 4-23 可以看出，在 2012 年 6 月 21 日被做空后，恒大地产股价在当日迅速下跌，成交量急速放大，但是当日收盘价相比最低价回升不少，反映包括电话会议等紧急应对手段在一定程度上发挥了作用。一天之后，恒大地产股价的下跌幅度和成交量已经减小不少，之后随着各大投资银行的纷纷支持及许家印自 6 月 26 日开始连续增持，恒大地产股价逐渐回升，到 7 月 6 日已经基本回到做空前的价格水平。

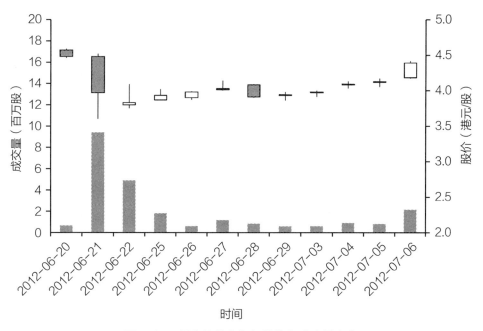

图 4-23　恒大被做空期间股价与成交量变化

资料来源：笔者根据交易数据整理。

后续法律应对

恒大地产集团在被做空之后的两周时间里,通过一系列的反做空手段,得到诸多主要利益相关者的支持,投资者的信心逐渐恢复,股价重新稳中有升。在恒大地产应对香橼做空的事件中,后续反做空采用经济手段之外的方法,通过法律手段对做空机构继续追击,成为该案例一个值得关注和借鉴的方面。

法律应对的主要事件

2012 年 7 月 4 日,恒大地产副主席赖立新携律师往香港特区警务处报案,认为香橼利用虚假信息操纵股市和金融秩序,并要求予以彻查。

2014 年 12 月,香港特区证监会发起针对香橼和香橼创始人莱福特的诉讼,指控莱福特针对在港上市公司发布虚假信息误导投资者,并在报告发布之前卖空 410 万股恒大地产股票,获利 160 万港元。这是香港特区证券监管机构首次针对做空者采取法律行动。

2016 年 8 月,香港特区政府市场失当行为审裁处认定:莱福特的市场行为失当,鲁莽、疏忽地散布有关恒大地产的错误及误导性信息。

2016 年 10 月,香港特区政府市场失当行为审裁处裁定:莱福特因散布虚假信息做空恒大地产而被判五年内禁入香港证券市场,归还做空恒大地产所得的 160 万港元利润,并承担此案的法律费用。

关键问题

诉讼反做空　被做空公司是否有必要使用法律手段反做空? 是否有必要通过诉讼维护自身的权利? 这是需要谨慎考虑的问题。

首先,发布做空报告并不违背法律,没有明文规定研究报告不可以由做空机构发布;

其次,做空机构往往是出于自身利益而发布针对被做空公司的负面报告,它们自身也通过抛售股票而获取利益;

再次,尽管做空机构基于调查而形成的针对财务报表和公司经营状

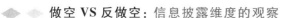

况的推断存在估计与猜想的成分，但并不构成诽谤；

最后，一旦提起诉讼，企业为了配合调查取证并证明自身披露的真实性与合理性，难免披露更多的内部信息，这不仅会增加披露成本，甚至可能导致陷入新的麻烦。

率先采用报警手段　在香港资本市场，如果需要对做空者起诉，起诉者必须证明做空者发布了不实的、具有误导性的言论且唯一的目标是诱使他人买卖或影响股价，才可以认为做空者存在造市或操纵股价的行为而将其入罪。然而，要证明做空者的造市行为是很困难的，虽然做空机构很可能选择与对冲基金联手获利，但想要证明它们之间确实存在关联并不容易。

恒大地产在后续运用法律手段反做空时，首先是向警局报案而不是上法院诉讼。这样的做法缘自香橼团队只是一个人，虽然可以认定香橼是一家零资产公司，但起诉的意义不大。

然而有人质疑，香港特区注重市场的民主化，而做空本身属于合法的交易行为，是可以受到法律保护的，向警方报案很难取得满意的结果。

事实上，根据香港特区的法律，证监会可以根据公众人士、香港特区的其他监管机构或执法机构（包括香港特区金融管理局和警方）、海外监管机构、香港交易及结算所有限公司及内部转介资料展开调查。正因为如此，在恒大地产向香港特区警方报案大约 2 年半之后，香港特区证监会展开了纪律处分程序，被告正是香橼这家零资产公司及其创始人莱福特，涉案金额也仅仅是能够确定的收益约 160 万港元。

这是香港特区证券监管机构首次针对做空者的法律行动，对做空机构划定了准则界限，因而是极具意义的。

找准对方劣势　如香橼这样的做空机构，被起诉可以说是习以为常，而现实也大多是以香橼的胜诉收场。

在美国资本市场上，做空机构在规避法律风险时很大程度地依据"上市公司披露不透明"作为防御方式。因为在美国的证券监管过程中，十分强调通过公开透明的信息来保护投资者的利益，之前香橼被起诉时也以这一说法为自己辩护。香橼的做空指责大多基于公开财务报告中信息披露的真实性，还可以省却实地调查的麻烦。

在中国香港资本市场上,要证明香橼存在操纵股价或扰乱金融市场同样是困难的。

然而,在这次针对恒大地产的做空中,香橼要面对的不仅是中国香港特区这样一个新的监管体系,更重要的是,他选择的是中国一个特殊的行业。房地产行业的商业模式较为特殊,正如花旗银行在一份支持恒大地产的报告中所指出,在中国经营的过程中,有关政府关系及信托这类问题,在中国地产商和中国公司中是普遍存在的,这其中存在东西方价值观差异的问题。因此,从恒大地产回应香橼的澄清报告中可以看出,恒大地产指出香橼基于错误的假设,在计算投资物业成本时未考虑租金上涨,结转的土地相关成本根据已交付物业所占土地面积分摊而并非简单依据期初、当期增加和期末面积及均价信息推断等问题,反映了香橼对这一行业的不熟悉;而投资其他产业的品牌价值及房地产行业存货没有太多跌价风险等现状,也是中国商业环境特殊性的体现,这同样是香橼难以把握的。这些现实情况为恒大地产通过法律途径对抗香橼这样的做空机构提供了机会。

香港特区证监会控诉　香港特区证监会收集相关资料,向香港特区政府市场失当行为审裁处(以下简称"审裁处")进行控诉。审裁处是在2003年根据《证券及期货条例》成立的独立机构,香港特区证监会可以根据《证券及期货条例》,针对曾发生或可能曾发生的市场失当行为,或者违反《证券及期货条例》规定的披露要求事项,提起在审裁处席前的诉讼程序。一旦审裁处认定相关人士存在过失,就可以命令该人士向香港特区政府缴付罚款。

香港特区证监会依据收集整理的材料认为,在恒大地产被香橼做空的事件中,"发生或者可能曾经发生"了法律规定的"市场失当行为",并指认香橼创始人莱福特是从事相关市场失当行为的人士。香港特区证监会指认的关键是香橼做空恒大地产报告的两项声明:恒大地产存在欺诈性的账目和恒大地产无力偿还债务。香港特区证监会认为这两项虚假和误导性的公开声明影响重大,足以对市场造成巨大负面影响。

审裁处的交锋　恒大地产与香橼两方的辩护律师进行了多方面的直接交锋,主要争论的焦点包括以下内容:

其一，资料的提供。香橼认为如果香港特区证监会要证明香橼的声明是虚假和有欺诈性的，那么就需要恒大地产提供公司全面的原始资料以展现真实财政状况。然而，全面提供原始材料的成本高昂。恒大地产的律师认为，既然香橼是依据公开资料估计恒大地产的财务报表存在虚假成分，那么恒大地产也不需要原始材料进行抗辩。由此，审裁处也同意恒大地产应该依据公开资料抗辩的说法。

其二，基本要素。按照香港特区法律，证明确实曾经发生市场失当行为必须满足以下四个要素：

- 任何人在香港特区或者其他地方发布相关资料，或者授权或牵涉散发该资料；
- 相关资料相当可能诱使他人在香港市场买卖证券，或者维持、提高、降低或稳定证券的价格；
- 相关资料在重要的事实方面属于虚假或具有误导性；
- 散发资料的人，必须知道，或者罔顾，或者疏忽该资料是否在重要的事实方面属于虚假或具有误导性。

针对前两个要素，香橼方认为，不少重要的投资银行发布了正面的报道，并且香橼的报告并没有进行宣传，并不认为其具有足够的诱使他人交易的影响力。然而恒大地产方和审裁处认为，鉴于香橼多年来在做空交易上的成功案例和市场号召力，香橼做空报告本身具有很大的影响力。

针对第三个要素，主要在于香橼的做空报告是否存在针对关键事件的虚假和误导性陈述。之前已经提到，香港特区证监会主要关注的是香橼做空报告上的两个重要声明：恒大地产存在虚假性账户、恒大地产无力偿还债务。香橼的律师在辩护时认为，尽管香橼的报告采用了诸如"非法"等较为激烈的措辞，但不能按照字面进行解释，而应该关注其内在的含义——恒大地产利用会计手段试图隐瞒真实的财政状况；此外，莱福特并非会计专家，对于会计准则是否恰当地描述不具备专业背景，因此做空报告里的声明并非不合理。香港特区证监会认为，既然莱福特自身不是专家，就应该去咨询专家或询问恒大地产，并且报告中做出这样直接的指责应该充分了解事情缘由。审裁处听取专家证人的证词后再次认可香港特区证监会的分析。

针对第四个要素，审裁处首先基本认可莱福特不存在知情而犯的情况。至于香橼是否存在罔顾或疏忽，审裁处指出，莱福特处理此类事件的经验丰富，不可能不意识到获取的关于恒大地产信息的真实性；并且，莱福特自身参与做空行动，表明他当时应该意识到必须确保资料的真实性与可靠性，才能避免自己的做空行为被指控为利用一个可疑的声明来谋求私利。因此，莱福特在发布负面消息时未尽到谨慎的义务，在明知虚假和误导风险的情形下，罔顾或者疏忽行事。

图 4-24 是针对香橼是否构成失当行为的四个要素及双方观点的概括整理。

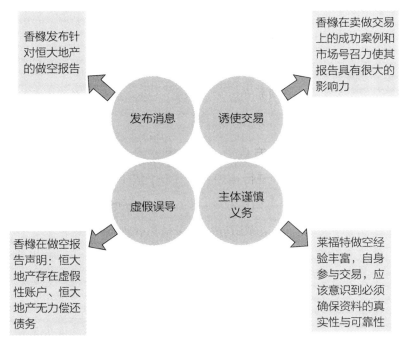

图 4-24　判断莱福特是否存在市场失当行为的四要素

资料来源：笔者根据案件相关资料整理。

其三，关于做空行为的讨论。莱福特的律师在法庭上意欲基于做空行为的意义进行辩护，他认为：

- 莱福特只是做出类似"股评"的行为，而这是投资者都可以参与的；
- 卖空对市场具有重要的调节作用；
- 多元化的市场信息本来就有偏激的成分。

他总结提出，如果使用公开资料，只需说明自己没有特别的资料，公众可以自行根据罗列出来的公开资料进行判断。

针对这些观点，审裁处指出，由于金融市场的多变性，虚假或误导性的资料始终会对市场产生严重的不利影响。如果仅仅声称以公开资料为依据，便可以发布虚假或具有误导性的结论而不受惩处，显然严重地削弱了对投资者的保护；言论自由也非绝对自由，如果发布很可能对市场造成影响的资料就应该承担相应的责任。审裁处还强调，类似的发挥在英美地区同样存在。

辩论至此，案件的结果已经基本明朗，最终的判决结果正是莱福特受到了处罚。香港对具有很大影响力的做空机构予以打击，也成为具有相当意义和影响力的事件。

反做空有效性的解读

恒大地产对香橼的反做空是一个如何应对做空机构的经典案例，图4-25是该案例的时间轴。从图4-25可以发现，恒大地产在反做空时的反应是迅速而有效的，及时的全球电话会议和连续两份澄清公告，有效地赢得几大投资银行等重要机构的支持。在第二份共9页的澄清公告中，针对香橼的质疑逐一做出回应，结合特殊会计事项的处理方法与房地产行业的特征，抓住对方对中国商业环境和房地产行业特征的不熟悉，有理、有据地驳斥了香橼的观点。随后，许家印的增持进一步提升了投资者的信心，维持了恒大地产的股价。

这一案例的另一个焦点在于恒大地产的后续诉讼。对于被做空公司，起诉做空机构常常是吃力不讨好的，然而恒大地产自被做空两周后向香港警务处报案开始，力争通过法律手段对香橼展开反击。香港特区证监会的控诉和双方在审裁处的交锋也有很多值得思考的问题：

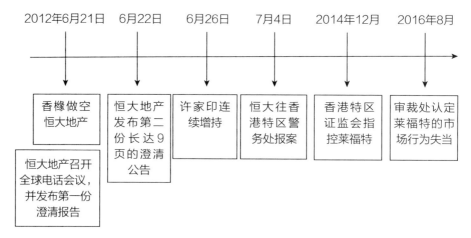

图 4-25　恒大反做空香橼时间轴

资料来源：笔者自行整理。

为何做空机构对公司的起诉往往不以为然？

是否严厉的披露制度成为做空机构随意做空公司获得个人利益的工具？

做空行为是金融市场重要的交易内容，但是做空也潜在地增加了金融市场的不稳定因素，如何更好地通过监管制度设计在发展做空机制的情形下保证市场的稳定发展，这原本就是一个两难的困境。

对做空机构的处罚至少说明了，只顾利益而伤害市场参与主体甚至整个市场的做空行为，做空者必须担负其中的责任。对于被做空公司，在保证自身信息披露真实性与完整性的基础上，诉讼等法律途径可以成为未来反做空的重要武器。

结　语

随着做空交易在金融市场愈加普遍，对公司的反做空能力也提出更高的要求。当前一些优秀的中概股公司已经能够针对做空机构的攻击，在短时间内做出反应，有效地回击做空方的质疑。

本篇重点关注上市公司在被做空后如何更好地应对投资者的质疑并稳定股价，从反做空的方法与有效性要求，分析上市公司多层面的应对方式与效果,并通过三个案例具体展现不同上市公司反做空的共性与特性。

从反做空的时间和方法上可以分为多个步骤。

- 紧急应对主要指被做空公司在做空报告发出的当日或次日采取的紧急措施,通常包括召开电话会议、发布澄清报告与宣布股票回购。
- 经过紧急应对后,被做空公司可以进一步采取补充应对,主要发生在遭遇做空后的一周之内,宣布成立独立调查委员会或利用媒体平台表达对做空质疑的回应以及对被做空公司的支持。
- 除了自身的措施,被做空公司还可以借助投资银行、经营合作伙伴、外部力量、政府及行业协会和债权人等外部力量,通过多方的口径证明公司自身不存在做空所质疑的问题。
- 如果仍然没有很好地阻止公司股票下跌的颓势,被反做空还可以选择私有化退市、回归A股与法律诉讼等后续应对方式。

上市公司在了解反做空的基本对策和步骤外,还要遵循一些关键原则。

- 真实性是所有反做空措施的核心原则,在反驳做空机构的指控时必须根据公司的客观情况,做到言之属实。
- 全面性强调全面回答做空机构的指控,否则会令人质疑隐瞒关键信息。
- 及时回应原则要求公司尽快筹划出反做空措施。
- 系统运作强调系统化地组织多方外部力量。
- 权威证实则主要体现在第三方独立机构与投资银行等具有权威性的机构证明上。

本篇的三个案例是对反做空方法与原则的具体化,分别介绍网秦、展讯通信和恒大地产集团如何应对做空机构的质疑。

- 网秦反做空的过程反映出真实性、全面性和及时应对原则的重要性,否则就会暴露自身在信息披露上的问题。
- 展讯通信的案例除了呈现反做空的过程,还着重关注私有化的动机与实施。

- 恒大地产应对香橼的案例反映出恒大地产管理层反做空的迅速及时，并重点展现后续应对中对法律手段的应用。

参考文献

［1］陈国进，张贻军，王景. 异质信念与盈余惯性［J］. 当代财经，2008，7：43—48.

［2］陈森鑫，郑振龙. 推出卖空机制对证券市场波动率的影响［J］. 证券市场导报，2008，2：61—65.

［3］成林芳. "卖空"机制与公司治理联系探讨［J］. 时代金融，2011，7：157.

［4］代雨君. 我国股市做空机制研究［D］. 成都：西南财经大学，2008.

［5］董景寒. 从公司外部治理看独立审计的背离［J］. 经济与管理，2008，22(9)：53—57.

［6］冯高飞. 美国上市公司财务欺诈与公司治理：一个综述［J］. 当代经济，2008，8：146—147.

［7］何伟喜. 股票卖空机制的市场效应及监管［D］. 保定：河北大学，2010.

［8］贺晖. 从监管的角度论卖空机制的引入［J］. 经济前沿，2004，4：57—58.

［9］贺绍奇. 金融危机背景下美国卖空监管法律制度改革述评［J］. 证券市场导报，2010，2：46—52.

［10］胡海波. 卖空机制对股票市场的影响分析——基于香港股票市场的实证研究［D］. 长沙：中南大学，2009.

［11］胡艳曦. 公司治理结构模式比较及国际发展趋势［J］. 暨南大学学报，2002，24(3)：34—37.

［12］胡志坚. 中国证券市场推出卖空机制对市场的影响［D］. 杭州：浙江大学，2011.

［13］黄永明. 股份制改造与国企治理结构创新［J］. 决策借鉴，1999，5：5—8.

［14］黎明. 论外部治理对会计信息披露质量的影响［J］. 财会通讯（综合版），2010，11：25—27.

［15］李艾娜. 卖空机制：我国证券市场发展的必然要求［J］. 统计与决策，2003，3：38—39.

［16］李维安等. 公司治理［M］. 天津：南开大学出版社，2001：157—167.

［17］李宜洋，赵威. 关于建立融券卖空机制对股市影响的分析［J］. 金融理论与实践，2006，2：72—75.

［18］李正义. 美国公司治理结构的演变与借鉴［J］. 中国监察，2008，9：41—42.

［19］廖士光，杨朝军. 卖空交易机制、波动性和流动性——一个基于香港股市的经验研究［J］. 管理世界，2005，12：6—13.

[20] 廖士光,杨朝军.证券市场卖空交易机制的价格发现功能探讨[J].上海立信会计学院学报,2006,1:73—77.

[21] 廖士光.海外证券市场卖空交易机制基本功能研究[J].外国经济与管理,2005,27(3):41—55.

[22] 廖士光.卖空交易机制对股价的影响——来自台湾股市的经验证据[J].金融研究,2005,10:131—140.

[23] 廖士光.融资融券交易价格发现功能研究——基于标的证券确定与调整的视角[J].上海立信会计学院学报,2011,1:67—76.

[24] 廖士光.证券市场中卖空交易机制基本功能研究[J].证券市场导报,2005,3:72—77.

[25] 廖臻.财务阴影笼罩华尔街,中国概念股成受袭目标[J].IT时代周刊,2011,11:30—31.

[26] 刘维.集体诉讼、投资者保护与审计质量[J].会计之友,2011,4:47—48.

[27] 马伟超.浅析美国公司内部治理与外部治理模式[J].现代商业,2008:36—37.

[28] 曼纽尔·P.阿森西奥,杰克·巴思.卖空[M].北京:中信出版社,2002.

[29] 施文雅.融券制度与股票市场波动性的研究[D].武汉:华中科技大学,2007.

[30] 孙旭.美国证券市场信息披露制度对我国的启示[J].经济纵横,2008,2:86—88.

[31] 王峰娟,代英昌.为何在美中国概念股频遭做空[J]? 财务与会计,2011,9:8—10.

[32] 王菁.证券市场卖空机制功能的探析[J].商场现代化,2010,20:158—159.

[33] 王伟.卖空机制与证券市场的监管[J].时代经贸(学术版),2007,6(5):129—130.

[34] 夏乐,才静涵.卖空制度的市场效应研究[M].上海:上海交通大学出版社,2009.

[35] 谢绵陛.看法差异、信息不对称、卖空限制与价格形成[J].南方经济,2007,7:3—22.

[36] 叶有明,王钊.猎杀? 中国概念股危机[M].上海:复旦大学出版社,2011.

[37] 袁峰.论上市公司财务风险的外部治理机制[J].财会月刊,2010,12:3—6.

[38] 袁峰.上市公司外部治理机制对财务风险的影响研究[D].重庆:重庆理工大学,2010.

[39] 袁怀宇.卖空机制与中国证券市场运行绩效研究[M].北京:经济科学出版社,2011.

［40］袁怀宇. 中国证券市场卖空机制研究［D］. 武汉：华中科技大学，2009.

［41］张林昌. 中国股票市场引入卖空机制研究［D］. 厦门：厦门大学，2007.

［42］张梅. 证券做空机制与风险监管［J］. 南京社会科学，2011，1：49—54.

［43］张维，张永杰. 异质信念、卖空限制与风险资产价格［J］. 管理科学学报，2006，9(4)：58—64.

［44］郑振龙，俞琳，张睿. 卖空约束对股票市场的影响——兼论中国能否引入卖空机制［J］. 河北经贸大学学报，2004，11：51—55.

［45］朱相平. 融资融券：理论综述及在我国的实践意义［J］. 经济视角，2011，1：61—64.

［46］邹武鹰. 公司治理外部监督的法律分析［J］. 湖南商学院学报，2005，12(3)：95—97.

［47］Bris, A., Goetzmann, W. N. and Zhu, N. Efficiency and the bear: Short sales and markets around the world［J］. *Journal of finance*, 2007, 62(3): 1029—1079.

［48］Bushman, R. M. and Piotroski, J. D. Financial reporting incentives for conservative accounting: The influence of legal and political institutions［J］. *Journal of Accounting and Economics*, 2006, 107—148.

［49］Bushman, R. M., Piotroski, J. D. and Smith, A. J. What determines corporate transparency?［J］*Journal of Accounting Research*, 2004, 42: 207—252.

［50］Chang, E. C. Cheng, J. and Yu, Y. Short-sales constraints and price discovery: Evidence from the Hong Kong market［J］. *Journal of Finance*, 2007, 5: 2097—2121.

［51］Charoenrook, A. and Daouk, H. The world price of short selling［Z］. SSRN, 2003.

［52］Chen, X., Harford, J. and Li, K. Monitoring: Which institutions matter?［J］*Journal of Financial Economics*, 2007, 86: 279—305.

［53］Conrad, J. The price effect of short interest announcement［D］. University of North Carolina, 1994.

［54］Daouk H. and Charoenrook A. A study of market-wide short-selling restrictions［Z］. SSRN, 2005.

［55］Fung, J. K. W. and Draper, P. Index arbitrage opportunities and short sales constraints［J］. *Journal of Futures Markets*, 1999, 19: 695—715.

［56］Hart, O. D. The market mechanism as an incentive scheme［J］. *Journal of Economics*, 1983, 2: 42—64.

［57］Hong, H. and Stein, J. C. Differences of opinion, short sales constraints and market crashes［J］. *Review of Financial Studies*, 2003, 16(2): 487—525.

[58] Hung, B. W. S. and Fung, J. K. W. Short sales restrictions and the impulse response behavior of index-futures price[R]. BRC Papers on Financial Derivatives and Investing Strategies, 2001.

[59] Manne, H. Mergers and the market for corporate control[J]. *Journal of Political Economics*, 1965, 73: 110—120.

[60] Miller, E. Risk, uncertainty and divergence of opinion[J]. *Journal of Finance*, 1977, 32: 1151—1168.

[61] Rediker, K. J. and Seth, A. Boards of directors and substitution effects of alternative governance mechanisms[J]. *Strategic Management Journal*, 1995, 16(2): 85—99.

[62] Shkilko, A. V., Van Ness, B. F. and Van Ness, R. A. Price-destabilizing short selling[R]. AFA 2008 New Orleans Meetings Paper, 2008.

[63] Shleifer, A. and Vishny, R. The limits of arbitrage[J]. *Journal of Finance*, 1997, 52: 35—55.

第 5 篇

信息披露与做空

中国融资融券情境

概要

第5篇主要介绍中国融资融券制度背景及其执行情况。首先，我们主要概述融资融券的基本概念、在中国的发展历程；其次，我们梳理近年来关于中国融资融券情境下的实证研究，讨论融资融券对中国证券市场和上市公司信息披露的影响；最后，我们讨论未来融资融券在中国的发展方向，重点关注其针对信息披露方面提供做空机制的可能性。

引言

对国内大多数的投资者和公司而言，做空事件主要发生在海外上市公司，似乎离我们还有一段距离。然而我们应该意识到，对于不断健全和发展的 A 股市场而言，做空机制是成熟资本市场的重要组成部分，对于投资者、上市公司或者整体市场稳定而言，只能做多的市场并不是健康、可持续的。2010 年 3 月 1 日，随着融资融券交易在 A 股市场正式开通，标志着中国内地资本市场的发展进入了新阶段。

在这一过程中，不乏一些声音提出，"这标志着我国 A 股市场做空时代的来临"。由此也引发了不同的观点：做空机制的放开，对于我国资本市场而言，究竟是风险的导火索还是价格发现的催化剂？

在现有市场中，投资者与上市公司之间的信息不对称依然严重，尤其对于小投资者而言，处在整个市场的信息劣势地位，在上市公司的虚假披露面前，他们无力辨识。在做多的市场中，中小投资者尚且成为大户所收割的"韭菜"，如果放开做空限制，他们是否更容易在虚假信息被揭露时的股价暴跌中成为最终接盘的受害者？而会计师事务所连带责任和集体诉讼的缺失以及一系列法律和制度性保障的配套不足，使得投资者无法针对上市公司的虚假披露行为进行追偿，最终只能默默承担损失、自吞苦果。

还有一些声音则表达了不同看法：从长期来看，做空机制的放宽有利于市场更好地发挥价格发现机制，使得股票能够充分地反映公司的真实价值，从而实现优胜劣汰的资源配置效应；同时，引入"做空机构"这样的自发监督者，也有利于加强对公司信息披露行为的外部治理效应，由市场监督公司。

我们应该清醒地看到，尽管融资融券交易在中国已经发展多年，但与真正的做空机制相比依然存在一定的差距。从更宽的视角来看，A股市场依然是一个新兴市场，法律制度仍然有待进一步地建立、健全，才能为做空机制发挥作用提供一个良好的外部环境。因此，我们应该首先思考：

现有的融资融券业务是否为做空交易模式提供了条件？

实行至今，这一融资融券对市场和上市公司产生了怎样的影响？

对于投资者和上市公司而言最为重要的，在未来，交易机制是否有可能成为做空机构做空上市公司的途径？

01 融资融券的现状

融资融券交易（securities margin trading）又称证券信用交易或保证金交易，是指投资者向具有融资融券业务资格的证券公司提供担保物，借入资金买入证券（融资交易）或借入证券并卖出（融券交易）的行为。融资融券包括券商对投资者的融资、融券和金融机构对证券商的融资、融券。直观地说，融资相当于借钱买证券；融券相当于借证券来卖，即卖空一只证券。融资融券都需要一定的初始保证金。由于融券属于做空机制，潜在风险更高，因此融券的初始保证金要高于融资。这意味着同样的资金，融券给予投资者购买股票时的杠杆效应大于融资。

从世界范围来看，融资融券制度是一项基本的信用交易制度，也是成熟证券市场的一项基本功能，存在于大部分经济体的证券市场。除欧美国家和地区外，亚洲的新加坡、日本、韩国和中国香港等证券市场也先后建立了融资融券交易与股指期货交易规则，而且绝大多数证券市场是在推出股指期货业务之前推出融资融券业务。

融资融券业务的特点

融资融券业务具有以下特点：

杠杆性 相比于常规股票交易必须支付全额证券价格，在融资融券交易中，投资者只需交纳一定的保证金即可向证券公司融资融券，从而扩大交易筹码。

资金疏通性 实质上，融资融券业务是以证券金融机构为中介，为证券市场的投资者与银行金融机构提供一种信用交易机制，通过融资融券交易，引导资金在货币市场与资本市场之间有序流动，从而提高证券市场的整体效率，具有资金疏通功能。

信用双重性 证券融资融券交易存在双重信用关系。一方面，在融资信用交易中，投资者仅支付部分价款即可买进证券，不足的价款由经纪人垫付，经纪人向投资者垫付资金是建立在信用基础上的，这是第一层信用关系，即经纪人与投资者的信用关系；另一方面，经纪人在交易过程中所垫付的差价款，通常来源于证券商的自有资金、客户保证金、银行借款或在货币市场融资，因而存在经纪人与金融机构的第二层信用关系。

做空机制特征　常规的股票交易必须先买后卖，当股票价格下跌时，投资者的选择是止损离场或持券观望。而引入融资融券制度后，投资者可以在预判股价下跌的前提下事先借入股票卖出，待股价发生波动以后再执行买入操作并归还给证券公司。这种交易改变了单边的市场状况，意味着交易者获得了股价下跌时的获利操作空间。因此，融资融券业务是建立做空规则的必然安排，而缺乏做空机制将使得投资者只能从股价上涨中获利，进而导致证券价格的非理性上涨和随之而来的非理性下跌。

融资融券制度的作用

在完善的市场体系下，融资融券制度的存在，为证券市场发挥了价格稳定器的作用。当市场过度投机或者恶意炒作导致股票价格暴涨时，投资者可通过融券卖出方式沽出这只股票，从而促使股价下跌；反之，当投资者发现某只股票的价值被低估时，则可以通过融资买进方式购入，从而促使股价上涨。此外，融资融券有效地缓解了资本市场的资金压力，增大了股票市场的流通性，也为证券商创造了新的利润来源与金融创新机会。因此，融资融券制度的建立，对于证券市场的完善与健康发展是必不可少的。

我国证券市场在建立初期，出于控制市场风险的目的而禁止信用交易。这是因为，我国资本市场建立初期的制度建设尚不完善，再加上转轨经济时期薄弱的法律背景，旺盛的市场投机需求导致"地下金融"的肆虐。例如，证券公司客户可以向营业部借钱买入股票或者卖出股票，所需代价仅仅是按时支付利息而已，甚至不需要抵押。营业部直接从银行挪用该营业部的客户保证金与委托理财资金，或者直接擅自挪用该营业部客户账户上的股票，甚至利用交易所电子交易系统不完善的漏洞进行跨营业部盗卖。这种混乱的违规交易行为严重地打击了投资者信心,给资本市场甚至国民经济带来了很多历史遗留问题。因此,1999年颁布的《证券法》明文规定:禁止银行资金违规流入股市,证券公司的自营业务必须使用自有资金和依法筹集的资金。但随着我国证券市场的发展与成熟,融资融券逐渐提上资本市场改革的日程。无论是融资交易能够提升证券市场的活跃度,还是融券交易的价格发现功能,都是进一步发展和完善我国证券市场所急需的。经过长时期的讨论与筹备,2010年3月30日,上交所与深交所分别发布公告,宣布将于2010年3月31日起正式开通融资融券交易系统,开始接受试点会员融资融券交易申报,标志着融资融券业务在中国资本市场上正式启动。2011年10月,中国证监会发布《转融通业务监督管理试行办法》,对转融通业务及相关活动的制度规则做出规定,同时设立中国证券金融股份有限公司。经国务院同意后,中国证券金融股份有限公司成为我国境内唯一可从事转融通业务的金融机构,意味着中国融资融券业务进入常规监管阶段。转融通业务的执行,进一步增加了标的证券的数量,也使得投资者参与融资融券交易更加便利。

融资融券交易放大了股票交易中的风险,提高了市场不确定性,其杠杆交易的特点可能导致强制平仓风险(孙彩虹等,2016),各国和地区对此制定了十分严密的法律法规,建立了详细的业务操作规程和严格的监管体系。从融资融券的国际现状来看,除了融资融券制度模式对监管的影响,不同经济体的市场发展程度、法律文化背景及政府监管理念等因素存在差异,也使得各国和地区采取了迥异的融资融券交易监管体系。金融市场发达、市场化程度较高的经济体,监管理念更加开放,偏重于市场整体环境与法律的规范性,优点在于能够提高交易者的活跃度,促进融资融券市场快速、蓬勃地发展,但也面临卖空交易被过度使用、在金融危机时加剧市场波动的问题。而在金融市场基础相对薄弱的经济体,监管政策相对保守,对市场参与者的资质、行为大多设置严格的限制。这种制度有利于政府引导融资融券发挥在资本市场中的积极作用,在一定程度上有利于防范金融风险。但这一模式的缺陷在于:容易遏制市场的流动性,提高了市场参与者的交易成本,限制了证券市场的持续、健康发展。

针对中国大陆资本市场基本制度不完善、投资者不成熟(表现为投机现象的盛行）的现状，自试点以来，融资融券业务就一直采取严格的监管。由于中国大陆融资融券实施的时间较晚，在创立之时就大量地参考了其他经济体成熟证券市场的监管制度。总体上，中国大陆较多地参照了日本与中国台湾地区的融资融券制度设计，更加强调政府监管部门及时、准确地掌握证券市场融资融券交易，出发点是作为一种金融创新，提高市场定价效率，从而为国家经济发展服务。

融资融券的制度安排

当前在中国大陆融资融券业务的交易制度体系下，证券公司是连接投资者和股票市场的中介，而证券金融公司是连接货币市场与资本市场的通道。这一制度体系包含了规定开展融资融券业务的证券公司条件要求的业务准入制度、规定参与投资者条件要求的投资者适当性管理制度、保证融资融券市场信息公开透明的信息披露制度、规定证券公司和投资者等参与主体地位的公平交易制度、强化流程和系统支持以保障客户资产安全的客户资产安全制度，以及规定融资融券业务转融通业务的转融通制度。

具体而言，《证券公司融资融券业务管理办法》针对从事融资融券业务的证券公司，就业务许可、业务规则、债券担保、权益处理、监督管理等方面进行了详细的规定：

其一，对证券商资格的认定。证券公司开展融资融券业务，必须经中国证监会批准。即便是具备开展融资融券业务资格的证券公司，对其下属营业部开展融资融券业务也有资格要求。证券公司申请融资融券业务资格要求，包括公司治理、经营合规性、财务状况、信息系统、人员培训与资格认定等方面的内容。

其二，对客户资格的规定。中国证监会规定，从事融资融券业务的证券公司，必须设立专门的融券专用证券账户、客户信用交易担保证券账户、信用交易证券交收账户和信用交易资金交收账户。证券公司向客户融资、融券前，应当办理客户征信，了解投资者的身份、财产与收入状况、证券投资经验和风险偏好等内容。具体地说，投资者须从事证券交易 6 个月以上、近 20 日日均证券资产 50 万元及以上、风险承受能力等级高且通过业务知识考试、无市场禁止行为的，方可进行融资融券交易。

其三，投资者在进行融资、融券交易前，必须与证券公司签订载入中国证券业协会规定的必备条款的融资融券合同，就融资融券的额度、期限、利息计算方式，保证金比例与维持担保比例，追加保证金的通知方式与期限，客户清偿债务的方式进行磋商与规定。

其四，证券交易所应当根据市场发展情况，动态调整融资融券业务保证金比例、标的证券范围、可充抵保证金的证券种类及折算率、最低维持担保比例等，实施逆周期调节。同时，证券交易所应当对融资融券交易的指令进行前端检查，对违反规定的交易指令予以拒绝，对危及市场稳定的异常交易活动暂停交易。此外，证券登记结算机构、中国证券金融公司对融资融券业务也具有监管、监测、分析的职责。

总之，当前实行的《证券公司融资融券业务管理办法》确立了交易所对融资融券业务的风险控制指标浮动管理机制，即实施逆周期调节；规定了融资融券业务的规模、担保物的违约处置标准和方式、融资融券合约展期、融券卖出所得价款的用途等，是对我国融资融券相关制度的重大调整，强化了对投资者的保护，完善了风险的检测控制。

自 2010 年 3 月正式启动融资融券试点以来，融资融券制度在我国证券市场上获得了长足的发展。在最初的试点时，中国证监会仅仅从上证 50 指数成分股和深证成指成分股中选取 90 只股票作为融资融券交易标的证券。在之后的几年中，标的证券数量不断增加，证券质量也有所提升，融资融券的交易规模显著增长，即便一些规模较小的公司也获得了融资融券业务资格。同时，随着融资融券业务的平稳运行，证监会放松了资格证券商的条件，使得开展融资融券业务的证券商数量不断增加；对应地，参与融资融券业务投资者的数量也在同步增长。因此，无论是交易规模还是参与主体，我国的融资融券业务在有效的监管制度下得到长足发展。理论研究与现实状况的初步证据表明，融资融券交易能够在一定程度上缓解股票市场暴跌，防止出现市场恐慌。

值得注意的是，在新兴市场相关机制不够完善的情形下，融资融券交易并不会一直如监管层和公众所预期，难以持续保持股票定价效率的提高，我国的融资融券交易仍然存在需要改进的方面。 事实上，由于我国证券市场上可供选择的融资融券标的股票范围占沪深股票总数的比例与其他成熟市场相比还有不小的差距，因此可以被卖空股票的供应量不足，一定程度地制约了融资融券的发展规模，降低了融资融券对股票定价效率的影响。 相比于融资业务，融券业务的风险性大大提升，并且有限的标的证券和较高的保证金比例导致"两融"业务出现发展失衡的情形，投资者参与融资交易的意愿明显大于融券交易，这将影响做空机制作用的发挥以及市场的稳定性。 此外，我国资本市场上存在严重的信息不对称，拥有私人信息的投资者会利用自身在内幕信息上的优势，利用融资融券交易进行杠杆交易牟利，成为增大股票市场波动性的助推器，与制度设计者和监管者的初衷背道而驰。

因此，对于处在转轨阶段的我国证券市场而言，如何分析、借鉴国外成熟市场的先进监管经验，结合我国独特的制度背景和实际情况，构建和修订合理的、本土化的融资融券监管制度，进一步发挥融资融券的价格发现功能和稳定市场功能，成为监管机构必须认真思考与推演的重中之重。 监管机构在制定融资融券监管政策时，应遵循以下理念：

- 多考虑前瞻性政策监管指引和办法。 例如，对融资融券业务的杠杆进行引导，向市场参与者传递更多的低杠杆水平信号。 这是因为，与高杠杆水平相比，在低杠杆水平中的市场运行效率更高，且更不容易引发资本市场的不稳定性。 因此，前瞻性监管政策更能有效地引导市场预期，安抚与增强参与者的市场信心。
- 参考美国融资融券的监管，遵循宏观谨慎原则，把监管重心放到防范资本市场的系统性风险上，而不仅仅是关注具体单位的收益与危机，更不应当把主要精力放到避免单个证券商的经营失败上。

- 遵循激励相容原则，兼顾证券公司、证券金融公司、投资者和交易所的共同利益，鼓励资本市场关注主体的积极性，实现融资融券业务的健康、协调发展。

从中国证监会等监管部门对融资融券规定的讨论与修订来看，我国监管部门仍着力于推进融资融资交易，削弱融资融券的限制，提高投资者的交易意愿，增大融资融券交易的规模，在发展中解决问题。

02 融资融券的影响

作为重要的做空机制，融资融券对于信息传递、股票定价效率、市场流动性、市场参与者行为均具有重要影响。由于融资融券业务在国外成熟资本市场中开展的时间较长，各项交易制度更为完善，大量学者针对融资融券和做空机制展开了系统的研究与讨论。这些结论对于丰富我国学界与业界对融资融券的认识发挥了重要作用。相对而言，中国内地证券市场中融资融券业务的起步较晚（最早可以追溯至2006年中国证监会发布的《证券公司融资融券业务试点管理办法》），但在中国内地资本市场的迅速发展和证券市场法制建设逐步完善的过程中，融资融券业务获得了长足的发展。中国内地于2010年3月正式启动融资融券试点，标志着做空机制在中国内地证券市场中的正式确立，引起资本市场、监管层和学术界各方的普遍关注与殷切期待。

融资融券业务在中国内地正式启动之前，国内学者已经展开关于融资融券的研究，主要集中于对国外融资融券交易模式与监管模式的探讨，研究方法以定性研究为主，研究目的是为中国内地证券市场是否需要建立融资融券机制、建立何种性质的融资融券机制提供相应的讨论与建议。例如，廖士光和杨朝军（2005a，2005b，2006）分别以中国台湾地区证券市场、中国香港地区证券市场、欧美证券市场为例，探讨了以融资融券等方式为代表的做空机制的价格发现功能，认为做空机制增大了市场的波动性与流动性（先减弱后增强），并建议中国内地股票市场在适当时机引入做空交易机制，以发挥其价格发现功能。但是，他们也强调了做空机制对市场的影响方向取决于市场卖空者的类型、操作策略及信息透明度等。陈红和杨凌霄（2008）则比较了已建立融资融券交易监管体系的海外证券市场的监管制度，发现不同经济体的市场发展程度、法律与社会制度背景、政府监管理念等因素影响了融资融券交易机制与监管体系的特征，为中国内地建立融资融券的监管制度提出了一系列的建议。

市场效率

融资融券政策在中国内地实施以后，学术界开始比较在引入融资融券机制前后，包括市场指数、资产价格波动性、收益率在内的市场反应（陈淼鑫和郑振龙，2008）。由于融资融券在中国内地的试点与分阶段扩容更接近于一项"自然实验"，为定量地研究融资融券制度对证券市场的影响提供了宝贵的实证检验机会。因此，从研究方法上看，此阶段的研究大多基于中国内地资本市场数据，以 DID 方法①为主，少量研究以问卷调查的方法获得数据。从研究结论上看，大多数研究认为融资融券机制产生正向市场反应，改善证券市场质量。但也有少量研究发现，由于政策环境、市场发展情况、信息成本等因素的影响，融资融券机制可能导致诸如股价同涨同跌等负面的市场反应。

从信息不对称的角度来看，融资融券交易通过改变信息传递效率来影响投资者的行为，并最终表现为股价及相关股票特征（如波动性与流动性）的变化，这为融资融券机制能够提升市场定价效率提供了理论解释。大量国内学者基于中国资本市场的融资融券制度，检验了做空机制的价格发现功能。基于融资融券制度实施的背景，以进入融资融券标的名单的股票为研究对象，发现可卖空的标的股票超额收益率为负；与此同时，此类股票的定价效率得到显著提升。这说明融资融券制度消除了标的股票的价格泡沫（Chang

---

① DID 方法即双重差分模型，其优点在于可以较好地解决经济与金融领域中普遍存在的内生性问题，便于学者探讨变量之间的因果关系。以融资融券研究为例，对于中国内地证券市场而言，融资融券政策不但是外生的政策冲击事件，而且对上市公司的冲击具有限定性，因而可以把受到融资融券政策影响的样本作为实验组，而把未受到融资融券政策冲击的样本作为控制组，比较实验组与控制组在政策实施前后差异的变化，人们可以较好地控制两者的系统性差异，从而检验融资融券政策对证券市场的影响。

et al., 2014)。李科等（2014）发现卖空限制导致股价被高估，而融资融券制度等做空机制有助于矫正被高估的股价，提高市场定价效率，从长远来看有利于保护中小投资者利益。

关于融资融券制度对股票波动性和市场流动性的影响，陈海强和范云菲（2015）以 2010 年 3 月 31 日至 2012 年 12 月 31 日为事件窗口期，检验融资融券制度对中国证券市场波动率的影响，发现融资融券制度的实施有效地降低了标的个股的波动率。与此类似，杨德勇和吴琼（2011）以上海证券市场的经验数据检验融资融券制度的实施对市场流动性与波动性的影响，结果发现融资融券交易制度能够活跃市场交易，抑制个股的波动性并提升个股的流动性。肖浩和孔爱国（2014）利用 DID 方法估计融资融券业务对股票价格信息效率的影响。研究发现开启融资融券业务降低了标的股票的特质性波动，并认为这一影响主要是通过降低市场投资者与公司之间的信息不对称、提高信息效率而得以实现的。许红伟和陈欣（2012）的研究则表明，我国融券卖空的定价效率较弱，但能够显著地减小股价崩盘的发生概率。

但是，部分学者得出了不一致的研究结论。廖士光（2011）基于融资融券标的证券的确定与调整，发现我国资本市场中融资融券业务并未有效地发挥预期的价格发现功能。翟爱梅和钟山（2012）发现融资融券交易对股票波动性的影响受到不同情境条件的限制。在金融危机之前，做空机制可以有效地抑制股价波动；在金融危机之后，做空机制对股价波动的影响则不显著。更重要的是，在金融危机期间，做空机制的存在显著地增大了股价的波动性，起到了"火上浇油"的负面作用。黄洋等（2013）发现，投资者因融资融券制度的实施而获得更多对市场信息做出及时判断与反应的机会，减弱上市公司的盈余公告漂移。林祥友等（2016）检验了平均异常收益率，发现融资融券交易导致了显著的助涨-助跌效应，且助跌效应大于助涨效应。张俊瑞等（2016）则研究了融资融券制度与公司内幕交易的关系。他们发现，在融资融券实施以后，标的公司中发生内幕交易的可能性显著增大了，且这种现象在规模较小、机构投资者持股比例较高的公司中更为明显。褚剑和方军雄（2016）认为，我国的融资融券制度实施后，不但没有降低相关标的证券的股价崩盘风险，反而恶化其崩盘风险，这可能与标的证券的选择标准和融资交易的杠杆效应有关。王朝阳和王振霞（2017）基于 A 股与 H 股的比较，认为涨跌停制度并未使得资本市场更加稳定，反而导致股价的高波动性；在此过程中，引入融资融券制度能起到推波助澜的作用。这是因为，一方面，融资融券制度导致了"杠杆效应"，放大的交易规模和设定的价格限制一起引起了市场非理性与恐慌，从而产生了"磁吸效应"；另一方面，融资融券交易加剧了市场交易者的情绪波动，投资者因流动性的需要而抛售股票，从而加剧了股价波动。

从以上的研究可以看出，融资融券机制的实施对证券市场中股票的价格及其相关特征的影响在学术界并未形成一致的结论，部分原因在于窗口期选择的不同与研究设计方式的区别；而且，一些研究结论在国外与国内证券市场上存在差异。相比于欧美经济体发达而成熟的资本市场，我国资本市场制度存在更多的漏洞，再加之中国资本市场迥异于国际资本市场的投资者结构特征（中小散户占主导地位），因而在投机心态更严重的中国证券市场，普遍存在信息不对称以及由此导致的内部交易乃至操控股价的行为，可能抑制融资融券对股票定价的效率，甚至产生更严重的后果。

公司行为

除市场效率之外，推行融资融券还会影响公司的行为。在中国资本市场上，由于大股东的绝对控制与市场干预机制的缺失，利益受损的中小股东只能选择"用脚投票"。融券业务的推出，一方面促进了私有信息的获取与传播，另一方面放大了"用脚投票"机制的杠杆效应，从而加剧了对上市公司的惩罚力度，这种威慑作用影响了管理层在制定、实施公司决策及披露信息时的动机与行为。

从公司内部管理者行为的角度上看，融资融券政策将对公司治理产生各种影响。这也成为学术界讨论的另一个问题。现阶段的研究大多表明，融资融券制度成为公司外部治理机制之一，促使上市公司提高公司治理水平，减少管理层的机会主义行为。陈晖丽和刘峰（2014）较早地研究了上市公司的应计盈余管理和真实盈余管理在融资融券制度实施前后的变化，发现推行融资融券降低了标的公司的盈余管理行为，初步表明了融资融券所具有的抑制管理层机会主义行为的公司治理效应。靳庆鲁等（2015）采用类似的方法，分析融资融券机制对公司投资决策和公司价值的影响。研究结果发现，当公司面临较差的投资机会时，融资融券机制将促使管理层及时地清算期权，从而提高公司价值；但当公司面临较好的投资机会时，融资融券机制不会明显改变公司的投资决策与公司价值。这表明，融资融券机制可以遏制管理层的过度投资行为。顾乃康和周艳利（2017）从卖空的事前威慑角度，发现融资融券标的公司新增的外部权益融资、债务融资、外部融资总额均显著减少，且新增债务融资的减少幅度大于新增外部权益融资的减少幅度，并引起公司财务杠杆下降。这一结果表明，融资融券的实施优化了公司融资决策，弥补了公司内部治理水平不足的缺陷，促进了公司层面资源的有效配置。侯青川等（2016）从外部监督机制的角度，发现融资融券的实施有利于提高公司的现金价值，但这一影响主要体现在第一大股东持股比例更集中的非国有企业样本中。

融资融券的外部治理作用不但对公司行为具有短期效应，还会影响公司长期的行为。权小锋和尹洪英（2017）从企业创新角度，发现融资融券的实施虽然未显著地影响公司的创新投入，但显著地提升了公司的创新产出，说明融资融券制度具有创新激励效应，能够提高公司的创新效率。以上研究表明，融资融券制度对于提高公司治理水平具有积极意义。

反过来，融资融券制度是否提供了一种有效识别公司治理水平的角度？张会丽等（2016）的研究表明，公司治理越差的企业，其被做空的概率越大。这表明，我国的融资融券制度对于促进上市公司提高公司治理水平、提高市场效率具有积极作用。

其他利益相关者的行为

在我国，融资融券制度的实施不但对投资者与公司的行为产生重要影响，同时也可能改变其他利益相关者的行为。融资融券机制对市场的影响，主要是从信息传递角度予以解释的。

那么在此过程中，信息传递者又起到什么样的作用？

韩梅芳和王玮（2015）的研究表明，融资融券制度的实施抑制了标的股票风险，但媒体的过度关注与失实报道（偏离公司真实价值的报道）削弱了这一功能。进一步的研究显示，媒体报道内容与公司会计信息的趋同性越低，融资融券机制抑制股票风险的作用力越弱，并且这种现象在牛市行情时更加明显。李丹等（2016）研究融资融券机制的引入对分析师乐观性偏差的影响。结果表明，融资融券机制缩小了分析师发布乐观预测以促进交易的动机，从而显著缩小了分析师盈余预测的乐观性偏差，提高了分析师盈余预测的准确度。这一结果暗示，中国资本市场中交易机制的完善，可以促使分析师提供更准确、更具有信息含量的预测信息，进而提高资本市场效率。胡凡和夏翊（2017）利用融资融券制度的推行，进一步检验了鼓励交易的动机是否会导致分析师有意提供存在偏误的分析报告。结果发现，当不存在做空机制时，分析师出于鼓励交易的动机而倾向于发布更加乐观的盈余预测报告；实施融资融券交易制度有利于矫正分析师的这种商业性动机，增强盈余预测报告的专业性与准确性。

融资融券机制的引入还可能影响其他的信息使用者。黄俊和黄超（2016）研究了融资融券制度与公司审计行为的影响。他们发现，融资融券机制的引入增大了公司股价下跌的风险，同时也增强了投资者挖掘公司负面信息的动机，因而提高了公司审计的诉讼风险，导致会计师事务所要求更高的审计费用；并且，在信息披露环境更差的国有企业、法制环境较差地区的企业、经四大会计师事务所审计的企业中，融资融券机制对审计收费的影响更加显著。万迪昉等（2012）则从监管者角度，认为融资融券机制降低了我国证券市场的波动性，稳定了市场，提高了交易所自律性监管的效率。黄超（2016）基于上市公司社会责任报告的披露，发现融资融券机制提升了对上市公司管理层的监督制约作用，改善了公司治理环境，提高了上市公司社会责任信息披露质量。这一结论反映了融资融券机制对上市公司非财务信息披露的影响，加深了人们对融资融券业务经济后果的认识。

总之，我国的融资融券制度对股票的市场特征与公司的治理行为均产生显著影响，表明融资融券交易在金融市场上的重要地位与理论研究的必要性。考虑到我国资本市场的特殊性，监管者如何制定符合我国市场发展趋势的融资融券制度，从制度的角度促进融资融资交易对证券市场与公司的正面作用，满足各利益相关方的需求，仍然是一个持续性的过程。

03 融资融券的发展方向

融资融券在中国能否成为做空工具

融资融券机制的建立，是中国资本市场的一项重大金融创新，也是改变我国证券市场"单边市"的初步尝试。融资融券交易的顺利实施，提高了市场定价效率，增强了市场流动性，也为投资者提供了新的规避市场风险的工具。对于中国资本市场而言，融资融券制度为投资者提供了类似股指期货的保证金交易模式与做空机制，弥补了我国资本市场做空机制缺失的现状。但是，我国融资融券制度与境外的市场做空机制存在重大的区别，而融券交易也并不是严格意义上的做空工具。

其一，从融资融券的定义与交易过程来看，融券交易与"裸卖空"交易对交易证券的要求是不同的。在我国的融券交易中，投资者向具有融资融券业务资格的证券公司提供担保物，借入证券并卖出，然后在约定期限内偿还相同数量与品种的证券，并支付相应费用。因此，虽然融券业务也是一种保证金信用交易，但其业务行为过程（借入—偿还）都是在现货市场内完成的，符合现货交易的模式，即投资者对标的证券的借贷，本身并未改变证券的交易与结算机制。而根据美国证券交易委员会的规定，卖空交易是指投资者出售自身并不拥有的证券，或者以借来的证券完成交割的任何出售行为。按照卖空交易发生时是否做出交割安排，卖空又分为有交割保障的卖空（covered short sale）和无交割保障的卖空（naked short sale，又称"裸卖空"）。直观上，在融券交易中，一定是投资者先融到某一只证券（借券），再出现卖空行为（卖券）；并且，投资者在卖空股票之前，其账户上必须存在足额的相应证券。如果投资者在发出卖空指令时未能融到足额股票，那么这个卖空订单是无法被交易所的交易系统认定的。相比之下，卖空交易中的"裸卖空"则是先有卖券，再行借券。投资者在卖空股票时，其账户上并不要求有相应的股票，只需在清算交收日之前买入股票，保证能够顺利完成股票交割即可成功交易。正由于"裸卖空"卖出的是不存在的股票，交易量可能非常大，因此这种投机性卖空对股价的冲击将会非常强烈，通常遭到市场监管者的重点监督。

其二，从监管当局对融资融券的制度安排来看，我国的融资融券交易制度对卖空行为实行严格的限制。 我国资本市场自建立起，就深受非法融资融券行为所害。例如，银行资金违规流入股市、证券公司的委托理财业务与违规自营业务导致众多乱象，甚至诱发多次股灾。在此背景下，我国的融资融券机制在推行时是非常谨慎的。而在具体的制度设计上，更是做出一系列针对性的安排，以缓解融资融券的杠杆效应所造成的负面影响。例如，针对我国货币市场与资本市场沟通渠道并不通畅、金融机构风险控制能力有待增强、金融监管水平也有待提高的现状，现阶段的融资融券业务采用"集中化、单轨制"的业务模式。

2013年2月28日，我国正式推出转融通业务。转融通采用集中授信的模式，设立中国证券金融公司为证券公司融资融券业务提供转融通服务，调控流入与流出证券市场的信用资金和证券量。集中授信模式有利于隔离货币市场和资本市场的风险，方便政府监管。此外，我国已经建立起健全的融资融券业务相关的法律规则体系和机制，严格限制卖空行为并禁止"裸卖空"。

其三，从融资融券的交易规模与特征来看，融券业务并没有成为普遍使用的卖空工具。 在欧美等成熟资本市场，对冲基金是做空的主体。欧美的对冲基金规模以万亿美元计，其主要运用的投资手法就是进行各种金融衍生品和股票的融券卖空。目前，我国真正进行对冲交易的主要还是部分私募基金。2016年，我国融资融券交易总金额为11.56万亿元，而同期A股股票交易总额为127.8万亿元，融资融券交易规模与证券交易金额之比为9.05%，与欧美、日本等海外成熟市场中16%—20%的融资融券交易规模与证券交易金额比仍有较大差距。由此可见，我国的融资融券交易明显滞后于 A 股市场，融资融券交易规模依然有较大的发展空间。具体而言，2016 年我国融资买入金额为 11.48 万亿元，融券卖出金额仅为 0.08 万亿元，融券交易量在"两融"业务中所占比重仅为 7% 左右。这进一步说明，融券业务的规模远逊于融资业务规模。事实上，进一步分析融资融券业务月度统计数据可以发现，相对于融资业务平稳增长的趋势，融券业务伴随着市场走势出现大幅波动。此外，在资金分布上，融资融券交易主要集中于金融行业（银行与券商股）、医药生物等高市值公司，其中大型蓝筹股更容易吸引融资融券资金。以上特征说明，融券业务并未被投资者广泛而频繁地应用于投机。

其四，从融资融券业务的市场需求来看，做空难以成为现阶段投资者的主要选择。 一方面，个人投资者在我国证券市场中占据重要地位，其做空意识比较淡薄，"追涨杀跌"的羊群效应明显。因此，相对于融资而言，投资者短期内对融券的需求有限。另一方面，现阶段我国的融资融券业务特别是融券业务的成本普遍偏高，进一步遏制了投资者的做空需求。目前，我国融资融券期限最长不得超过 6 个月，且大部分证券公司的融券费率（包括利息和佣金）在 10% 以上，这就要求投资者在正确预测个股下跌方向的基础上精准地选择持仓期限和卖出时机，同时还需兼顾成本费用。这使得个人投资者难以通过融券做空来稳定获利，也使得机构投资者难以通过融券业务来构建有效的对冲策略。

其五，从融资融券业务的市场供给来看，券源短缺也是制约融券卖空、限制融券业务发展的重要原因。 我国自开放融资融券业务以来，对于融券标的证券的选择有着严格的标准。证券交易所对于标的股票的选取，按照从严到宽、从少到多、逐步扩大的原则，重点考虑股票的流动性、换手率和波动幅度等客观指标。经过多次扩容，截至 2017 年，融资融券标的股已经由最初的 90 只增至 971 只。融资融券标的股的扩容，进一步丰富了融资融券交易股票的品种，初步满足了投资者多样化的投资需求。

但也要看到，由于"裸卖空"的禁令，我国的融券交易在源头上就存在严重不足的问题。对于券商而言，有效做空机制的匮乏致使出借证券的风险远远高于出借资金，进一步加剧了融券标的严重紧缺，使得投资者（尤其是机构投资者）进行融券时经常面临可融证券数量不足的尴尬局面，从而将不少投资者挡在融券业务的门外。尽管监管当局通过融资融券标的股扩容、证券金融公司转融券、允许证券商在回购期间使用标的券等措施，但券源供应不足的现状，使得对于有意向做空证券的投资者而言，最理性的选择将是选择股指期货业务，而不是融券业务。

其六，从融券交易所涉及的多方博弈者的利益来看，投资者采用融券交易做空证券难以得到其他利益相关者的支持。

对于证券公司而言，融券业务可能造成客户与证券商自身的利益相悖。投资者的融券主要来自证券公司长期持有的股票（由于交易成本，证券公司短期持有的股票通常不用于融券），如果客户用于融券的证券出现下跌，证券公司的财务报告将出现自营业务亏损。这意味着虽然证券公司的经纪类业务部门可以从投资者的融券交易中获得佣金与利息收益，但证券公司的自营部门将由此承担股票下跌所造成的损失，因而缺乏将证券融给客户的意愿和动机。进一步地，投资者只能从所在证券公司借券进行卖空，意味着投资者是与证券公司自营操作的长期持有股票在进行股价走势预测的时间差博弈，使得投资者的大规模融券做空很难得到证券商的积极回应。由于证券商的信息获取能力、研究能力通常强于投资者（尤其是个人投资者），又具有定价话语权优势，因此投资者在与证券商的做空博弈中往往面临巨大的操作风险。

对于被融券做空的上市公司而言，投资者的融券操作可能导致公司股价大幅下跌，在市值管理的压力之下，融券行为将面临上市公司管理层强有力的回应。我国的融资融券标的股主要选取市盈率较低、流通市值较大的股票（其中，融券卖出标的股的流通股本不少于 2 亿股，或者流通市值不低于 8 亿元），投资者需要足够的股票持有量才能真正地操作融券做空。由于我国资本市场中特有的"一股独大"现象，投资者在融券做空时很难利用转融券的手段，间接地从上市公司获得流通股票。而上市公司的股权结构是相对集中的，使得公司管理层可以有效地扼制卖空行为。

其七，从监管部门对融资融券交易实务的具体规定来看，融券做空受到诸多现实层面的限制：

- 监管当局为融资融券设立的门槛较高，可以初步筛选不具备风险承担能力的投资者。目前开设信用交易账户必须符合以下条件：从事证券交易时间超过半年、具备风险承担能力、最近20个交易日日均证券类资产不低于50万元。

- 我国融资融券业务已形成由中国证监会行政监管，证券交易所、证券登记结算公司和证券业协会自律管理，证券金融公司监测、监控相结合的监管体系，初步形成综合风险控制机制，如严格禁止"裸卖空"，并防止投资者利用融资融券业务变相进行日内回转交易；实施融券做空提价规则；严格管理融资融券交易规模；证券交易所实行融资融券信息披露制度；证券金融公司集中统计、监测融资融券业务风险状况等。

- 执行严格的保证金与担保物制度。投资者在开立证券信用交易账户时，必须存入初始保证金。而为了防止融资融券交易标的股因市价变动而对证券公司产生的授信风险，客户在参与融资融券交易时，必须时刻关注并维持担保比例（客户的总资产/总负债比），初始保证金比例不得低于50%，维持担保比例不得低于130%；并且，客户如果补交维持保证金，那么维持担保比例必须回到150%以上的水平。在计算保证金金额时，对证券资产按照证券市值、采用折现率计算。其中，证券资产只能以70%的价值融资，且静态市盈率在300倍以上；业绩亏损公司的股票，将不再折算为融资融券保证金。

- 为了限制融券做空交易，我国融券交易还采用报升规则，即"融券卖出的申报价格不得低于该证券的最近成交价；当天还没有产生成交的，其申报价格不得低于前收盘价。低于上述价格的申报为无效申报"。报升规则可以较有效地规范做空者的行为。

- 对融券的限额管理。证券公司对单个客户融资或融券业务规模分别不得超过净资本的1%，对所有客户融资或融券业务规模分别不得超过净资本的10倍。

其八，从市场环境来看，投资者的融券做空行为难以得到市场的认可与支持。我国证券市场发展较晚且长期处于单边运行的状态，市场投机氛围浓厚，投资者（尤其是个人投资者）热衷于题材炒作，对会计信息的依赖程度比较小，价值投资理念尚未真正深入人心，因而投资者很难通过揭露财务造假进行做空获利。历史与现实的情状，使得我国上市公司（尤其是地方国有企业）的经营活动往往受到地方政府官员的干涉和影响，被做空上市公司很有可能从政府获得一定的庇护。况且，出于维持社会稳定的需要，媒体对上市公司的负面评价报道以及投资者个人对股价的做空，也往往受到干扰与阻碍。当然，由于缺乏一个真正成熟的做空市场，我国个人投资者很难辨别做空机构所发布消息的真伪，这也容易给恶意做空提供土壤，从而导致监管部门对做空行为的遏制。此外，针对投资者的做空行为，我国现行的法律法规依然缺乏外部法律和制度保障。例如，投资者对上市公司的索赔、会计师事务所的连带责任、集体诉讼机制等依然处于停滞状态。

如何保障与促进融资融券的发展

我国融资融券制度在建立的过程中，学习与吸收了国际成熟资本市场的先进经验，同时也兼顾了国内资本市场的现状与投资者的投资习惯，从而形成了一套比较适合中国实际情况的制度机制。但是，国内融资融券的制度安排与成熟市场相比尚有不小的差距，中国证券市场的制度演进往往是自上而下的，融资融券也是如此。

那么，如何保障与促进融资融券业务的进一步发展？

- 我们应当积极地为融资融券业务的发展创造条件，发挥其在价格发现、稳定市场方面的作用，并使融资融券制度真正成为一种有效的外部治理机制。
- 为了削弱融资融券所具有的风险性与投机性，我们应当进一步完善制度配套，避免投资者的恶意做空行为。

其一，进一步改进交易制度的安排。 融资融券标的证券的供需结构性失衡，已经成为制约融资融券发展的最大桎梏，而对交易制度的优化与创新是改善供需关系的一种有效手段。目前在国内，融资融券采用定价交易方式；但在国外，交易方式包括议价的证券借贷和竞价的证券借贷等多种市场化程度较高的方式。因此，国内融资融券的改革方向，可以考虑借鉴国外成熟市场中证券借贷的发展方式和模式，推出多种交易方式，并逐步走向平台化。这既可以更好地满足证券借贷双方的交易需要，也是我国资本市场进一步与国际接轨的有益尝试。

其二，进一步扩大融资融券交易机制的覆盖范围和转融通的参与范围。 目前，国内的融资融券交易机制仅限于证券公司，其他机构还无法完全参与。随着市场的发展与成熟，可以考虑让公募基金、私募基金、保险公司、银行机构、信托公司等市场参与者获得参与融资融券交易的机会；同时考虑改变转融通集中授信的单一模式，逐步开放证券公司对客户的证券借贷。

其三，进一步完善融资融券业务的风险管理与监控机制。 例如，继续加强投资者风险意识和风险教育。禁止证券公司通过各种形式（如中国证监会明令禁止的代销伞形信托、P2P 平台或自主开发相关融资服务系统），为客户与他人、客户与客户之间的融资融券活动提供便利。

结　语

本篇将视角转向中国的融资融券市场，随着 2010 年上交所与深交所正式开通融资融券交易系统，标志着融资融券业务在中国资本市场上正式启动。针对我国资本市场基本制度不够完善、投机现象盛行的现状，我国的融资融券业务一直采取严格的监管。在当前我国融资融券业务的交易制度体系下，证券公司是连接投资者和股票市场的中介，而证券金融公司是连接货币市场与资本市场的通道。《证券公司融资融券业务管理办法》针对融资融券过程中的业务许可与规则、债券担保、权益处理和监督管理等方面进行了详细的规定。

随着融资融券业务在我国的正式启动，国内学者对融资融券的研究从交易模式与监管模式的选择转变为对证券市场和公司治理的具体影响。不少研究认为，融资融券交易通过改变信息传递效率来影响投资者的行为，并最终表现为股价波动性与流动性等的变化，使得融资融券机制能够提升市场定价效率；但是，也有部分学者得出我国资本市场的融资融券业务并未有效地发挥价格发现功能的研究结论。除市场效率之外，推行融资融券还会影响公司的行为。融资融券机制能够作为外部治理方式提升公司的信息披露水平，改变公司的融资行为与投资决策。此外，融资融券机制的引入还可能影响其他的会计信息使用者的行为。

我国的融资融券制度与国外的市场做空机制存在很大的区别，未来融资融券制度的发展也与我国的制度变革密切相关，当前的融券交易尚不是严格意义上的做空工具。融券交易与"裸卖空"交易对交易证券的要求是不同的，我国的融资融券交易制度对卖空行为做出了严格的限制；当前融券业务的交易规模仍没有达到普遍应用的程度。从市场需求与供给来看，卖空难以成为现阶段投资者的主要选择，而券源短缺也制约了融券做空。同时，投资者通过融券交易做空证券难以得到其他利益相关者的支持。此外，我国的监管方式与市场环境也在很大程度上限制了融券卖空。

为了促进我国融资融券交易发挥价格发现与外部治理的作用，并有效避免恶意做空行为，我们还需要进一步改进交易制度的安排，扩大交易机制的覆盖范围和转融通的参与范围，并完善融资融券业务的风险管理与监控机制。

参考文献

[1] 陈海强，范云菲. 融资融券交易制度对中国股市波动率的影响——基于面板数据政策评估方法的分析[J]. 金融研究，2015，6：159—172.

[2] 陈红，杨凌霄. 公司治理结构对我国上市公司自愿性信息披露影响的实证研究——以信息技术行业为例[J]. 金融发展研究，2008，8：56—60.

[3] 陈晖丽，刘峰. 融资融券的治理效应研究——基于公司盈余管理的视角[J]. 会计研究，2014，9：45—52.

[4] 陈淼鑫,郑振龙.卖空机制对证券市场的影响:基于全球市场的经验研究[J].世界经济,2008,12:73—81.

[5] 褚剑,方军雄.中国式融资融券制度安排与股价崩盘风险的恶化[J].经济研究,2016,5:143—158.

[6] 顾乃康,周艳利.卖空的事前威慑、公司治理与企业融资行为——基于融资融券制度的准自然实验检验[J].管理世界,2017,2:120—134.

[7] 韩梅芳,王玮.融资融券业务与股票风险:抑制或助推?基于信息传递的视角[J].投资研究,2015,8:145—160.

[8] 侯青川,靳庆鲁,刘阳.放松卖空管制与公司现金价值——基于中国资本市场的准自然实验[J].金融研究,2016,11:112—127.

[9] 胡凡,夏翊.分析师商业性动机与盈余预测偏差:来自融资融券的证据[J].财经研究,2017,7:45—56.

[10] 黄超,黄俊.卖空机制、诉讼风险与审计收费[J].财经研究,2016,5:77—87.

[11] 黄超.我国融资融券制度提高公司非财务信息披露质量了吗?基于上市公司社会责任报告的经验证据[J].科学经济社会,2016,4:44—52.

[12] 黄洋,李宏泰,罗乐.融资融券交易与市场价格发现——基于盈余公告漂移的实证分析[J].上海金融,2013,2:75—81.

[13] 靳庆鲁,侯青川,李刚.放松卖空管制、公司投资决策与期权价值[J].经济研究,2015(10):76—88.

[14] 李丹,袁淳,廖冠民.卖空机制与分析师乐观性偏差——基于双重差分模型的检验[J].会计研究,2016,9:25—31.

[15] 李科,徐龙炳,朱伟骅.卖空限制与股票错误定价——融资融券制度的证据[J].经济研究,2014,10:165—178.

[16] 李悦.我国转融通业务现状及其对证券市场的影响[J].时代金融,2013,35:377—382.

[17] 李志生,陈晨,林秉旋.卖空机制提高了中国股票市场的定价效率吗?基于自然实验的证据[J].经济研究,2015,4:165—177.

[18] 廖士光,杨朝军.卖空交易机制、波动性和流动性——一个基于香港股市的经验研究[J].管理世界,2005,12:6—13.

[19] 廖士光,杨朝军.卖空交易机制对股价的影响——来自台湾股市的经验证据[J].金融研究,2005,10:131—140.

[20] 廖士光,杨朝军.证券市场卖空交易机制的价格发现功能探讨[J].上海立信会计学院学报,2006,1:73—77.

[21] 廖士光.融资融券交易价格发现功能研究——基于标的证券确定与调整的视角[J].上海立信会计学院学报,2011,1:67—76.

[22] 林祥友,易凡琦,陈超.融资融券交易的助涨助跌效应——基于双重差分模型的研究[J].投资研究,2016,4:74—86.

[23] 权小锋,尹洪英.中国式卖空机制与公司创新——基于融资融券分步扩容的自然实验[J].管理世界,2017,1:128—144.

[24] 孙彩虹,郝志运,林旭洋.融资融券、杠杆控制和资本市场监管[J].金融监管研究,2016,8:1—15.

[25] 孙天舒.我国证券市场融资融券业务及其风险控制[J].新财经(理论版),2011,5:74—76.

[26] 万迪昉,李佳岚,葛星.融资融券能否提高交易所自律监管效率?[J]证券市场导报,2012,8:66—71.

[27] 王朝阳,王振霞.涨跌停、融资融券与股价波动率——基于AH股的比较研究[J].经济研究,2017,4:151—165.

[28] 王昊.融资融券对中国股市波动性与流动性影响的实证研究[D].上海:复旦大学,2013.

[29] 吴莹,孙娇.证券公司融资融券的会计信息披露探讨[J].财会月刊,2013,10:78—79.

[30] 肖浩,孔爱国.融资融券对股价特质性波动的影响机理研究:基于双重差分模型的检验[J].管理世界,2014,8:30—43.

[31] 许红伟,陈欣.我国推出融资融券交易促进了标的股票的定价效率吗?基于双重差分模型的实证研究[J].管理世界,2012,5:52—61.

[32] 杨德勇,吴琼.融资融券对上海证券市场影响的实证分析——基于流动性和波动性的视角[J].中央财经大学学报,2011,5:28—34.

[33] 翟爱梅,钟山.卖空机制对股票价格波动的影响:基于A+H股公司的实证研究[J].南方经济,2012,8:43—56.

[34] 张会丽,白硕,刘子琰.公司治理差的企业被做空了吗?基于中国资本市场融券交易的实证研究[J].证券市场导报,2016,11:32—40.

[35] 张俊瑞,白雪莲,孟祥展.启动融资融券助长内幕交易行为了吗?来自我国上市公司的经验证据[J].金融研究,2016,6:176—192.

[36] 张孝杨.我国融资融券交易对标的股票定价效率的影响研究[D].广州:广东商学院,2013.

[37] Chang, E. C., Luo, Y. and Ren, J. Short-selling, margin-trading, and price efficiency: Evidence from the Chinese market[J]. *Journal of Banking & Finance*, 2014, 48:411—424.

第6篇

做空 VS 反做空

于利益相关者的启示

概要

首先，我们引入一个最新的案例，对做空机制、做空手法等进行了回顾，并在此基础上提出开放性的问题，引导读者逐步深入挖掘做空事件，从而获取有益的启示；其次，基于信息披露与做空机制之间的辩证关系，我们认为在充分发挥做空机制外部治理作用的同时，也应保证市场的稳定和上市公司的健康发展；最后，在全书做空专题分析的基础上，我们分别针对监管者、上市公司、投资者、市场中介提出相应的建议。

引 言

截至目前，读者已经对做空的理论、制度背景等具有一个基本的了解，对做空的机制、手段以及反做空也形成初步的认识，并结合中国融资融券背景得到进一步的思索。在这种前提下，我们希望通过一个案例对上述内容进行回顾，进一步加深读者的理解，强化对做空事件的分析与判断能力。之前案例所涉及的做空机制、做空手段及反做空策略大都是明确的，做空事件的最后结果也大都尘埃落定。与这些案例不同的是，本篇所选用的案例截至本书写作之时尚未有明确定论，孰是孰非尚无法决断，这为读者更好地分析与思考创造了契机。

我们搜集了烽火做空中国家居案例的相关信息和资料，并进行了初步的分析。在每一部分分析的结尾，我们提出一些开放性的问题。这些问题没有确定的答案，寄望于读者能够基于我们的提示加上自己的分析进行自主的思考。这也是写作本书的初衷之一。对于做空机制，我们希望读者能够思考：

除了从股票下跌中获利，做空机构还有哪些可能的动机？

对于做空的手段，我们希望读者能够判断，做空机构采用各种手段提出的质疑是否站得住脚？

这些质疑存在哪些漏洞？

本案例中的被做空公司并未予以反做空，但我们希望读者设身处地思考的问题是：如果你是公司的负责人，你将作何应对？在案例小结中，我们希望读者能够综合所提供的线索，推断整个做空事件的始末，这对于事件后续进程的判断以及防患于未然的应对是非常重要的。

最后，在总结全书观点的基础上，我们希望读者能够从中得到一些有益的启示。考虑到读者大多是市场的相关方，因此我们从监管者、上市公司、投资者和市场中介四个视角进行了总结，并提出了相应的建议。

作为市场规则的制定者与政策执行的监督者，监管者应当制定相关制度，以发挥做空的正面作用，防范做空对整个市场及市场参与者的潜在威胁。

作为做空的客体，上市公司在保持"身正"的同时，应当不断加强对做空的防范及反做空能力。

作为做空的受害者之一，普通投资者应当努力提升防患于未然的能力。

作为做空流程中复杂、重要的角色，市场中介应当在遵守市场法律法规和职业道德操守的前提下参与做空相关市场活动。

01 中国家居与烽火：孰是孰非

中国家居事件背景

公司简介

中国家居全称中国家居控股有限公司，上市前的主体全称为中山市普纳度风尚家具有限公司，是来自广东中山市的一家企业，母公司 Chang Ye Holdings Limited 持有普纳度所有股份。2012 年 12 月，香港上市公司宝源控股公告收购 Chang Ye Holdings Limited，普纳度在香港联交所借壳上市，股票代码为 00692，2013 年更名为中国家居。目前，上市主体中国家居控股有限公司（China Household Holdings Limited）注册资本为 15 亿港元，注册地为百慕大，公司办公地址设于香港九龙。根据中国家居官网的信息，公司主营业务为互联网家装大数据管理、供应链金融服务（P2P）、旅游文化产业投资、证券投资及销售相关产品，并正在着力打造中国首家互联网家装第三方服务综合性管理平台。

我们进一步获取中国家居 2017 年的主营业务收入状况，从中可以看出，目前公司收入的 90% 以上来自家具家私的销售，但从 2014 年起，各年营业收入呈现下降趋势（见表 6-1）。在主营业务依赖程度极高、业务不断萎缩的情况下，中国家居正在寻求多元化的发展道路。中国家居在年度报告中称，近年来，公司在电子科技、矿业、航天文化主题乐园等方面积极寻求新的业绩增长点。

表 6-1　中国家居主营业务收入

项目	2013 年	2014 年	2015 年	2016 年
总收入（千港元）	943 457	1 662 093	1 152 101	872 351
销售家具家私的收入（千港元）	922 361	1 577 073	1 036 891	785 116
销售家具家私的收入占比（%）	98.00	95.00	90.00	90.00

资料来源：中国家居年度报告。

公司组织结构 结合中国家居年报,从公司治理结构来看,除满足香港地区上市的要求——设立战略发展委员会、审计监察委员会、薪酬与考核委员会,中国家居还下设九大部门。根据年报信息,中国家居主要的营业收入来自旗下的附属公司,主要的子公司包括中山市普纳度风尚家居有限公司、中山市维讯家居有限公司、中山市维美佳木业有限公司、中山市极地阳光科技有限公司、陕西泰升达矿业有限公司、深圳市泓讯电子科技有限公司等;中国家居官网的披露与此基本一致,但增加了中山市中国家居商学院(见图6-1)。其中,前三家子公司是中国家居收入的主要来源实体。而作为中国家居上市前的主体——集团附属公司中山市普纳度风尚家居有限公司,是公司收入的最大贡献者,核心业务为木制家具产品贸易,提供整体家居全程解决方案与家居服务,构成中国家居的主营业务。中国家居声称,普纳度与中国内地大型地产开发商一直维持着良好的合作伙伴关系,并致力于规模化发展。为了配合行业的发展趋势,集团将在华南、华东等地投资开设体验馆,并设自有施工队伍,为不同层次的客户提供服务,从居室规划、设计、装修到装饰材料、橱柜、家具等的统筹安排,开启全方位的家装新概念,从线上到线下提供全屋家居一站式整体解决方案。普纳度于2013年1月获得《环球时报》、亚洲品牌协会和《中国经济导报》颁发的"亚洲十大最具投资品牌""亚洲品牌成长100强"两项荣誉。

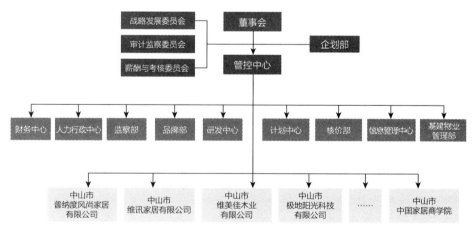

图6-1 中国家居组织结构

资料来源:中国家居官方网站。

公司股权结构 我们获取了中国家居披露的持股5%以上股东的持股比例信息（见表6-2），自2012年年末、2013年年初借壳上市以来，中国家居现今的大股东李志雄、吴观文夫妇持股比例始终高于5%，但变动较大；2013年之后，最大股东持股比例始终不高于20%。从披露的信息来看，中国家居的股权相对分散。

表6-2 中国家居股东持股

股东名称	占已发行普通股比例（%）
2016年12月31日	
李志雄、吴观文	15.65
林　凯	6.11
吴均毅	3.93
合　计	25.69
2015年12月31日	
李志雄、吴观文	15.75
林　凯	8.72
吴均毅	5.62
合　计	30.09
2014年12月31日	
张进光	12.85
林　凯	11.24
李志雄、吴观文	11.15
合　计	35.24
2013年12月31日	
李志雄、吴观文	21.99
中国国际金融香港证券有限公司	7.85
谢玲玲	6.87
合　计	36.71
2012年12月31日	
Lam Man Tung	5.12
合　计	5.12

资料来源：Wind数据库。

至此，我们对公司的状况有了一个初步的了解。中国家居是一家成立于中国内地、2012年年底借壳在中国香港上市的公司。主要经营业务为家具家私的制造与销售，主要面向中国内地市场，依靠多家附属公司完成生产与销售，主营业务依赖程度极高，但前景不容乐观。李志雄和吴观文夫妇为公司的最大股东，但披露的持股比例并不高。

为了更好地引导读者分析一家被做空公司的基本背景资料，我们对获取上述信息的动机做出说明：

> 首先，我们了解了公司的背景和基本业务，这对于继续分析并判断公司适用的法律法规和会计准则、了解公司生命周期中存在潜在问题的时间节点与业务流程中可能存在舞弊的环节是非常有必要的。例如，我们从背景资料中发现公司是通过反向收购借壳上市的，这可能成为一个重要的关注点。此外，公司的背景和基本业务对于接下来应该了解公司哪些方面的信息也具有指导作用。对于不同类型、不同背景的公司，市场的关注点往往是不一样的。

> 其次，我们简要分析了公司的主营业务状况，发现公司通过线上和线下开展业务，为后续的分析与求证指出方向。此外，中国家居的主营业务依赖程度极高，但整体业务不断下滑，这可能会迫使公司实施多元化发展，寻求新的业绩增长点，因而公司的并购活动及其整合、盈利状况就非常值得关注。

> 最后，我们获取了公司的治理结构、组织架构和股东持股信息，发现中国家居的收入来源主要依靠三家子公司，且对公司前身的依赖程度极高，因而三家子公司自然也就成为分析的焦点。同时，大股东持股比例波动不定，公司持股状况也值得深究。

以上就是我们提供的一个分析思路。但需要注意的是，对于不同的公司，信息获取的侧重点虽有所不同，但皆可始于对公司背景及其基本业务的了解。可以进一步分析的是，与同行业公司进行横向对比，以便更好地掌握待了解公司的实际情况。这是非常有效的。

事件回顾

2017年6月22日，烽火发布了针对中国家居的首份做空报告，提出中国家居"七宗罪"，并认为中国家居已经"无估值必要"，应当摘牌。

同日，中国家居紧急停牌，至本书写作时，尚未复牌。由于做空报告发布于盘前非交易时段，因此中国家居股价至今未受到任何影响。

2017年7月6日，中国家居接到香港证券及期货事务监察委员会（香港特区证监会）的通知，"因怀疑公司2013年当年的财务数据存在若干不规范之处，香港特区证监会行使《证券及期货（在证券市场上市）规则》第8（1）条款赋予的权利，提请香港联交所暂停中国家居的交易"。

2017年7月17日，在公司股票申请停牌期间，香港联合交易所有限公司（香港联交所）应证券及期货事务监察委员会的要求，于当日上午9：00起，停止中国家居控股有限公司股票的交易。中国家居由主动申请停牌转为被勒令停止交易。

同日，中国家居成立由全体独立非执行董事组成的独立董事委员会，并聘请独立专业公司（中汇安达风险管理有限公司）对此事项展开调查。

2017年9月26日，中国家居发布公告称，公司于9月20日收到香港联交所函件，函件中列出公司复牌的四个条件：第一，进行适当调查以解决做空报告中的指控；第二，披露所有未披露的财务业绩并处理有关审核中的保留意见；第三，证明没有发生因管理层操守而损害市场信心的监管问题；第四，向市场发布所有重大资料以供股东及投资者评估公司的实际状况。此外，香港联交所还保留进一步修正上述条件的权利。与此同时，中国家居还指出：调查正在进行当中，对于烽火的指控尚不能做出任何评论；公司会致力于全面而准确地披露，并反驳意图破坏公司业务、管理及运营的任何虚假指控；公司会尽快解决上述问题。

2017年10月6日，烽火趁热打铁，发布针对中国家居的跟进报告。除了对上一份报告给出进一步的详尽证据，还指控中国家居及其主要客户和供应商的可疑关系。

2017年10月16日，中国家居发布公告指出：公司已经注意到烽火的跟

进报告，但由于调查仍在进行中，暂不对上述指控做出回应，待调查结束后，公司会进行详尽、全面的回应。报告还指出，独立董事委员会预期独立调查的范围包括但不限于：（1）公司2013年至2017年上半年的财务信息；（2）公司的销售、采购和银行交易的核实调查；（3）调查烽火两份报告所提出的指控。与此同时，中国家居股票继续暂停交易。最后，公司声称：本公司正在咨询内控顾问以检讨公司的内部监控系统，审核公司财务报告程序与内部监控系统是否充分有效。

截至本书写作之时，中国家居仍未对烽火的两份做空报告做出任何正面回应，股票仍处于停牌状态，股价定格在 0.51 港元/股。

做空机制解析

在第3篇的案例中，我们从做空动机、做空流程与市场反应等角度分析了做空事件的整个机制。但在本案例中，由于做空报告发布于非交易时段，中国家居在股票交易开盘之前即申请了停牌，况且截至本书写作之时公司尚未对做空给予任何正面回应，因此分析本案例的市场反应是不可行且没有意义的。在下一节，我们介绍烽火的做空指控，并结合做空流程展开探讨。在本节，我们主要针对烽火的做空动机提供一些资料，引导读者进行分析与判断。

显而易见，做空的根本目的在于获利。而专门的做空机构则是通过事先建立空仓、发布做空报告引发股价下跌，再买入平仓"主动"获利。但有趣的是，烽火在官网指出"主要目的并非获利"，我们在第3篇烽火做空科通芯城的案例中提及，烽火声称其成立的目的是"捍卫公众权益，打击金融罪案和揭发造假企业"。在上一案例中，我们经过推算，未能找到烽火经由做空获利的明显证据；而在本案例中，这一点再一次得到印证，且证据更为直接——中国家居并非做空标的，无法沽空。因而从严格意义上看，烽火的这一行为不应被称为"做空"，似乎被称为"揭发或有舞弊"更为恰当。

我们将提出一些问题，引导读者逐步思考其他可能的做空动机。在问题之后，我们会进行一些简单的、引导性的分析。

做空机构或者其他投资机构可能通过做空获利，这是常见的、最"正当"的做空理由，对于直接参与做空的做空机构和投资机构，股价下跌与获利是分析其动机的两个重要因素。然而，还有哪些市场参与者可能从股价下跌中获利呢？

分析 做空机构和投资机构获取的是来自市场的直接盈利，是否存在从股价下跌中间接获利的市场参与者呢？如收购者或举牌者。这些群体可以借由做空机构之手蓄意打压股价，从而节省资本开支，间接获利。但根据我们的了解，在中国家居被做空前后，并没有迹象表明其存在被收购的可能，也并未遭遇举牌。

由于中国家居不可沽空的特性，烽火自身和其他投资机构无法从股价下跌中直接获利，也没有充足的证据表明收购者或举牌者从中间接获利，因此我们似乎需要一些非"正当"的理由来解释烽火的做空动机。除了做空公司、投资机构、收购者和举牌者，还有哪些市场参与者可以从中国家居被做空中获利呢？

分析 我们从股价下跌和获利这两个因素入手。现在，我们放宽股价下跌这个条件。对于投资机构、做空机构、收购者和举牌者等交易者而言，股价下跌是其获利方式。然而，做空所带来的危害似乎并不仅仅是股价下跌。我们将目光转向产品市场，如果中国家居的负面信息被释放，就会在市场上对公司造成不良影响，使得公司市场份额萎缩，那么获利的又是谁？我们联想到中国家居的竞争者，它们并不是从股价下跌中获利，而是通过夺取市场份额来获利。这一做空事件是竞争者有意为之吗？也就是说，烽火可能受雇于中国家居的竞争对手，揭发中国家居或有的舞弊行为，从而使竞争者从中渔利。对此，我们根据香港特区证监会的行业分类，获取在香港上市的所有家具制造公司的最新基本信息（见表 6-3）。从表 6-3 可以看出，无论是从规模（市值、收入）、估值水平（市盈率）还是盈利能力（净利润、净资产收益率、总资产报酬率），中国家居在香港同行中都不算名列前茅，大部分指标甚至不达均值。考虑到中国家居的主要经营业务面向内地，我们进一步获取 A 股市场同类行业的信息，与 A 股市场同行相比，中国家居的状况更为逊色。从这些数据来看，中国家居在市场中并不处于领先地位，甚至远逊于平均水平。因此，同行业公司似乎没有充分的动机"雇凶作案"。

表 6-3 中国家居与行业公司对比

指标	总市值（亿元）	总收入（亿元）	净利润（亿元）	市盈率	净资产收益率(%)	总资产报酬率(%)
中国家居	37.60	7.44	-2.91	—	-42.06	-16.91
香港同行业最高值	231.20	66.80	14.93	2675.58	69.01	30.75
香港同行业中位值	7.72	5.22	0.09	13.25	1.64	1.09
香港同行业平均值	18.54	11.45	0.33	155.99	2.04	1.67
内地同行业最高值	506.52	67.26	9.04	187.72	39.73	20.04
内地同行业中位值	70.68	14.57	1.17	41.35	20.46	13.45
内地同行业平均值	117.28	21.16	2.12	55.31	17.04	10.04

资料来源：Wind 数据库。

这一动机似乎也难以立足。

除了交易者和竞争者的潜在动机，还有哪些可能的动机？

分析 对于交易者的动机，我们沿用的思路是"从股价下跌中获利"；对于竞争者的动机，我们剔除股价下跌这个要素，联想到那些不从股价下跌中直接获利的潜在"幕后推手"。在此，我们将获利这个要素也剔除。有没有人或者组织是不以获利为目的进行做空的？我们回想之前关于烽火的介绍。烽火公开声称其做空目的并不是获利，而是揭露公司舞弊。从传统做空机构的行为来看，这似乎纯粹是一种自我标榜或掩饰，但从科通芯城和中国家居的做空案例中，确实没有充足的证据表明烽火从做空中获利。因此，我们不能排除烽火确如其所说，充当了资本市场的"正义化身"。

另一个可能的"非理性"动机是，中国家居内部知情人士愤懑不平并检举揭发，烽火则顺水推舟地促成此事。这种猜测并非不可能！我们将在下一节看到，烽火在分析调查的过程中，获取了大量有关中国家居的内部资料——只可能来自内部知情人，而从资料的详尽程度与机密程度来看，这位内部知情人在中国家居可能身居高位。然而，"检举揭发"背后的原因，我们不得而知。

通过上述问题及简要分析,我们希望传递给读者的信息是:**在市场上,并非所有的动机都是理性的。** 正如做空机构选取做空标的一样,很可能来源于巧合,这是理性所无法解释的。 当然,我们不否认,利益驱动仍然是最为重要的动机,大部分的分析应当着眼于利益,只要找到既得利益者,或许就找到了整个问题的关键。 我们需要做的是,**大胆地推断甚至猜测,然后寻找证据,小心地求证。**

做空手法透视

首次报告的质疑

对多次收购的质疑 烽火在报告中指出,中国家居自借壳上市以来便多次进行高溢价收购,虽然这些收购案附有业绩承诺,且这些业绩承诺在收购之后也基本上得到兑现,但烽火调查工商、税务和公开资料后发现,这些被收购公司的利润很可能是虚构的,虚构的时间跨度为 2013—2016 年,涉及金额接近 4 亿港元。 这些被收购的公司包括中山市普纳度风尚家居有限公司、中山市维讯家居有限公司、中山市极地阳光科技有限公司、中山市维美佳木业有限公司、陕西泰升达矿业有限公司、深圳市泓讯电子科技有限公司,即中国家居年度报告中披露的旗下规模最大的六家公司。

以中山市极地阳光科技有限公司(以下简称"极地阳光")为例。 2013年7月26日,中国家居发布公告称:拟以 3.8 亿港元的对价向林凯先生收购极地阳光 100%股权,并以发行可转债(3 年后到期,不设利息)的方式支付对价。 根据公告内容,极地阳光主要从事买卖发热木制家居产品与发热木制家居产品之其他基本材料。 在公告当日,极地阳光正处于成立阶段,尚未开展任何业务,且尚未产生任何收益和利润。 在多轮公告声称收购事项须推迟完成之后,中国家居终于在 2014 年 4 月 30 日就收购极地阳光与林凯先生达成补充协议,收购对价降至 2.1 亿港元,并以发行 3.56 亿股中国家居股份支付。 烽火指出,以 2.1 亿港元去收购一家有形净资产为负数且没有任何营运的公司是极不合理的。 但被收购方提供了一个非常有吸引力的交易承诺:卖方保证极地阳光 2014—2016 年净利润分别将不少于 750 万港元、1 200 万港元和 2 700 万港元。而从后续中国家居的报告中得知，这些业绩承诺都得以实现。烽火认为这种暴增式的业绩承诺非常蹊跷，并进一步查证这些利润的真实性。结果发现，2014 年，极地阳光的工商和税务档案显示公司亏损近 6 万元。而中国家居年报则披露公司盈利近 760 万港元。2015 年的情况类似。2016 年，工商和税务档案显示极地阳光利润不足千元，而中国家居年报则未予以明确披露。不仅如此，烽火还从中山市税务局的网站中查询到极地阳光的欠税信息。2017 年 5 月，极地阳光增值税仅为不足 3 000 元，这对于一家年利润超过 2 700 万港元（折合约 2 300 多万元）的公司而言实在是令人难以置信的！

其他被收购公司也有类似情况多发。据此，烽火认为中国家居的收购缺乏基本的真实性，表明中国家居的利润是高度不可信的。

对披露利润与工商等档案差异的质疑 由于中国家居的利润主要来自被收购公司，烽火以工商档案中申报的数额作为准确值，估算出在 2013—2016 年，中国家居年报披露总收入与上述子公司申报收入之差额。根据中国家居的披露信息，这一差额应当是极小的，因为中国家居的主要收入均来自上述子公司，但统计结果显示了高达 50%以上的差异。烽火认为，这说明上述子公司虚构了收入，因此中国家居的总收入同样具有极高的虚构成分（见表 6-4）。

表 6-4 中国家居附属公司的收入情况　　　　　　　　　　单位：万元

工商档案申报收入	2013 年	2014 年	2015 年	2016 年	总计
陕西泰升达矿业有限公司	0.00	0.00	0.00	0.00	0.00
深圳市泓讯电子科技有限公司		60.47	0.00	0.00	60.47
中山市普纳度风尚家居有限公司	27 159.26	49 695.28	27 082.67	12 690.43	116 627.64
中山市维讯家居有限公司		1 537.06	8 750.32	5 889.50	16 176.87
中山市维美佳木业有限公司		3 184.16	6 764.42	4 760.18	14 708.75

（续表）

工商档案申报收入	2013年	2014年	2015年	2016年	总计
中山市极地阳光科技有限公司		999.98	4 112.33	1 543.13	6 655.44
工商档案申报收入加总	27 159.30	55 476.90	46 709.70	24 883.20	154 229.20
年报披露总收入	74 177.40	131 117.50	96 520.70	78 032.70	379 848.30
差异	47 018.10	75 640.60	49 811.00	53 149.50	225 619.10
差异率（%）	63	58	52	68	59

资料来源：烽火做空报告。

实地考察发现无任何销售点存在 烽火派出调查员进行了实地走访调查。走访之前，烽火根据中国家居披露的信息——收入的90%以上来自内地的家具销售，根据各年收入推算出2015年和2016年的内地销售规模应当分别为10.37亿港元、7.85亿港元。同时，中国家居披露的销售渠道包括中国家居所拥有的零售店、负责分销中国家居的运营中心和中国家居运营的线上店铺。做好这些准备工作后，烽火委托第三方调查员考察中国家居的店铺、走访中国家居的员工、联络公司的客户，以验证其渠道、客户等是否足以支撑如此大的销售规模。烽火从中国家居各年度的年报及其官方网站中搜寻所有提及的零售店、运营中心和客户，并对此逐一进行调查、印证。

烽火首先对中国家居实体店铺进行了走访，并图文并茂地展示了调查结果：仅能找到的两个店铺均没有家居在售，其中一家甚至已经被其他公司挪用。对于运营中心，烽火从官网获取了披露的数十家运营中心的联系方式，电话访谈结果显示这些运营中心要么未在销售运营，要么就是无人接听；此外，烽火团队还收集了这些运营中心的工商档案，档案显示的收入规模之和尚不足千万元，远远不及数十亿元的账面收入规模。而对线上店铺的流量测试和实际体验发现，网站的流量微不足道，实际体验也非常差，无法完成基本操作，甚至存在死链、广告、诈骗链接等。我们对此也进行了实际体验，截至本文写作，烽火报告所述状况基本属实，仅略有改善。

多个财务指标指向虚增现金 烽火认为中国家居大部分的收入与利润均为虚构，预期现金流数据存在一定的信号可以印证这一想法。烽火发现，与科通芯城通过应收款项与存货来解释现金缺口的手段不同的是，中国家居直接虚构现金余额。

基于中国内地的存款利率，烽火认为年 1%（实际 1 年期基准利率为 1.5%）的利息收入应该是最基本的水平，可是中国家居在 2015 年就现金余额所获的利率仅为 0.06%，绝对不是一个合理的水平（见表 6-5）。如此低的利率显示，中国家居披露的现金余额很有可能是根本不存在的。烽火甚至怀疑，公司在每年年结时借款 1—2 天存入中国家居的账户，以此蒙骗审计师。烽火同时认为，这种可能虚构的现金流正是中国家居借壳之后零派息的原因所在。

表 6-5 中国家居现金及利息收入情况

项目	2016 年	2015 年	2014 年	2013 年	2012 年
现金及现金等价物（万元）	56 342.90	40 887.20	24 367.30	3 828.60	1 128.70
利息收入（万元）	35.80	20.00	61.50	17.40	
平均利率（%）	0.07	0.06	0.44	0.70	

资料来源：中国家居年报。

以超过 90 个证券账户操纵股价 烽火声称，它们以非传统的手法取得了中国家居的内部文件，并在此基础上搜集了大量有关中国家居的证券交易数据。烽火发现，公司控股股东李志雄通过 40 多家证券商的 90 多个证券账户交易中国家居的股份。在一份名为"李总账户.xls"的文件里，详尽地罗列了由李志雄控制的所有账户的开户姓名、开户券商、账号和密码。烽火根据交易频率及开户人与李志雄的关系，将这些账户分为以下三类：

A 类：李先生或李先生的关联方所持有的账户，主要用作持有股份并由李先生控制。

B 类：李先生的关联方所持有的账户，主要用作交易股份并由李先生控制。

C 类：李先生的朋友所持有的账户。

直接或间接地通过这些账户，李志雄持有超过 60% 的股份，但披露的持股比例仅为 13%，这在香港被称作"老千股"。持股人通过代持可以有效避免触及香港市场对于上市规则、收购规则和财务报告准则的相关规定。最为直接的是，香港收购规则规定取得 30% 以上的表决权就会触及强制全面要约收购。由于公司当时的借壳收购案属于非常重大的收购事项，改变控股股东会触及上市规则的反收购行动规定，从而公司应被视作新上市发行人，重新通过一般上市的所有流程。

除持股以外，李志雄还通过这些账户进行了交易。烽火根据交易历史记录发现，在一些时段内，李志雄个人控制账户的交易量超过中国家居整体交易量的一半，其中还存在对倒等涉及虚假交易与操纵价格的犯罪行为。

从未实现的航天乐园　中国家居的主要业务收入来自家具家私销售，近年还提出一个新的所谓航天主题旅游小镇的项目。2016 年 10 月 29 日，中国家居公告与中恒投资订立合作协议，将合作建立以中国神舟航天乐园为主题的特色小镇，并打造成国家 5A 级的旅游、文化和产业小镇。据披露，该项目是中国空间技术研究院（航天五院）和项目方精心策划、得到中山市政府鼎力支持，为目前中国内地首个航天主题乐园与科普教育基地，并已纳入 2016 年广东省"十三五"重点建设项目和 2016 年中山市重大建设项目。然而，截至目前，中国家居收购的唯一资产实际上只有位于神湾镇（中山市发展最落后的一个镇）神溪村的四块土地，而这四块土地目前仍被村民占为耕地及住宅用地，拆迁安置工作尚未进行，资产评估师估算土地当前的商业价值近乎为零。

聘用臭名昭著的审计师　由于审计师可以查阅上市公司的详细账目，因此他们是发现公司造假行为的第一道防线。审计师的声誉也会向市场传递关于财务报告质量的信息。就香港市场而言，国际四大会计师事务所的声誉远比二线香港本地会计师事务所好，所审计公司的财务报告也被认为具有更高的质量，可以为财务信息提供更高程度的保证。中国家居的审计师为开元信德。烽火指出，该事务所在香港市场以接受其他事务所辞任的上市公司而闻名。自 2016 年起，开元信德共接任 17 家港股上市公司的审计师，其中一半以上的上市公司曾被前任审计师揭露若干问题。烽火认为，在这种情况下，开元信德未能勤勉尽责、发现中国家居的舞弊之处已经是最好的结果；更为恶劣的是，中国家居甚至可能与开元信德合谋舞弊。

进一步质疑

2017年10月6日，烽火再次质疑中国家居，主要的质疑内容涉及三方面、四项内容：

> 第一项和第二项内容涉及中国家居的客户与供应商，烽火怀疑这其中存在关联交易甚至虚假交易问题；
>
> 第三项内容涉及第一份报告中证券账户开立人的身份，烽火调查发现这些人均直接或间接与大股东李志雄存在关联；
>
> 第四项内容为双重报告——两本账的问题，烽火获取了中国家居内部向工商税务部门递交的报告，结果与公司实际披露的报告内容大相径庭。

中国家居的客户与供应商网络　虽然中国家居从未公开披露主要客户与供应商的具体信息，但烽火仍然通过其他途径获取了这部分内容，并根据这些信息绘制了中国家居的客户与供应商网络。烽火并未在报告中提及是如何获取这些信息的，但资料来源显示为"中国家居内部文件"。烽火指出，中国家居的审计师可以自行核对并确认这些信息的准确性。由此可见，烽火对这些信息的可靠性颇为自信。

烽火列示了所获取的内部信息，表6-6以前五大客户为例。除2015年（2015年披露的占比为22%，但内部资料显示应当为34%）外，最大客户和前五大客户的收入占比与年报披露水平吻合。

表6-6　中国家居客户情况

前五大客户名称	销售额（万元）	占比（%）
2016年度		
中山市新绿洲木业有限公司	4 810.67	6.40
佛山市御兴隆贸易有限公司	2 591.33	3.50
佛山市南海区精图贸易有限公司	2 360.79	3.20
中山市永保新绿洲木业有限公司	2 295.25	3.10

（续表）

前五大客户名称	销售额（万元）	占比（%）
佛山市创宏力贸易有限公司	2 261.84	3.00
前五大客户加总	14 319.87	19.20
2015 年度		
中山市新绿洲木业有限公司	7 157.22	7.70
中山市绿洲建材有限公司	6 952.26	7.50
中山市盛世华夏家居有限公司	6 168.63	6.70
佛山市南海区精图贸易有限公司	5 948.32	6.40
佛山市创宏力贸易有限公司	5 256.88	5.70
前五大客户加总	31 483.30	34.00
2014 年度		
中山市新绿洲木业有限公司	16 616.23	13.10
佛山市创宏力贸易有限公司	11 913.60	9.40
中山市盛世华夏家居有限公司	9 677.67	7.60
佛山市御兴隆贸易有限公司	5 444.10	4.30
中山市绿洲建材有限公司	4 459.80	3.50
前五大客户加总	48 111.40	38.00
2013 年度		
中山市盛世华夏家居有限公司	21 618.01	29.50
中山市新绿洲木业有限公司	12 214.50	16.70
中山市绿洲建材有限公司	8 276.87	11.30
珠海市华品木业有限公司	6 037.60	8.30
珠海市华鸿木业有限公司	5 921.61	8.10
前五大客户加总	54 068.59	73.90

资料来源：烽火做空报告。

烽火对这些客户进行了深入调查，发现前五大客户中的多家与中国家居存在紧密关联。例如，中山市新绿洲木业有限公司（以下简称"新绿洲"）是中国家居 2014—2016 年的最大客户，也是 2013 年的第二大客户。烽火通过走访发现，新绿洲与中国家居在板芙镇（中国家居披露的销售点之一）共享一个办公室。新绿洲的注册地址为广东省中山市板芙镇深湾105国道西收费站旁办公大楼第一层，与中国家居的地址完全一致。此外，根据工商登记档案，新绿洲于2007年7月26日由李志雄成立，当时李志雄持有新绿洲30%的股权，余下70%的股权则由妻子吴观文持有。邝元伟（中国家居的执行董事）曾一度拥有新绿洲70%的股权，并在2013年4月前担任新绿洲的法人代表及执行董事。因此，中国家居向新绿洲的销售在2013年和2014年均被认定为持续关联交易。2013年，邝元伟将其在新绿洲的持股转让给李贤华，新绿洲不再被认定为中国家居的关联方。股权变更后，新绿洲由李贤华持股70%、谢玉生持股30%。接下来的疑惑是，这两个人是独立第三方吗？

烽火进一步搜索内部文件，发现李贤华为中国家居采购部门某位负责人，同时还在中国家居旗下附属公司（维美佳）报销差旅费；同样，谢玉生为中国家居三大供应商之一（深圳市东利供应链管理有限公司）的监事和前股东，也曾有在普纳度报销差旅费的记录。进一步走访新绿洲位于板芙镇的办公室，工作人员自称受聘于新绿洲，并称呼李志雄为老板。烽火由此认定，李贤华和谢玉生仅为股份代持人，李志雄才是新绿洲真正的实际控制人。

而另一家客户中山市绿洲建材有限公司（以下简称"绿洲建材"）也有类似的情况。绿洲建材公开的控制人张亚兴曾是中国家居一宗土地收购案（最终交易失败）的卖家，也是中国家居最大供应商中山市金岛贸易有限公司的法人代表及执行董事。张亚兴与李志雄也存在密切关联，更为直接的证据是，绿洲建材与中国家居及新绿洲的经营地址完全一致，黄页网站显示的绿洲建材联系人为李志雄。

第三大客户中山市盛世华夏家居有限公司（以下简称"盛世华夏"）的情况则更加严重。盛世华夏持股80%的控制人程文玲同时是普纳度的客服经理，法人代表及执行董事李志杰则是中国家居的采购经理。根据工商税务档案，盛世华夏仅有员工数名，2013年申报的收入却接近1亿元。

制造业能够产生如此诡异的数字，不能不令人生疑！

中国家居与供应商之间的关系如出一辙。根据所掌握的信息，烽火绘制了中国家居与供应商和客户的关系网络（见图6-2），发现其中大部分均存在关联关系，可能涉及大量的虚假交易。

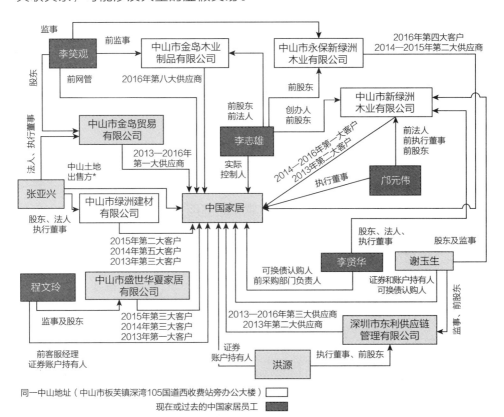

图6-2 中国家居与客户和供应商的关系网络

注：*2014年4月2日公告但交易没有完成。
资料来源：烽火做空报告。

证券账户持有人的身份 在首份报告中，烽火详细地描述了李志雄的交易活动。在第二份报告中，烽火再次证实了数名账户开立人的身份，发现均为现任或曾任中国家居及其附属公司（普纳度）的员工。有趣的是，其中一人名为梁伟强，曾在普纳度当司机，在2014年7月31日持有近8 000万股中国家居股份，市值接近6 000万港元。烽火由此怀疑这些账户恐怕并不为开立人本人所控制。

以两套账目虚增资金 烽火发现，中国家居的主要子公司普纳度一直保有两套账目，一套提供给审计师，另一套则提供给当地税务机关。烽火认为，这可以作为中国家居多年来一直造假的最佳证据。烽火列示了所获取的两套账目，并进行了对比。基于资产负债表的情况，烽火发现递交给当地税务机关的财务报表的情况在各年均不及实际披露的情况。无论从哪个角度讲，中国家居均存在违反规则或违法的行为。若实际披露的报告为真，则说明中国家居多年来存在偷税漏税行为；若提交给工商税务机关的报告为真，则表明中国家居存在财务造假与舞弊行为；若还存在第三份真实报告，则中国家居应承担更大的责任。

有待考证的问题

在"做空手法透视"一节中，我们详尽地描述了烽火是如何一步一步地指控中国家居并给出证据的。从整个做空流程的角度来看，首先，烽火先后查阅了与中国家居相关的资料，包括公开资料和内部资料；其次，确定了调查方法，采用了实地调研与访谈的方式，走访调查了中国家居的门店、运营中心等，掌握了中国家居的实际运营状况；最后，进一步获取了相关方的信息，包括来自客户与供应商的信息，予以佐证并做出推断。

具体到做空手法，烽火对收入、现金等财务信息及并购、关联交易等非财务信息甚至企业的多元化规划、审计师聘任、证券账户操纵等提出了持续的质疑。

这一事件目前尚无定论，我们无法判断烽火的指控是否属实，从而留给读者一个分析与思考的空间。我们罗列了整个做空过程的客观事件，并就此提出一些问题，以期引导读者更好地做出分析与判断。进一步地，我们将分析过程留给读者，只在问题之后给出一些可能有用的提示。该做空事件的基本事实包括但不限于：

- 中国家居的收入呈现下滑，且对主营业务的依赖程度极高。
- 矿产、电子产品、主题公园的多元化尚未见成效。
- 相对于中国家居披露的现金余额，利息收入偏低，且从未分红。
- 年报披露的信息与工商税务机关的报备信息不一致。
- 与客户与供应商之间存在关联关系，但年报中未披露。
- 大量内部资料流出，但这些资料的真实性有待考证。

由此，我们提出以下问题并给出一些提示，供读者分析思考：

- 烽火调查了已披露的门店和运营中心，并由此推断中国家居的运营状况并不理想。这一结论是否充分？

  提示：中国家居的销售模式仅为直销吗？是否存在代销等渠道？如果有，能否获知其占比？

- 烽火发现了中国家居两套账目的问题，并认为提交给工商税务机关的账目应当是相对准确的，由此推断中国家居披露的信息存在虚假。这样的推断合理吗？

  提示：两套甚至多套账目仅仅是个别公司的特有现象吗？当前中国市场背景下的现实状况是怎样的？对此有何感想和政策或监管建议？

- 烽火发现中国家居大股东可能通过操纵他人账户来持有、交易本公司股票，而这些被操纵账户的开立人大都与大股东本人存在关联关系。仅凭这一关联关系及个别账户金额特别巨大的情况，能否说明其背后操纵者是大股东？若不能，则何种证据才能更好地证明这些账户的实际控制人为大股东？

  提示：本公司员工自己开立证券账户并持有本公司股票是否合法、合规？这种现象是否普遍？除了股票交易数量，交易方式和交易时间是否应当被纳入考虑范围？

- 烽火获取了公司大量的内部资料，包括大股东操作账户的账号密码、中国家居的银行存款记录、中国家居的客户与供应商名单，甚至中国家居及旗下附属公司的资金流水单据。是否可以由此推断做空事件的起因或烽火的做空动机？

  提示：可以结合前一节的问题。此外，中国家居在2017年10月16日发布的一份报告称，公司正在咨询内控顾问以检讨公司的内部监控系统。这一表述说明了什么问题？

小结与启示

截至目前，我们主要分析了烽火做空的机制和手法，从分析结构的完整性角度而言，我们应当继续探讨中国家居的反做空行为。但有趣的是，自首次报告发布后停牌以来，中国家居从未做出任何正面回应，只是在多份报告中提及已了解被做空、被质疑的相关信息，并正在准备全面、详尽的材料予以回应。雪上加霜的是，自2017年6月22日东窗事发后，香港交易所在7月17日前后不到一个月的时间内就要求中国家居"暂停交易，停牌自查"，并给出四项复牌条件——只有满足这四项条件后才可以复牌交易。这一点我们在事件回顾中有所提及。显然，香港特区证监会确实收到来自烽火的举报内容（烽火在报告中多次提及会将相关材料递交香港特区证监会），并要求香港联交所对中国家居实施暂停交易。

从公司截至目前的公告中，我们捕获到以下信息：香港特区证监会提请联交所暂停中国家居交易的理由是"怀疑公司2013年的财务数据存在若干不规范之处"；联交所给出的四项复牌条件包含了对公司信息披露与管理层操守的质疑，并要求予以说明；中国家居怀疑这一事件可能与"内鬼"有关，因为其报告称正在核查公司的内部控制状况，且并不局限于财务报告的内部控制。

此外，我们希望借此案例更为具体地窥探哪些公司更容易成为做空机构的"猎物"。成为做空机构的"猎物"，不仅需要体现出某些特征，还需要一个契机。这些特征可能包括：

- 不光彩的黑历史。中国家居通过反向收购借壳上市，此后频繁进行高溢价并购整合，但在被并购单位均完成业绩承诺的情形下，公司业绩仍然一路下跌，多元化发展也不尽如人意。这就使得相关人士对中国家居的并购动机产生疑问。同样，在科通芯城案例中，其控股股东在美国的黑历史也成为一条重要的线索。
- 聘请声誉较差的审计师。中国家居聘请开元信德为审计师。作为上市公司财务信息质量的保证人，开元信德的声誉直接诱发了对中国家居财务信息质量的质疑。
- 其他特征。这些特征可能还包括频繁变更会计师事务所、大量融资但鲜有分红、财务数据与同行业公司相比存在较大差异、大股东频繁减持、高额股权质押等。

当然，市场上存在这些特征的公司并不在少数，并非所有具备这些特征的公司就一定是有问题的。在这其中，仅仅一小部分公司成为做空机构的"猎物"，诚如各大做空机构所共同指出的：它们选择一家公司的原因可能是多种多样的，甚至包括一些偶发机会。在中国家居案例中，大量内部资料的提供者或许就是这一做空事件的起因。

02 做空 VS 反做空于监管者的启示

完善融资融券制度，发挥外部治理作用

我国资本市场经过二十多年的高速发展，市场监管和约束机制逐渐加强，但是由于做空机制的缺失，证券市场呈现"单边市"的特点，投资者只有在股市上涨中才能获利。因此，在相当长的一段时间里，我国证券市场存在一种价格虚高—价格投机的恶性循环。直到 2010 年 3 月 30 日，融资融券交易试点正式启动；2010 年 4 月 8 日，股指期货正式挂牌交易，我国才正式引入做空机制。2011 年 11 月 25 日，上海证券交易所发布《上海证券交易所融资融券交易实施细则》，同时废止 2006 年发布的《上海证券交易所融资融券交易试点实施细则》，深圳证券交易所也发布《深圳证券交易所融资融券交易实施细则》，意味着我国的融资融券制度走上更为常规化的道路。

然而，实施细则严格地界定了融券的业务流程、标的证券、保证金等，在达到防范风险的同时，也极大地限制了投资者的参与。截至 2017 年 9 月 4 日，上交所允许融券卖出的股票为 525 只，深交所允许融券卖出的股票为 432 只，在证券市场中占比依然较小。因此，我国融资融券市场表现出：

- 融资融券交易规模较小，占整个市场交易额比例较低；
- 融资融券业务发展极其不平衡，融资交易在融资融券业务中占据绝对比例，而融券交易占比过小。

对于广大中小投资者而言，其很难满足融券交易的条件，无法通过融券交易来构建投资组合、对冲股价下跌风险。正是由于这种情况，使得以散户为主的 A 股市场容易出现追涨杀跌、暴涨暴跌的情态。

因此，**未来我国应适当放宽融券限制措施，有步骤地逐步扩大融券标的证券的范围，以降低投资者参与融券业务的高门槛。**此外，我们还应加强投资者教育，使投资者走出长期以来"只买涨，不买跌"的单向投资思维，慢慢熟悉和适应"卖空，买跌"的操作思路，才能更好地发挥做空机制的价格发现功能，从而促进我国证券市场更加有序、稳健地发展，提高资本市场的有效性，引导自发的市场机制约束上市公司的信息披露，发挥公司外部治理的作用。

建立集体诉讼制度，保护中小投资者利益

我国诉讼制度较为落后，中小投资者利益常常得不到法律的保护。在我国证券市场中，对于信息披露舞弊的相应处理，最终大多以监管机构的调查、处罚收场，而很难让那些因信任虚假信息而造成损失的投资者得到直接和明确的赔偿，从而也降低上市公司违法违规信息披露和审计师审计失败的成本。对于中小投资者而言，个人进行分别诉讼成本过高，赔偿收益未必能够补偿诉讼过程中的时间、精力和相关诉讼费用，也难以解决个别投资者诉讼、其他投资者"搭便车"的问题。在很长的一段时间内，证券侵权案件的受理及审结率较低，严重地打击了中国资本市场中小投资者的信心。从中国概念股在美国遭到集体诉讼的情况来看，美国的集体诉讼制度被广泛地用来保护投资者的利益，发挥了制约上市公司违规行为、上市公司与审计师合谋行为的作用，是保护美国资本市场中小投资者利益最有效的法律手段，也是最后的救济手段。

尽管我国于 1991 年颁布的《民事诉讼法》第 54 条和第 55 条确立了诉讼代表人制度，与集体诉讼有相似之处，但两者还是存在明显区别的。我国监管部门应借鉴美国的集体诉讼制度，完善我国的诉讼代表人制度。因此，**完**

善诉讼代表人制度有利于激励律师事务所主动参与对上市公司的监督,如采纳胜诉收费制度,提高我国中小投资者保护自身利益以及律师事务所代理证券赔偿案件的积极性;有效执行集团诉讼中的惩罚性赔偿,沉重地打击违规欺诈的上市公司及其管理层。由此,即便企业由于信息披露造假遭到做空、股价暴跌后,投资者也能够通过诉讼获得相应的赔偿,避免成为公司信息造假的连带受害者。

加快中美监管合作机制,形成双边监管新模式

安然事件爆发后,美国公众公司会计监督委员会(PCAOB)根据2002年的《萨班斯-奥克斯利法案》而创立,目的是监督公众公司的审计师编制公允独立的审计报告,以保护投资者利益。然而,由于外国公司常常处于监管层鞭长莫及的真空地带,美国证券交易委员会在触及涉外管辖权时,对外国上市公司违法行为的调查也面临困境。

当中国公司到美国上市时,其审计业务大多由中国的会计师事务所操作,造成的客观现实是美国方面很难对它们实施监管。我国强调主权管辖,认为外国监管部门无权在中国境内实施监管。而且,由于审计底稿包含大量的企业内部信息,可能涉及公司内部机密,尤其是一些关系到国计民生行业的公司,按照我国的《档案法》和《保密法》,我国目前不接受跨境调查。当美国公众公司会计监督委员会无法评估那些为财务欺诈公司审计的会计师事务所、无法对其审计工作实施检查时,一些审计问题便会被忽略,或者无法得到纠正。这成为对中国会计师事务所审计的在美上市公司的监管漏洞,降低了会计师事务所的鉴证水平。

尽管自2007年起,美国证券交易委员会和美国公众公司会计监督委员会就开始与中国监管层就达成双边监管协议进行讨论,但经历很长一段时间后,中美在审计合作方面仍未有实质性的进展。一系列中国概念股在美曝出的丑闻,对中美双方的监管部门都产生了触动,因为它不仅给美国资本市场带来了不稳定因素,令美国投资者遭受了巨大损失,还大大地损害了中国的

形象。鉴于2010年以来多发的"中概股做空"事件,2013年5月,在多次磋商的基础上,中国证监会、中国财政部与美国公众公司会计监督委员会签署了"执法合作备忘录",正式开展会计、审计跨境执法合作。虽然这是中国监管机构对美国市场的进一步开放,但对于美国证券交易委员会直接进入中国对中概股公司会计师事务所进行调查等事宜仍被中国证监会禁止。考虑到我国目前正在积极推进国际板的建设,未来开设以后必将给现行的中国市场监管体系带来挑战。如果同样出现外国公司在我国资本市场上的欺诈行为,不但中国投资者将遭受损害,而且中国的监管部门也将面临类似的尴尬局面。

虽然这是国家主权的一种保护,但纵容了中概股公司在海外的造假行为,部分中概股公司可能在美国市场通过虚假披露骗取投资者,在圈钱走人后利用中美的监管障碍逃避责任,对于后续其他公司前往海外融资造成恶劣影响。因此,**逐步加强中美之间的监管合作,对于打击欺诈公司、维护中概股公司形象、树立投资者信心有着重要意义。**我国监管部门应当考虑以积极的态度对待中美监管合作机制,通过有条件的限制,允许对方监管机构获取部分非关键行业和企业的审计与财务信息,以联合监督(如中美双方监管机构共同派人成立联合调查组)的形式实施检查。

加强对境外上市公司的保护与引导,旗帜鲜明地反对恶意做空

在过去一系列的中概股做空事件中,尽管存在一些财务造假的公司,但也存在诸多没有事实依据的恶意做空。尽管这些中概股公司在遭遇做空时蒙受了许多"不白之冤",但因忌惮法律诉讼的成本与后续可能引发的问题,它们往往选择了沉默,无法有效维护自身的权益。

其一,我国各类监管机构、行业协会等应该为中概股公司提供合理的帮助与保护,成立专门应对针对在海外上市中概股公司做空的相关职能部门,定期联系这些公司了解其财务和运营状况,提供专业的危机处理建议和相关法律咨询服务,帮助其树立正确的财务信息披露理念,降低财务欺诈的可能

性。在面临恶意做空的突发状况时，为这些公司提供相应的法律咨询服务，提供反做空的咨询建议和意见。

其二，我国的政府和监管机构应当旗帜鲜明地反对那些针对中概股公司的恶意做空。 在政府层面，对于虚假披露不实消息的做空机构，除了公司层面的回应，被质疑公司的业务内容或财务数据如果牵连相关政府机关，则在不涉及机密的情况下，政府部门可以提供相关证据和证明，以政府公信力为海外上市公司提供可靠背书。同时，在跨国监管和诉讼方面，尤其是涉及多起恶意做空，我国政府和监管机构也应承担起对相关做空机构的诉讼责任，针对做空机构通过虚假陈述造成公司损失的情况提起诉讼。例如，上文提及的香港特区证监会针对香橼的法律诉讼，认为香橼在2012年6月针对恒大地产的做空报告存在虚假陈述，特别是关于恒大地产资不抵债和涉嫌欺诈的指控，严重地误导了投资者。针对香橼的调查将由香港特区市场失当行为审裁处实施，这也是近年来香港特区监管机构首次对做空机构采取行动。虽然美股与港股的交易市场不同，但是香港特区监管机构的做法也值得内地借鉴。

加强对做空机构的监管，规范做空信息披露流程

目前，我国针对做空机构的监管措施并不完善，做空产业链存在较多不规范的地方。做空交易的存在本是为了发现上市公司的舞弊行为、降低信息不对称、纠正市场错误定价，但是恶意做空的低成本和高回报，使得做空机构开始脱离真实的公司经营和财务状况，进行虚假披露。做空机构往往会事先加码淡仓，再通过发布做空报告打压股价，从而获得收益。监管缺失使得做空机制给蓄谋打压股价、做空获利的做空机构以可乘之机。未来，随着我国融资融券业务的不断发展和扩大，类似的境外上市公司做空也会逐渐变得更加普遍，有必要未雨绸缪，在发挥做空机制外部治理作用的同时，加强对做空机构的监管，从而能够保证融券业务的良性发展。

其一，监管机构应加强对做空机构资格的认证。 做空机构发布做空报告实质上属于投资者研究工作，因此做空机构应该拥有发布研究报告的资质。

但是，目前具备发布研究报告的做空机构占比较少，部分做空机构甚至仅仅是网络上的博客。因此，监管机构有必要针对做空机构进行认证，对符合监管要求的机构发放牌照，从源头规范其市场行为。

其二，监管机构应当加强对做空报告的监管。做空机构的恶意做空往往会严重损害上市公司和投资者的利益，监管机构在设置恶意做空处罚机制的同时，也应对做空报告的发布流程和规范制定相关规则。因此，监管机构应当制定有关做空报告的披露模式，强调举证的合理性和合法性，规范专门的披露渠道与平台。

加强对市场中介机构的监管，明确市场中介的信息披露责任

在基于信息披露的做空过程中，市场中介机构的行为失当扮演了推波助澜的角色。导致这些机构未能履行信息披露监督的一个重要原因是，对于跨境上市的市场中介而言，未能明确我国和上市所在地的监管界限，存在监管盲区。在我国，对于承担本土企业海外上市的投资银行和会计师事务所的监管都远不如 A 股上市般的严格。因此，**我国应从资格准入和后续追责方面，对从事海外上市业务的中介机构进行监管。**

对于投资银行而言，后续的监管思路应通过牌照发放等相关手段认定其海外业务承接资质，而资质审核与牌照发放管理应当以该机构过往的业务质量作为重要参考依据。同时，对于后续的上市公司出现财务舞弊的投资银行机构，应当追究其连带责任，通过罚款、取消承接相关业务的资质、收回牌照等方式形成约束力。进一步，对于同时承揽海外业务和 A 股证券业务的券商机构，其在海外市场和国内 A 股市场的履职表现应当在评级和认定时综合考虑。

在会计师事务所方面，除了对海外业务承接的资质审定，还应建立日常的定期抽查机制。对于海外业务的相关底稿，我国监管机构应常进行日常的随机抽查；对于涉嫌财务舞弊的行为，则应追究会计师事务所的相关责任。

03 做空VS反做空于上市公司的启示

完善信息披露内容，建立、健全财务报告内部控制

基于典型信息的披露问题，我国上市公司应当从以下角度健全自身的信息披露内容：

- 重点关注收入、资产、现金的披露水平。上市公司的收支流程是一个复杂的运作过程，收入与成本、费用、销量、现金流等存在密切的勾稽关系，这些关系必须在信息披露中合理地体现。
- 真实披露市场运营业绩。跨境上市的公司虽然享受天然的信息不对称优势，但不能抱有欺骗投资者的侥幸心理。
- 加强对关联方关系的披露。上市公司应遵循"实质重于形式"的原则，将实质上对公司财务或融资有着重大影响的关联交易在财务报告附注中予以详细披露。
- 细化对并购信息的披露。上市公司应明确公司的一致行动人，扩大信息披露范围，同时增加对并购预测性信息的披露。
- 选择知名会计师事务所有助于增强市场信任，配合审计师扩大审计范围、完善审计程序也有助于自身信息披露水平的提高。

在制度层面上，针对信息披露流程，上市公司应当建立、健全财务报告相关的内部控制，以提高信息披露的可靠性和完整性。在财务报告的产生过程中，上市公司应当通过不相容职务的分离、不同层级和不同部门间的相互制约，以及充分和完备的授权、审核、监督，保证财务报告披露内容的可靠性。对于财务报表以外的信息披露，上市公司也应当建立一套围绕投资者关系而展开的披露机制，及时、充分、完整、真实地将与公司未来经营活动相关的重要事项传递给投资者。

完善公司治理结构，发挥治理层对信息披露的监督作用

建立健全的信息披露制度需要配套的公司的治理水平。由前文分析来看，目前我国上市公司治理问题主要集中于"一股独大"的股权结构与公司内部监督机制无法发挥有效作用上。

我国上市公司存在国家股、法人股等非流通股过于集中的现象，导致"一股独大"的局面。大股东出于对自身利益的考虑，往往不愿意做出更多的信息披露，成为滋生财务欺诈的温床。因此，**上市公司必须限制控股股东的权力，强化股东大会的地位，提高中小股东表决权的影响力，推进股权结构多元化，降低控股股东的持股比例，实现股权制衡。**

虽然我国的《公司法》对公司内部监督机制做了明确的规定，但在实践中，监事会、独立董事、董事会、专门委员会等往往无法发挥有效的作用。上市公司必须加强监事会的职能。例如，控股股东不得对监事会选举履行审批手续，吸纳拥有财务或法律背景的专业人士加入监事会，监事会提高向股东大会履职报告的水平等。此外，完善的独立董事制度也是提高信息披露水平的关键所在。上市公司应完善独立董事的选举制度，建立独立董事问责制，对未履行职责的独立董事要依法追究其责任。

建立风险管理机制，提高反做空能力

从历史数据来看，做空机构对上市公司有着极强的杀伤力，即便上市公司"死里逃生"，其股价也往往受到强烈冲击。因此，建立完善的风险管理机制，对不同阶段的风险进行详尽的分析和谋划应对预案，能够改善中概股公司屡遭做空并惨淡退市的局面。

在风险防范阶段，运用现代化手段、紧密跟踪环境信息的变化有助于中概股公司提前了解做空者的行为。 当公司本身卖空仓位异常增加时，公司应该提高对做空机构的警觉，并提前根据自身情况做好各种风险预案，当问题爆发时有备无患。对于某些做空机构可能采取的非常手段，如潜入公司安装

摄像头等，中概股公司则应该将风险防范意识渗入基层，减小被非法调查的概率，保护自身的利益。

在风险应对阶段，中概股公司应该在信息披露真实的基础上，妥善运用股票回购、取得合作伙伴支持等方式，遏制股价下跌并扭转公司形象。其中，应对速度是较为关键的因素之一，要求中概股公司能够快速灵活地做出各种有效反应。

理性选择海外上市，熟悉境外资本市场规则

美国证券市场遵循"宽进严出"的上市注册制，与中国证券市场的审核制存在较大差异。许多中国公司盲目跟风至美国上市，对于美国完善的资本市场体系却不甚了解，对于美国的会计制度、审计制度、法律制度也没有清晰的认识，往往在追求上市速度和短期利益的驱使下，屡屡触碰美国资本市场的红线，也招致做空机构的猛烈攻击。

对此，国内公司在赴美上市前，应该深入了解美国市场的文化背景，熟悉资本市场环境和资本市场监管体系，并加强对美国证券监督管理规则、企业会计准则等基本法规的学习。同时，中概股公司还应该加强应对跨境上市的专业人才储备。摆脱概念炒作、真正融入美国资本市场、与境外投资者建立良性互动，这些才是中概股公司的立足之道。

04　做空VS反做空于投资者的启示

留意流动性陷阱与高估值个股

做空机构在选择"狙击"目标时，通常会考虑该股票的流动性。流动性差的上市公司在遭遇做空时，股价波动性相对较大，由此做空产生的效果更明显。从统计数据上看，投资者对恒生大型股指数包含的成分股进行卖空的交易量约占总交易量的14%，而对恒生小型股指数包含的成分股进行卖空的

交易量仅约占总交易量的8%。这是因为大型股指数成分股的波动性相对较小，所以卖空交易的容错率相对较高，导致卖空交易量占比相对较大。一旦小盘股遭遇做空，卖空比例就会急剧上升，导致小盘股受到更严重的股价波动的影响。因此，做空机构往往针对小盘股做空，旨在从更大的股价波动中获得超额收益。**在选择上市公司时，投资者应该尽可能地规避业绩成长不明朗的小盘股，避免"踩中"做空机构伺机做空的投资标的。**

小市值港股往往也具有较差的流动性，即股票日交易量和换手率相对较低。港股市场流动性的分布极不均匀，恒生指数50只成分股仅占全部港股数量的2%，但市值和成交额却分别占到港股市场的54%和47%。在这种流动性分布极不均匀的大环境中，投资者应该避免流动性较差的小市值港股。这是因为流动性差的股票更容易受到负面消息的影响，所以股价在做空中下跌的幅度相对较大。就目前港股通所包含的港股投资标的而言，深港通下421只港股中的绝大多数具有较好的流动性，可以作为内地投资者在香港特区证券市场配置资产的首选范围。

此外，做空机构还会选择高估值的股票进行做空。高估值个股通常是市场上具有较好前景的上市公司，其业绩往往有较大的提升空间，因此投资者愿意在当下以相对较高的价格购买。做空机构往往会质疑这类高估值个股存在经营问题，甚至是财务造假，使得市场对上市公司失去信心，导致股价"高位落水"。不仅如此，投资者还应该考虑规避大股东频繁减持或者股权大规模质押的上市公司，以免自己的投资标的成为做空机构的做空对象。

基于财务指标识别做空风险

短期做空比例和仓位迅速飙升预示着股价下跌风险。做空机构在发布做空报告以做空一家上市公司前，往往会先行加大淡仓布置"埋伏"。当上市公司股价在做空报告发布后应声下跌时，做空机构就会借机平仓获取收益。例如，浑水发布做空报告前，辉山乳业的淡仓比例陡增。无独有偶，2016年11月匿名分析（Anonymous Analytics）做空中国宏桥前，公司卖空比例从20%快速升至50%；2014年11月，浑水做空奇峰国际前，公司卖空比例从

10%升至30%。在做空机构发布做空报告前的2—3周，个股卖空比例往往大幅上升，因此投资者应该密切关注投资标的的淡仓比例，特别是无重大利空消息、做空比例却异常上升的上市公司。

由于做空机构选择上市公司进行做空必须面对经济和法律的双重风险，因此它们往往在搜集到足够的证据之后才敢发布做空报告。这说明，被做空上市公司往往存在一定的问题或者不规范操作，吸引做空机构做空。**财务造假是做空机构"狙击"港股最常见的理由。**做空机构往往选择频繁更换审计机构、经营业绩高于行业水平但较少分红、财务不透明的民营企业进行做空。投资者应该密切关注投资标的是否存在上述行为，尽可能地提升尽职调查的力度，判断上市公司是否存在财务造假的行为，规避这些投资标的以保障资产的安全。

优化资产配置选择

沪港通、深港通的全面启动，为内地投资者提供了更多的投资选择。港股的低估值为内地投资机构带来了丰富的投资机会，不少内地投资者开始关注并参与港股投资。随着内地投资者进入港股市场，纳入港股通的投资标的开始一路上涨。相比于并不景气的A股市场，投资H股带来的较高收益率吸引着越来越多的内地投资者参与港股的投资，部分投资者甚至将其主要投资资产从A股转配港股标的。但值得注意的是，香港证券市场具有自身的特殊性，尤其是当日涨跌幅不受限制和流动性分布不均匀等特点给内地投资者带来了极大的挑战。一旦港股上市公司被做空机构做空，投资者出逃往往会导致股价崩盘，从而给投资者带来巨额损失。因此，内地投资者依据港股通配置港股投资标的时应该更为谨慎，尽量选择流动性充裕且业绩表现较好的上市公司进行投资。此外，投资者应该谨慎考虑在港股配置资金的比例，尽量避免将所有资金投向香港证券市场，从而防止因香港市场整体不景气而导致的巨额资产损失。

05　做空VS反做空于市场中介的启示

投资银行、保荐人等服务中介

随着监管的不断趋严，以投资银行为核心的市场中介对于上市公司的财务舞弊也将承担越来越多的连带责任；同时，上市公司财务舞弊事件也会对中介机构产生负面的声誉影响。因此，包括投资银行在内的一系列中介机构，应当采取以下手段减少中概股公司在海外上市中的财务舞弊行为：

- 在选取和推荐海外上市公司时，应当秉承价值投资原则，摒弃"炒概念"的投机理念，调整自身内部控制流程和激励机制，严格筛选拟投资和拟推荐上市的标的公司，杜绝那些公司治理不完善、财务制度不健全、管理层存在不诚信行为的公司。
- 履行充分的尽职调查。对于拟推荐上市公司的具体经营业务、盈利模式、商业模式，应当进行实地调查；相关的治理机制、财务制度、历史数据等，应该重点把控。
- 在实施上市流程时，与公司治理层、管理层、重要员工及其他服务中介（包括审计师），就公司财务信息进行充分的交流和沟通，帮助公司建立长效、稳定、健全的公司治理、信息披露和内部控制制度。
- 在公司成功上市后，应当提供一定程度的后续辅导，对上市公司进行相关的信息披露制度培训。

会计师事务所

无论是在上市环节还是后续的年度审计，当上市公司出现虚假披露和财务舞弊时，都会给会计师事务所带来很大的麻烦：不仅会受到监管机构的调查或处罚，还要承担投资者集体诉讼的连带赔偿责任，同时也对声誉造成极大的负面影响。因此，会计师事务所在应对这些跨境上市的公司时，应当通过风险评估来识别更多风险，执行更多针对性的审计程序。值得一提的是，海外上市的公司由于采用国际会计准则或美国会计准则，与中国国内现行的企业会计准则存在一定的差异，而上市公司的财务人员对境外会计准则的不熟悉、不理解，可能在一些重要事项的披露上出现问题。因此，会计师事务所应当安排熟悉国际会计准则的审计人员实施重点复核。此外，会计师事务所应当加强内部质量复核，保留完整的审计底稿，在出现因财务舞弊的相关诉讼时用以证明自己已经履行了勤勉义务。

结　语

为了发挥做空机制的有效作用、提高公司信息披露质量，同时为了保护上市公司免于被恶意做空、维护市场稳定，对于我国境外上市公司和未来可能在国内出现的信息披露做空，我国相关监管机构应当：

完善融资融券制度，发挥外部治理作用；建立集体诉讼制度，保护投资者利益；加快中美监管合作机制，形成双边监管合作的新模式；加强境外上市公司的保护与引导、旗帜鲜明地反对境外机构的恶意做空；加强对做空机构和市场中介机构的监督。

对于上市公司而言，为了有效地应对做空，应当从根源上完善信息披露内容，建立、健全财务报告相关的内部控制；完善公司治理结构，发挥治理层对信息披露的监督作用。在具体反做空方面，日常应当建立风险管理长效机制，提高自身的反做空能力；在选择海外上市时，应当理性判断，结合自身的治理水平和信息披露水平，提前熟悉境外上市的信息披露规则和相关会计准则。

对于投资者而言，为了避免陷入做空所带来的损失，应当在日常投资中留意流动性陷阱和高估值公司，构建用以识别卖空风险的指标体系。此外，构建投资标的组合，优化资产的配置选择。

对于投资银行、保荐人等中介服务机构和会计师事务所而言，在为上市公司提供服务时，应当充分履行自身的责任义务，加强对上市公司信息质量的监督和后续督导。

参考文献

[1] 陈海强，范云菲. 融资融券交易制度对中国股市波动率的影响——基于面板数据政策评估方法的分析[J]. 金融研究，2015，6：159—172.

[2] 陈晖丽，刘峰. 融资融券的治理效应研究——基于公司盈余管理的视角[J]. 会计研究，2014，9：45—52.

[3] 褚剑，方军雄. 中国式融资融券制度安排与股价崩盘风险的恶化[J]. 经济研究，2016，5：143—158.

[4] 黄洋，李宏泰，罗乐. 融资融券交易与市场价格发现——基于盈余公告漂移的实证分析[J]. 上海金融，2013，2：75—81.

[5] 李科，徐龙炳，朱伟骅. 卖空限制与股票错误定价——融资融券制度的证据[J]. 经济研究，2014，10：165—178.

[6] 李志生，陈晨，林秉旋. 卖空机制提高了中国股票市场的定价效率吗？基于自然实验的证据[J]. 经济研究，2015，4：165—177.

[7] 王晓国. 融资融券试点的制度安排和制度完善——基于投资者权益保护视角的分析[J]. 证券市场导报，2011，1：9—15.

[8] 肖浩，孔爱国. 融资融券对股价特质性波动的影响机理研究：基于双重差分模型的检验[J]. 管理世界，2014，8：30—43.

[9] 许红伟，陈欣. 我国推出融资融券交易促进了标的股票的定价效率吗？基于双重差分模型的实证研究[J]. 管理世界，2012，5：52—61.

[10] 张俊瑞，白雪莲，孟祥展. 启动融资融券助长内幕交易行为了吗？来自我国上市公司的经验证据[J]. 金融研究，2016，6：176—192.

[11] Boehmer, E., Jones, C. M. and Zhang, X. Which shorts are informed[J]? *Journal of Finance* 2008, 63(2): 491—527.

[12] Diether, K. B., Lee, K. H. and Werner, I. M. Short-sale strategies and return predictability[J]. *Review of Financial Studies*, 2009, 22(2): 575—607.

[13] Hong, H. and Stein, J. C. Differences of opinion, short-sales constraints, and market crashes[J]. *Review of Financial Studies*, 2003, 16(2): 487—525.

[14] Johnson, T. C. Forecast dispersion and the cross section of expected returns [J]. *Journal of Finance*, 2004, 59(5): 1957—1978.

附　录

2006—2017 年 8 月中概股公司做空事件一览

做空时间	做空机构	被做空公司	结果
2006-02-09	香橼（Citron Research）	中国科技发展集团	
2006-11-06	香橼（Citron Research）	新泰辉煌	退市
2007-02-13	香橼（Citron Research）	中国 VoIP 数字	退市
2007-05-21	香橼（Citron Research）	新华财经媒体	退市
2007-09-27	香橼（Citron Research）	金融界	
2007-10-24	香橼（Citron Research）	美国环球资源公司	退市
2008-06-11	香橼（Citron Research）	美国超导公司	
2009-04-16	香橼（Citron Research）	新东方	
2009-11-25	香橼（Citron Research）	奥瑞金种业	
2010-03-11	香橼（Citron Research）	泓利煤焦	
2010-06-28	浑水（Muddy Water Research）	东方纸业	
2010-08-30	香橼（Citron Research）	中国生物	退市
2010-10-12	香橼（Citron Research）	中国新博润集团	
2010-11-10	浑水（Muddy Water Research）	绿诺科技	退市
2011-01-13	香橼（Citron Research）	中阀科技	
2011-01-26	香橼（Citron Research）	中国高速频道	退市
2011-02-03	浑水（Muddy Water Research）	中国高速频道	退市
2011-04-04	香橼（Citron Research）	德尔集团	

（续表）

做空时间	做空机构	被做空公司	结果
2011-04-04	浑水（Muddy Water Research）	多元环球水务	退市
2011-04-15	格劳克斯（Glaucus Research）	旅程天下	退市
2011-04-26	香橼（Citron Research）	东南融通	退市
2011-04-26	格劳克斯（Glaucus Research）	海湾资源	
2011-05-03	香橼（Citron Research）	斯凯网络	
2011-06-01	香橼（Citron Research）	哈尔滨泰富实业	私有化
2011-06-02	浑水（Muddy Water Research）	嘉汉林业	退市
2011-06-28	浑水（Muddy Water Research）	展讯通信	私有化
2011-08-02	格劳克斯（Glaucus Research）	龙腾矿业	退市
2011-11-01	香橼（Citron Research）	奇虎360	私有化
2011-11-21	浑水（Muddy Water Research）	分众传媒	私有化
2011-12-06	格劳克斯（Glaucus Research）	中国医疗技术	退市
2012-04-10	浑水（Muddy Water Research）	傅氏科普威	私有化
2012-04-11	格劳克斯（Glaucus Research）	福山资源	
2012-06-20	香橼（Citron Research）	恒大地产	
2012-07-18	浑水（Muddy Water Research）	新东方	
2012-08-08	格劳克斯（Glaucus Research）	西部水泥	
2013-01-28	格劳克斯（Glaucus Research）	中金再生	退市
2013-04-04	格劳克斯（Glaucus Research）	搜房网	
2013-08-26	格劳克斯（Glaucus Research）	闽中有机食品	
2013-10-16	格劳克斯（Glaucus Research）	青蛙王子	
2013-10-24	浑水（Muddy Water Research）	网秦	
2014-03-25	格劳克斯（Glaucus Research）	旭光高新材料	
2014-11-19	浑水（Muddy Water Research）	奇峰国际	退市
2015-07-14	格劳克斯（Glaucus Research）	中国天然气	
2015-10-22	格劳克斯（Glaucus Research）	瑞年国际	
2016-07-28	格劳克斯（Glaucus Research）	德普科技	
2016-09-22	钟馗（Zhong Kui Research）	华翰健康	
2016-09-28	匿名分析（Anonymous Analytics）	新昌集团	
2016-11-23	格劳克斯（Glaucus Research）	中滔环保	

(续表)

做空时间	做空机构	被做空公司	结果
2016-11-23	艾默生(Emerson)	中国宏桥	
2016-12-14	匿名分析(Anonymous Analytics)	中国信贷	
2016-12-15	浑水(Muddy Water Research)	辉山乳业	
2016-12-23	Triam Research	中国全通	
2016-12-28	钟馗(Zhong Kui Research)	擎天软件	
2017-04-25	格劳克斯(Glaucus Research)	丰盛控股	
2017-05-11	高谭(Gotham City Research)	瑞声科技	
2017-05-22	烽火(Blazing Research)	科通芯城	
2017-06-07	阿尔法管理(FG Alpha Management)	达利食品	
2017-06-15	浑水(Muddy Water Research)	敏华控股	
2017-06-22	烽火(Blazing Research)	中国家居	
2017-08-22	烽火(Blazing Research)	御峰集团